解码数字新浙商 III

解读数字经济的浙商样本

章 丰　王逸嘉　著

蒋雷婕　程一苇　内容整理
章正君　叶志峰　特约设计

ZHEJIANG UNIVERSITY PRESS
浙江大学出版社
·杭州·

序

数字新浙商，"新"在哪里？

陈浩

中共湖州市委书记

时任中共浙江省委统战部副部长、浙江省工商联党组书记

这是一本崭新的浙商记录。透过两位作者的访谈，24 位数字经济领域的创业者在这里分享了他们的奋斗和思考。字里行间，我读到了企业家的行业洞察和商业智慧，更触发了对数字新浙商"新"在哪里的思考。

数字新浙商，首先新在产品和服务。数字经济是浙江的一号工程，这个工程的体量和优势很大程度上取决于浙商在数字经济领域创造的产品和服务。本书采访的数字新浙商，其业务涵盖先进制造、区块链、物联网、网络安全、大数据、云计算、智慧医疗、在线教育、电子商务、金融科技、芯片制造和创投服务等多个领域。他们的产品和服务，有的用新技术为消费者创造了更新更好的用户体验，更多的则隐身在终端产品背后，以一种"数字化能力"的形式，为各行各业赋予了"机器之心"。

数字新浙商，更是新在思想和方法。企业家的认知水平和方法论决定

了产品和服务的竞争力。数字新浙商各有心法又相互印证，带给我很多启发。他们信仰数字科技的力量，用数据做原材料，用算法创造服务，在企业的决策、运营、管理中展现出了完整的在线思维；他们高度重视创新，善于运用大数据和人工智能的最新技术提升效率创造价值，"做过去想都没有想到的事"；他们拥有全球化的视野，敢于和善于打造开放生态，努力在数字经济领域里成为新规则的制订者和推动者。

数字新浙商还是一组革新和传承的最新样本。他们根植于浙商成长的商业沃土，汲取养分又反哺时代。在数字新浙商身上，我读到了对传统行业的敬畏之心，只有行业基因和技术基因协作融合，才能培植壮大产业数字化的崭新物种。在数字新浙商身上，我读到了对浙商精神的一脉相承，尊重市场、敢想敢拼、吃苦耐劳、抱团协作，这些浙商骨子里的商业精神，在数字时代依然被深刻认同和自觉实践着。

本书采访的数字新浙商，有"90后"，也有"80后""70后""60后"，有来自阿里、浙大的，也有海归创业、浙商传承，有土生土长的浙江人，也有"新浙江人"。24位数字新浙商共同构成了一个小小的浙商样本，为我们观察浙江的数字经济提供了一个窗口，也为我们思考浙商的品质提升提供了一个镜鉴，而后者，正是浙江工商联组织着力推动的新课题。

加油！数字新浙商。

2020 年 3 月

目　录

鲸灵邬强强：

私域电商是 30 年一遇的新范式革命　　001

蒲惠智造王克飞：

打造工业 SaaS 界的"麦当劳"　　017

宇链科技罗骁：

区块链让安全心中有"数"　　033

"复制者"谢如栋：

在遥望的天空下，每一颗星星都有被看到的机会　　051

影刀金礼剑：

好产品就是最好的商业模式　　067

筑龙吴许杰：
深耕在建筑行业大数据的沃野   085

古珀科技张强：
健康大脑的目标是实现全人群的全生命周期健康管理   103

大搜车姚军红：
汽车产业数字文明的推手   121

火石创造金霞：
数据驱动产业发展   139

万丰科技吴锦华：
穿越周期，做一家百年老店   155

e 签宝金宏洲：
契约数字文明的推动者   173

衣邦人方琴：
做时间的朋友，一切价值终会呈现   191

数字浙江公司 CTO 陈鹏宇（上）：
数字化改革的公共数据治理实践   207

数字浙江公司 CTO 陈鹏宇（下）：
数字化改革的创新探索   225

婚礼纪俞哲：
让一站式结婚服务更有温度   237

宇泛苏亮亮：
我看见了全场景 AIoT 的未来   253

小麦助教陈玮：
从教育实践者到产业服务商   269

"躺平青年"沈爱翔：
我看到了那张"连而不锁"的住宿产业互联网   283

力石科技陈海江：
我们卖的不再是软件，而是服务   301

"破冰之鱼"余斌：

我听见了来自乡村的呼唤   317

"拓荒者"柳遵梁：

把数字化转型建立在数据安全的基石上   331

卖好车李研珠：

当时代来临时，你所准备的东西就是未来   347

妙聚网络陈博：

狂奔在游戏行业的兔子   363

"渔博士"沈杰：

打破物联网技术与应用之墙   379

数澜科技甘云锋：

to B 企业是推动人类社会进程的核心力量   399

后　记

数字新文明的霞光   411

鲸灵邬强强:

私域电商是 30 年一遇的新范式革命

鲸灵智能创始人兼首席执行官

邬强强（鬼谷）

私域电商是30年一遇的新范式革命，技术开放与服务个体是私域的关键机会。

16 年电商老兵，2017 年创立鲸灵，以 S2B2C 模式服务 20000+ 品牌完成数字化时代的私域布局，赋能 300 万数字店主实现在线灵活就业。4 年突破百亿元规模，成为服装百货品类领域领先的产业数字化服务商。2005 年加入阿里，参与了从淘宝到天猫聚划算的早期建设，历任聚划算事业部负责人、阿里软件首任产品经理，操盘过千亿元规模电商平台，运营管理过百万商家规模业务。

✚

　　"初次见到我的人总是会很惊讶，因为一听'鬼谷'的名字，会想象是四五十岁、满脸胡子甚至白发的形象。"初见鬼谷，他刚结束高层会议，匆匆赶来接受访谈，朝气蓬勃的形象和"花名"有几分反差。

　　2005年入职阿里时，鬼谷取纵横家鼻祖"鬼谷子"为名，因为欣赏鬼谷子的内敛沉稳，希望自己作为产品经理能像鬼谷子一样多思考总结。在阿里，他先后担任聚划算事业部总经理、淘宝开放平台创始人等职，站在中心化电商的围城向外看，鬼谷窥见了私域流量带来的新机会，他断言："私域电商是30年一遇的新范式革命。"

　　2017年鲸灵智能（下文简称"鲸灵"）成立，鬼谷正式进入去中心化的私域电商，探索电商的另一种可能。以"让每一个想要改变的人赢得财富与尊重"为使命，鲸灵将自身定位为电商AI SaaS赋能者，目前已孵化出好家云店、蜂享家等多条业务线，服务超过300万KOC（关键意见消费者）用户，在行业内占据了一席之地。鬼谷判断，未来将会有1亿人进入私域电商，撬动万亿级市场。抓住技术开放与服务个体的机会，鲸灵将在未来三年服务1000万个体的数字就业。

　　流水不争先，争的是滔滔不绝。"鲸灵"意指鲸鱼，鲸鱼是最大的哺乳动物，又与"金陵"谐音（鬼谷是南京人）。在习惯以动物命名的互联网行业，名字背后，是这家年轻的公司成为新蓝海霸主的野心。

谈私域电商｜人货场范式的变迁：从"经营场"到"经营人"

章丰： "私域"的概念似乎是前两年突然火的，到底如何界定私域电商？

鬼谷： "私域"的说法最早出现在2013年微信兴起时，但它并不新鲜，在没有互联网的时代，所有的零售本质上都基于私域流量。私域本质上是"人人在线"带来的一次根本性变革。

私域电商是什么？每个人都在线，每个人都可以开店，流量不在一环、二环，而是遍布全国各地。在私域流量快速崛起的当下，大部分用户的消费行为不再依赖于某个特定App或网站（中心化电商），而是分散在群聊、朋友圈、视频号、直播间等场景，我们称之为feed流（信息流）。今天，人们花在feed流上的时间是花在App上的十倍以上，社交关系主导的好友推荐制，会激发高效的私域推荐和转化场景。

章丰： 古典电商经过了近十年发展，形成了它的价值模型：GMV（成交总额）=UV（独立访客）× 转化率 × 客单价。在私域电商领域，你认为如何定义其产生的价值？

鬼谷： 古典电商以单次商品交易为核心分解经济模型，商家经营的是"场"。类似于线下商场的模式，比如线下商场的产出，取决于进店顾客人数、消费人数、客单价。传统人货场以"经营场"为核心的逻辑，正在快速过渡到以"经营人"为核心。在社交和电商融合的基础上，私域电商也有一个算法在酝酿和成型。我们提出了新的计算公式：

私域价值 = 流量池 × 触达能力 × 粉丝变现率

流量池指单个用户（包含 KOC、小 B 等）在私域中能够覆盖、影响的好友数，有从公域中引流过来的，也有在社交关系中反复触达、反复转化增长的。

触达能力指单个用户的分享和推荐效率、选品效率、响应和服务效率等。私域电商中涉及很多非标服务，其中的关键点是"人效"。以有效工作时间计算，人可能只有 8 小时在创造价值，所以触达能力更多指向机器的自动化程度，即用机器来辅助用户，降低选品门槛、推荐门槛、制作海报等工具运用门槛、个性化信息的呈现门槛、服务门槛等等。

粉丝变现率，即个体变现率，可以理解为购买率、复购率等。随着服务效率的提升、流量池的扩大，用户能实现的个体变现率是关键的计算因子。

章丰：私域电商本质上是通过运营"人"带来转化。

鬼谷：我们希望私域电商的未来图景是用户打开自己的 feed 流，90% 的商品都能命中他，真正实现精准推送。举个例子，我们遇到一些有心的掌柜会通过朋友圈信息，记录每个客户的近期动态和需求。比如，掌柜发现邻居搬新家，准备买空调，他跟踪了三周，在网上找了十几款不同的空调定向推荐给邻居，最终完成了这单生意。这些行为是中心化电商做不到的。私域电商中，售卖的本质不是商品而是服务。

私域电商正在快速迭代，这是以 KOC 为核心的网络节点发生的革命，少部分人看到且在推进中，更少部分人则看到了其背后技术变化所带来的范式变革。在接下来的 30 年内，这场范式变革将是一波不亚于当年从线下到线上的革命浪潮，技术开放与服务个体是私域的关键机会。

谈新个体经济｜"柜台"从线下搬到了线上，掌柜和工具进行了数字化武装

章丰：在鲸灵的私域电商框架中，有个非常重要的角色——掌柜，这是鲸灵对 KOC 的特有称呼吗？

鬼谷：鲸灵习惯把 KOC 称为掌柜，"掌柜"是几百年来流传下来的称呼，更符合中国文化，更接地气，也符合中国三四线城市居民对生意的理解，贴上"网红"的标签，他们反而不习惯。今天只是"柜台"从线下搬到了线上，掌柜和工具进行了数字化武装。

章丰：我们很多人对于掌柜的印象可能来自朋友圈里的微商。对于掌柜这一群体，你们有什么样的洞察？

鬼谷：鲸灵目前有 300 多万掌柜，有卖服装的、卖生鲜的、卖旅游产品的，活跃在各个细分领域。以蜂享家为例，我们将 KOC 人群的用户画像提炼为以下三个要点：女性、二三四线城市、三十岁上下。人群定位为："愿意在微信里赚钱的普通人"，多为有一定家庭经济压力、在相对下沉城市的女性群体，择业空间较小。

令我印象深刻的是一位来自四川的掌柜。她曾是一位纺织厂女工，国企改制下岗后开了一家自己的服装店。没想到淘宝兴起，服装店经营不下去了，她又傻眼了。一晃年过四十，无事可做，在家待业近十年。在那个信息闭塞的地方，她根本不知道私域电商。从闺蜜那里得知了鲸灵的渠道后，只有小学学历的她靠自己的努力，把全小区的人都发展成了客户，稳定月入两三千元，在三四线城市算是一份不错的工作了。

章丰： 这个经历应该能引起很多人的共鸣。

鬼谷： 上次她到鲸灵参加交流会，我发现她坐在那里局促不安，就问：你怎么了，不舒服吗？她说：不是的，这是我人生第一次开会，有点紧张。我感到她其实是个好胜的人，和我说话的时候情绪挺激动的。她说最开心的不是挣了多少钱，而是儿子开始和她交流了，儿子开始尊重她的价值，她在家里腰杆也挺起来了。这个四川大姐是掌柜中比较常见的类型，国内有很多这样的人，他们的一生可能在事业上都无法获得太大的机会，时代的浪潮滚滚向前，他们甚至被社会边缘化了，缺乏尊重感和归属感。

我还遇到过一位来自西安的事务所合伙人，她说"我在鲸灵卖货不是为了挣钱，而是被'尊重'二字打动了"。她当年也是职场精英，产假回去后发现自己的岗位丢了，工作和家庭陷入矛盾。现在她做得很出色，把小姐妹都拉拢进来，重新获得了尊重感，又能照顾家庭。中国有很多这样的妈妈，在社会角色转换的过程中，如果没有互联网的话，未必能获得新机会。这是互联网带来的公平，它让更多普通人实现了获取信息、发布信息、表达观点的权利。

章丰：回头看过去 20 年，这也是互联网最伟大的地方。从趋势而言，私域电商对未来整个就业市场乃至中国老龄化的社会结构，我觉得都很有价值。

鬼谷：三四线城市或者偏远地区的资源相对匮乏，但当地的人们也需要生活、就业，如何让这些人同样参与到全球最领先、最先进的数字经济和数字革命的浪潮中来，这是我们要解决的问题。私域电商和中心化电商都不约而同地推动了同一件事：新个体经济。以阿里为代表的中心化电商，推出了一批网红"大 V"作为个体经济的第一波浪潮。鲸灵则以 KOC 为核心，孕育和推动新的"一人公司"、新个体经济。

章丰：新个体经济会达到怎样的规模？

鬼谷：讨论到新个体经济时，最常说起的名词是"零工经济"。但在新范式下，人们的工作状态、获取和增加收入的方式更加灵活，呈现出的特点是：工作时间灵活、工作地域灵活。所以我把新个体经济称为"灵工"，灵活就业、灵活工作。这种新个体经济的兴起，为三四线城市的 KOC 带来了很大的便利，甚至推动一二线城市用户返乡创业。

在鲸灵上已经有 300 万这样的数字就业者，未来三年我们会服务 1000 万个体数字就业。他们可能是线下的店主，是导游，是任何职业的人，通过新的参与社交网络的方式，在线上实现新的在线灵活就业，这是我们鲸灵在做的事情，让每一个想要改变的人，赢得财富和尊重。

谈服务与开放丨定位 AI SaaS 赋能者，以 S2B2C 模型推动电商去中心化

章丰：私域电商走的是去中心化道路，如何提高分布式的效率对商业模式来说是一个很大的挑战。鲸灵面对这么大规模的、分布式的掌柜群体，你觉得最大的挑战是什么？

鬼谷：中心化电商时代，商家都有专业团队和分工，从市场发展规律看，私域电商还处于早期阶段。相比之下，小 B 的技能明显较弱，白天有工作，晚上要顾家。但消费者的服务需求不会消失，如何把"素人"变成高效小 B，是私域电商平台的核心竞争力。

所以在技术层面，鲸灵正大量地进行产品简化，让在线卖货、在线服务、在线就业的门槛尽量变低。小前端大后台，前端越来越简单化、"傻瓜"化；后台的数据越来越丰富，更准确地获知用户需求；同时我们重视对 KOC 的培训。所有新掌柜都可以免费参与鲸灵的七天训练营，内部员工以及优秀的掌柜代表会视频直播，手把手教授如何从零起步做私域电商。

章丰：围绕小 B 打造生态服务，对平台的要求很高。

鬼谷：我认为私域电商领域未来必然会形成以 KOC 为中心的三边市场，两端分别连接供应链（S 端）和消费者（C 端）。围绕 B 端数字就业者，鲸灵通过一个 S2B2C 的商业模型来实现生态服务。

S 端是品牌商、物流公司、保险公司等，今天他们的资产都正在被数字化。对于 KOC，以个体零售的方式去找物流公司谈快递费，找保险公

司谈运费险，显然不现实。但通过平台可以把货品资源、保险资源、物流资源全部数字化，形成 PaaS（平台即服务）服务，赋能给 B 端。

为了让小 B 更好地服务 C 端消费者，我们通过 AI SaaS 服务，帮掌柜解决客服、售后、美工等一切开店的问题，更有针对性地提高掌柜的工作效率，提升用户体验。未来每一个小 B 都能有自己的服务载体，可以是小程序或者是 App，根据个性化定制，为他服务的消费者提供所需的内容。

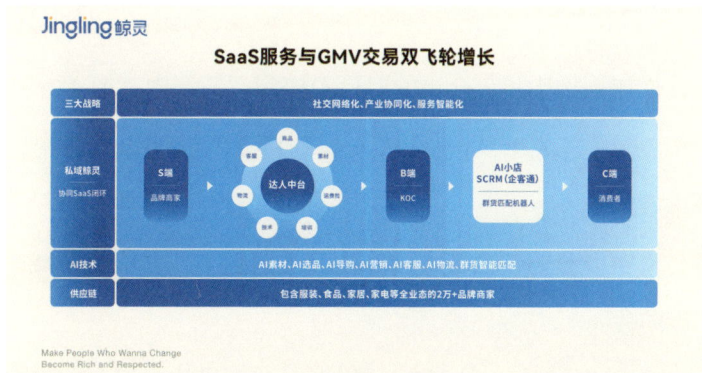

S2B2C 商业模型

章丰： 好家云店、蜂享家，算是鲸灵围绕服务生态打造的样板应用吗？

鬼谷： 就像一条街上的店铺，供货方式、装修团队、水电煤气等这些基础服务都是我提供的，但是每家店铺想怎么装修就怎么装修，想卖什么货就卖什么货，那是它们的自由，这样才有差异性，才有温度。好家云店、蜂享家是鲸灵搭建的样板间。我们提供标准化的输出，客户可以直接使用标准产品，也可以参考样板间的模式二次开发，利用平台搭建个性化的产品。

目前，鲸灵的"商业街生态"里已经有几百家店铺，在这个"人人有私域，人人可做店主"的时代里，我们正在把基建变得更简单，让任何普通人都可以做私域电商。开放能力和开放竞争会促使私域电商向更多玩家开放，更多链条也将因此受益。

谈智能服务新时代 ｜ 2021 年是行业自动化元年，三年内将会达到 L4 水平

章丰： 你在万物生长大会上的讲话中提到"三年内，AI 数字小店达到 L4 水平"。说到"L4"，容易让人联想到自动驾驶的级别分类，这是对 AI SaaS 能力的界定？

鬼谷： 没错。参照新私域电商算法的不同因子，我们把私域电商运营划分为不同阶段：

L1 阶段（2012—2015 年），随着朋友圈、公众号的兴起，微商大举入场，从业人数达到 400 万，以客户手工下单、店主人工下单为主。

L2 阶段（2016—2019 年），大量"宝妈"进场，私域电商市场的人口上升到千万，成就了多家私域电商企业上市，依托小程序和 H5 的发展，大量基础的自动化工具开始涌现，提供在线下单、物流查询、售后咨询等服务。

L3 阶段（2020—2023 年），全民下海将推动私域电商的爆发，企业微信与机器人崛起，为新网红品牌、新国潮品牌、新定制专供品的诞生提

供更多可能；

　　未来的 L4 阶段，AI 起到的作用会越来越大，从选品到物流和供应链，从智能匹配到素材，从售后到客服，加上自动的标签分层和链路优化等，AI 数字小店对"人"的依赖将降到最低。换句话说，KOC 的能力将被极大释放，未来只需全力专注在维系好和用户的关系这件事情上即可。

鲸灵对 L4 阶段的推演

　　章丰：目前鲸灵的自动化方案在行业内处于怎样的水准？

　　鬼谷：整体处于 L2 到 L3 的过渡阶段，我们目前在客服、UED（用户体验设计）这类典型场景中已进入 L3 阶段。我判断 2021 年是行业自动化元年，三年内行业将会达到 L4 水平。

　　鲸灵在职的员工有 700 多人，进行协同工作的还有几万个机器人，它们 24 小时工作，未来随着介入加深，将会更大幅度地帮助用户提高"人效"。当私域电商实现了从消费端到流通端、生产端全民在线后，数据化和协同效率就会开始发挥新的效力，用户在私域所有的交易行为、浏览行为、好友信息、购买信息都会留存。随着数据的积累越来越多，信息也会越来越精准。

章丰： 这四个阶段划分的核心依据是技术的变迁？

鬼谷： 技术的创新和工具的巨大变化，让这次革命与众不同。过去以位置为核心的节点网络，形成信息的单体闭环；今天以人为核心的社交网络，形成了大数据，带来了两个趋势。

其一，全部在线化，从而高效协同。今天的社会首次实现了生产者、平台方、推广者、消费者全部同时在线，瞬时完成产品的转移，这是前所未有的，社会效率大幅度提升。从最早的信息、资讯到如今的电商、教育，在私域中，人的市场是由轻到重的，未来私域流量的应用也会越来越重。2021 年或许会成为关键的转折点，中国人平均在线时长可能超 8 小时，线上与线下产生的 GDP 的比例将会迎来拐点。

其二，硅基逐渐代替碳基，实现智能化。未来 3～5 年内，私域电商领域会诞生许多新公司，尤其是以数据为基础、重点解决人货匹配效率的机器人公司。硅基生命体与碳基生命体的比例会首先在私域电商领域发生变化。更长远来看，随着越来越多的机器人出现，人类文明将会步入一个硅基生命逐渐替代碳基生命的时代。当算法越来越精准地预测消费趋势时，以 KOC 为核心节点和触点的协同网络会有效推动供给侧的数字化改革。

谈行业发展 | 私域电商的发展需要包容审慎的营商环境

章丰： 随着技术进化、商业模式迭代，企业做到一定规模后会触及社会性的部分，比如新个体就业就是一个重大的公共议题，需要政府和市场的共同努力。站在行业实践者的角度，你对私域电商的政策环境有什么感受？

鬼谷： 私域电商是一种新生事物，人们对其的认知需要时间。就监管而言，缺乏清晰的认知会产生很多顾虑，尤其是处于发展早期的行业，容易被一棒打死。工具总有两面性，刀可以用来做香喷喷的菜肴，也可能用来行凶，利弊的权衡需要明辨实质。私域电商应该是一个自然市场，需要包容审慎的营商环境，不妨"让子弹飞一会儿"。

章丰： 从长远发展来看，五年后私域电商的格局会有怎样的变化？

鬼谷： 过去20年，阿里完成了对消费者习惯的一次改变，让大家放心地在网上买东西。未来30年，光环的主角将不再是企业，而是个体。在私域电商带来的新品牌崛起的浪潮中，一人品牌可能会出现，一人制公司也会出现，这个市场可以容纳1亿以上的玩家。

数字就业与"数字中国"是一脉相承的，是为了推动数字化进程，最终提升社会效率，普惠大众。如何赋能个体，推动数字就业创业，这是当前时代的使命和难题，谁先解决这个难题，谁就是伟大的企业。

◆ 快问快答

创业过程中踩过的最大的"坑"是什么?

对于未知的不自知。

一天中如何分配工作与休息时间?

有微信后我永远都在线,碎片化处理事情。

你有特别喜欢的书 / 电影吗?

《时间简史》。

你的人生偶像是谁?

没有。

你认为"数字新浙商",新在哪里?

敢为人先的数字先锋。

蒲惠智造王克飞:

打造工业 SaaS 界的"麦当劳"

王克飞

蒲惠智造董事长兼首席执行官

蒲惠智造借助云技术优势，搭建更智慧、更标准的工业 SaaS 网，为工厂服务。

现任杭州市政协委员、杭州市上城区人大代表、清华大学全球产业研究院特约研究员、浙江省新生代企业家联谊会副会长，是《离散型企业制造执行过程云化规范》行业标准第一起草人、浙江省青年数字经济"鸿鹄奖"获得者。蒲惠智造首创将 SaaS 技术引入工业软件领域，自主研发云 MES、CRM、SRM、PM 等工业"云化"软件，覆盖 50 余个细分行业，独创以全栈式开发＋批量化实施为核心的服务模式，帮助我国量大面广的制造业中小企业实现全面数字化转型，成为全国规模最大的工业 SaaS 企业之一。

在温州永嘉永一阀门的生产车间，生产进度看板实时显示每个订单、每件货物的走向。质检员在终端上查看任务进程，并记录产品的检测数据。每件产品的每条轮廓线，都有标准的系统编码。这里曾经的场景，是常年堆积的货物和质检工位上数百张待检验的手工流程单。

在浙江，有大量像永一阀门这样的中小型制造企业，正在展开一场数字化转型的蝶变。这些企业的背后，都站着一位懂制造业的数字化师傅——蒲惠智造（以下简称"蒲惠"）。成立于2018年的蒲惠，通过自主研发云MES（制造执行系统）、OA（办公自动化）、CRM（客户关系管理）、SRM（供应商关系管理）、PM（项目管理）等全栈式工业SaaS（软件即服务）产品，助力中小离散型制造企业实现云化、数字化和集群化改造。

"我创业的出发点，就是用云技术改造所有成熟的传统软件。"从父辈身上传承的实体制造基因，在制造业的研究、投资和信息化改造经历，让王克飞切入工业互联网时，更能理解制造业的痛点和难点。

如今，通过在新昌、嵊州、永嘉等地的企业数字化改造实践，王克飞的团队打造形成了以"批量化、见效快、安全可靠、最佳实践"为特点的蒲惠模式，并将浙江经验复制到外省乃至"一带一路"沿线国家和地区。在蒲惠的布局下，一张更智慧、更具标准化的工业SaaS网，正在"云"上徐徐展开。

谈愿景丨我要做一家大企业，标准化的企业才能做大

2009 年，王克飞在悉尼大学完成硕士学业，进入浙江省工业经济研究所，负责省内工业块状经济的研究。两年后，他涉足工业信息化投资，将工业互联网相关知识排摸完毕，创业的想法，也在心中萌芽。

章丰：毕业后，你的职业经历一直围绕着制造业，和制造业很有缘分。

王克飞：是的，我回国后的第一份工作是在省工业经济研究所，做工业领域的研究，深入了解了中小制造企业的现状。尤其是 2017 年底，浙江省委省政府提出数字经济"一号工程"，我就想用西子联合先进的生产管理理念和工业信息化软件，改造数字化基础薄弱的中小企业，所以创立了蒲惠。

我们正在推动"业财一体化"，也就是业务系统与财务系统数据的贯通。从业务端、生产端切入，通过扫码、移动端设备、物联设备及时准确地采集数据，为财务核算提供可靠的数据源，使财务核算更加精细化、自动化。

过去，"业财一体化"主要通过 ERP（企业资源计划）系统实现，传统 ERP 系统更偏重财务功能，在生产过程的管理上相对薄弱，不能有效记录真实的生产数据；加上大量的生产数据表单都是手工填写后录入的，实际上很难推行。

章丰：ERP 软件发展了很多年，覆盖面很广，但总体上还是属于"传统软件"。

王克飞：因为 ERP 软件更偏向定制化。除了 ERP，MES、CRM、OA 等软件都做得很个性化，每个系统都有自己的体系，很难对接。另外，国内软件公司的售卖采用代理模式，代理商鼓励企业进行二次开发，个性化代码让系统间的集成更困难。传统软件的覆盖率很高，但仍然留了一片数字化的蓝海给我们，这恰恰证明定制化有走不通的地方。

章丰：蒲惠服务的制造企业，之前有过数字化改造的尝试吗？

王克飞：几乎没有。蒲惠聚焦的是年产值 5 亿元以下的离散型制造企业，这些企业普遍数字化意识不强。即便有需求有意愿，也会因为资金、人才上的压力，"不会转、不敢转"。部分企业迈出了转型这一步，应用过 ERP 等系统，但没见到管理成效，于是对新的数字化转型方案也持保守观望的态度。

章丰：中小制造企业是一块"难啃"的"硬骨头"，你又是从西子这样的大企业出来的，两者差距很大。是什么触发你做一家工业 SaaS 企业？

王克飞：我发现，30 多年来，国内还没有出现过一家真正意义上以 MES 为主营业务的大型企业。我们国家的工业门类很齐全，市场需求也充足。之所以没能获得更大的发展，是因为做管理软件的思路错了，只强调定制化，忽视标准化。事实上，只有做标准化管理软件的企业才可能做大。

类比餐饮行业，大厨能做个性化的高端餐饮，但没法开太多分店。市场占有率低，就很难成为餐饮巨鳄。我们不做繁复的大菜，但可以从管理、供应链上，精准把控工艺流程，比如炸鸡翅需要几分钟、薯条需要切多粗……我希望蒲惠成为工业 SaaS 界的麦当劳，拥有强大的中后台、模块化的产品、精确的客户定位，以及可观的性价比。

章丰： 产业数字化，尤其是制造业数字化团队，不只需要 IT（信息技术）专家，还需要 OT（运营技术）专家。西子在这方面的优势，对你有没有帮助？

王克飞： 有，蒲惠吸纳了西子 40 年的工业制造、精益管理的经验，并将它进一步"云"化、软件化。但传统制造和数字化是两套体系，人才结构不同，所以包括产品、技术、管理在内的核心团队，都由我从头组建。蒲惠成立以来，研发团队的占比就一直维持在 60% 以上，团队成员都是在工业信息化领域、互联网领域拥有多年资深研发经验的工程师。他们了解制造业、数字化，有成熟的产品思路，并且有和我一样的目标，要做"最懂"中小制造企业需求的数字化服务商。

谈蒲惠云 MES ｜好的系统就像一件"有弹力"的衣服，能让企业自己用起来

在蒲惠提供的全栈式工业 SaaS 产品中，以蒲惠云 MES 系统为核心，记录从接收订单到制成产品全过程的数据和状态信息。目前，蒲惠云 MES 已运用在阀门、汽配、制冷、轴承等 50 多个细分领域，并入选工信部《中小企业数字化赋能服务产品及活动推荐目录（第一期）》。

章丰：云 MES 能够在企业的生产环节提供怎样的数字化支撑？

王克飞：先介绍一下 MES，这是个由来已久的行业，国外已经发展了 40 年。作为制造执行系统，它可以让整个生产过程可视化，建立起一条从终端用户到经销商、工厂管理人员、车间，最后到仓储物料的完整信息流，帮助企业发现瓶颈和黑洞，在管理上做提升。

比如有家台州的企业，主业是汽配曲轴，每个班次的工作人员开动机床时，都需要试车。以前工人常拿着好零件去试，导致浪费；上了云 MES 系统后，工作人员可以追踪每一个零件的生产过程，单单这一项数据的透明化，一年就可以为企业节省 40 万~ 50 万元。

企业使用蒲惠云 MES 进行生产管理

过去的中小制造企业，在生产管理环节，采用的都是图纸、手工流程单，质检全凭人员经验。而蒲惠要做的，就是将行业内这千千万万的图纸、流程单和生产经验，转化为一种平台能力。

章丰：中小制造企业的 IT 技术薄弱，他们的数字化改造和服务，是否需要付出较高的运维成本？

王克飞：这就讲到我们的优势了。传统定制化软件价格贵、入局门槛低、产品紧耦合。中小企业内部缺乏 IT 部门去修改代码，有一点变动，就得联系供应商，进行二次开发。紧耦合就像一位裁缝给客户量体裁衣，做了件特别修身的衣服。但如果客户变胖了、变瘦了，冬天要在里面加件衣服呢？那我只能变成你的私人裁缝，频繁地调整尺码。

而蒲惠的软件，就像一件有一定"弹力"的衣服，给用户留点余地，让他们自己折一折袖子、系一系腰带。我们提供给用户的不是一串串代码，而是一个可视化的界面。在后台用鼠标左右拖拽，就能实现流程、参数的灵活配置，还可以协助远程配置、在线教学。

蒲惠云 MES 可视化界面

一套软件的价值，只有三成在于系统是否好用。能不能为企业数字化发挥效用，关键要看企业自己实践的决心。

章丰：目前对于使用蒲惠云 MES 的企业来说，门槛如何？是采用年费的模式吗？

王克飞：不一定，SaaS 的本质不在于收费模式，而在于部署方式、代码方式。我们现在布了一个集群在云上，后台有四五百台服务器同时运转。这个集群最多可以容纳一千家以上的企业，再多部署几个这样的集群，就可以实现一万家甚至几万家企业同时使用。这样的业务规模，降低了云计算的使用成本。用户不用做基础运维，不用管理机房，不用买正版的数据库，不需要配备专业的 IT 人员，也不需要担心勒索病毒的问题，我们会帮企业做统一防护。

谈"蒲惠模式" ｜量大面广的中小型制造企业，是数字经济系统的"毛细血管"

新昌是"蒲惠模式"最早落地的地方。2020 年，蒲惠为新昌当地部署完成了 100 家中小企业的数字化改造工程。改造后，当地机械配件行业整体月均采购成本下降 20 万元，人均生产效率提升 15%，良品率、订单准交率、存货核算准确率大幅提升。

章丰： 在商业路线上，蒲惠选择以"块状经济"为突破口。浙江省正在推行的数字化改革，是否对蒲惠模式有较大的推动作用？

王克飞： 数字化改革中的"数字经济"体系建设，以及浙江省"高质量发展建设共同富裕示范区"的重大任务，都加速了蒲惠模式的推广。浙江省的数字化意识比较超前，又有4万多家规模以上工业企业，它们都是数字化改革的重要力量。

永嘉的泵阀产业，是浙江山区26县中，唯一一个产值攀上300亿元大关的特色产业集群。我们以永嘉为浙江山区26县数字化改造的切入点，从"有软件可用、有标准可用、有人才可用"三大维度，推行"软件兴乡"工程、"MBA掌上课堂"和"产业人才造血"计划，首期就为200家永嘉泵阀企业实施了批量数字化改造。

这个"三剑合一"的模式得到了持续的复制，通过"软件兴乡"工程，蒲惠会把软件带进26县中其他的制造企业，探索"数字经济＋共同富裕"双向驱动的新范本。

章丰： 山区的中小企业，人才是痛点，"造血"怎么造？

王克飞： 除了派遣相关人才"蹲点"部署，我们联合当地经信局、科研机构，开办"乡村人才赋能制造业高质量发展"技能人才培养班，培养本地数字化人才。

章丰： 对企业来说，集采的方式降低了门槛？

王克飞： 工信部提出了"企业出一点、服务商让一点、政府补一点"

的思路，我们一直在遵循。比如在永嘉，蒲惠大幅让利，政府出一半，企业报名实施部署，试用后效果好再付款。也有些地方采用后补贴的方式，可以灵活运用。

章丰：蒲惠模式确实是我目前看到的工业 SaaS 领域很有特色的方案。

王克飞：量大面广的中小型制造企业，是浙江畅通数字化改革的"毛细血管"，蒲惠希望通过数字化技术，帮助更多制造型企业迈向"云端"。通过蒲惠模式，从企业快速辐射至整个产业，推动产业集群数字化发展，提高产业链的整体质量水平，也为全省数字经济建设提供可借鉴的思路。

谈交付落地 | 不光要给企业"字帖"，还要评估笔法、笔力是否精准

章丰：SaaS 卖的不仅是产品，更是服务，在帮助企业落地实施上，也有很多功课要做。

王克飞：是的，过去企业花几万元买软件，收获的实施服务却不到位，往往没人用得好，也没人乐意用。蒲惠的项目实施专员会连续几个月扎根工厂，实施团队不断接收工厂的需求，反复探究背后的逻辑，形成标准化的管理。这样一套流程反复走下来，你会发现，生产制造系统其实并没有那么神秘。

蒲惠实施专员指导企业员工操作系统

针对中小企业普遍管理不规范、粗放化的现象，除了推荐标准化的管理方式，我们还推出"MBA掌上课堂"，从生产计划、交期、质量、订单、物料等核心指标，评估企业生产经营各环节的科学管理情况，并给出相应的诊断报告和改进意见。

这就好比给书法课的学生发了一本大师字帖，在他们临摹的过程中，我们还会评估笔法、笔力是否精准，及时给出提醒和指导。

章丰：那么你的实施成本比较高，有什么方法平衡？

王克飞：根据落地进度，可以采用批量化交付的形式，七八个人一组，同天进厂，分阶段进行项目实施。这样做的前提，是我们把交付管理的颗粒度做得很细。传统的系统项目交付仅凭签字证明，过程中可能有人为因素的影响。

我们提炼出了企业使用蒲惠云 MES 效果的综合评测指标，涉及了流程规范性、系统功能使用等维度。这套指标体系是对实施团队的激励机制，也是培训指南。依靠这样精细化的管理，即便是对生产管理毫无经验的"小白"，也能通过系统化的培训快速上手。

章丰：用大量标准化的细节，来降低实施成本。

王克飞：我们是踩过"坑"后摸索出来的，还得不断地尝试和迭代，真正实现标准化、规模化。现在的蒲惠，可能一年交付几百家企业，但我们所做的，是为以后一年交付上万家做好准备。从模块化开发到本地化实施，从卖产品到卖服务、卖口碑，从高门槛到低门槛，从个人经验到行业通用，这是蒲惠为行业带来的突破和价值。

谈工业互联网 | 用云技术改造所有传统软件，做到互联互通

章丰：面向更广阔的工业互联网，蒲惠已有哪些布局？

王克飞：我创业的出发点，就是用浙江"云"技术的优势，改造所有成熟的传统工业软件。成熟的软件有市场基础，教育成本也相应更低。打个比方，大家都是制造车辆的，我用电动技术改造传统的发动机、离合器。我们在发动机时代会受制于一些因素而落后，但是在电动时代则可以弯道超车。

目前我们已经在做产品矩阵，比如 OA、ERP、PM、CRM、BI（商

业智能）、SRM，还包括电子签名、问卷等产品，以后会延伸到制图软件（CAD）等。SRM 是面向产业供应链层面的产品，可以跳出单一工厂，实现横向打通，具有网络效应。其他产品，则是把企业各条脉络都实现数字化。

章丰： 蒲惠会自己做产品矩阵，还是与市场上成熟的服务商合作？

王克飞： 我更倾向于自己来做，跨平台的技术对接成本是非常高的。而我们面向的制造业中小企业，没有 IT 部门，没有企业总线，数字化基础薄弱。

章丰： 云软件会产生大量数据，这是企业、政府和平台服务商都关心的。你怎么看未来的数据生态？

王克飞： 对于数据，我持非常谨慎的态度。数据安全是工业互联网企业的生命线，我们一直致力于给客户最高等级的保护。企业自身的数据，就该应用于自身的数据分析和管理。在政府侧，我们的云平台主要是可视化展现产业链整体运行情况，监测和预警风险，为政府部门的政策决策提供参考依据。

章丰： 你会考虑拓展工厂以外的场景吗？

王克飞： 目前蒲惠还是会深耕工厂场景。制造业企业的数字化改造是块"硬骨头"，但你"啃"下来了，就能迎来更大的发展。中国目前有 38 万多家适合我们改造的工厂，其中浙江有 4.66 万家，它们亟须一些"用得好、见效快、全流程"的软件。这种软件，就应该由中国企业研发。未来，蒲惠希望打造世界工厂用到的管理软件，实现我们"为工厂服务"的初心。

✚ 快问快答

创业过程中踩过的最大的"坑"是什么?

对 HR 不重视。

如何分配工作与休息时间?

工作就是我的日常生活,休闲娱乐很少。

你有特别喜欢的书 / 电影吗?

名著《红楼梦》,电影《少林寺》。

你有特别欣赏的人吗?

埃隆·马斯克。我欣赏他对"第一性原理"的强调,一切从本质出发。

你认为"数字新浙商",新在哪里?

积极地运用"云原生"等新技术,助推产业数字化、数字产业化。

宇链科技罗骁：

区块链让安全心中有"数"

宇链科技创始人兼首席执行官

罗 骁

宇链科技坚定地走在「可信数据构建安全生产大脑」的路上，真正解决社会问题。

2018 年创办宇链科技，并带领宇链科技获得"杭州市准独角兽企业"荣誉称号。中国人民政治协商会议第十五届杭州市萧山区委员会常务委员、杭州市萧山区工商联副主席、杭州市高层次人才和"十三五"时期萧山区"十佳科技领军人才"、工信部中国电子技术标准化研究院理事、中国通信工业协会区块链专委会副主任委员、浙江省区块链标准化技术委员会专家委员、浙江省科技装备业商会副会长、杭州市经济和信息化局专家库专家、浙江大学 iMBA 和上海大学 MBA 兼职导师。

✚

"Go BIG or go home（不鸣则已，一鸣惊人）！别人眼中疯狂的你开始被相信！"这是罗骁个人视频号的简介。在别人眼中，他的确有些疯狂：辞去华尔街的工作，回国创业；两次创业成功后，他又售卖了公司，闭关21天，找到了未来30年的奋斗方向——区块链。

2018年，宇链科技（下文简称"宇链"）成立。罗骁凭借过往的经历和背景，在商业路径上另辟蹊径，将区块链技术芯片化，以软硬一体化的方式切入产业区块链领域，打造可信数据基础设施。

罗骁对于产品有近乎狂热的执着，他坚信区块链领域会出现针对社会问题的优秀解决方案。2020年下半年，宇链危化安全生产数字化（区块链）监管平台在全国首发，顺利在危化品生产场景落地，服务浙江数十个区县以及河南和广东多地，积累了对区块链软硬一体化系统开发、销售和落地的经验。平台也入选了工信部区块链重点实验室十大优秀案例及《2021全球区块链创新应用示范案例集》，相关方案也在国内斩获多项大奖，并获得国家发明专利授权。

罗骁说，创业就像在黑暗森林中摸索，你能清楚地看到远处北极星的光亮，但是脚下的路却是一片未知，布满了"坑"，"到时候我就建个展厅，把研发过的失败产品往那儿一陈列，分别是坑1到坑N"。前路坎坷，但罗骁会带着宇链团队坚定地走在这条路上，他们的疯狂，也将被更多人相信。

谈创业选择｜区块链领域一定会诞生比互联网巨头更伟大的公司

章丰： 听说你是当年闭关 21 天苦读各种白皮书后，决心 all in 区块链的。区块链领域的很多创业者，都有被中本聪的比特币白皮书击穿灵魂的经历。

罗骁： 比特币的白皮书我看了不下 10 遍。我本科在北京航空航天大学学的通信工程，研究生攻读金融，所以理解起区块链来比较容易。区块链也确实颠覆了我的认知。过去在中心化的金融机构工作，大家对中心化的运作方式习以为常，就默认这种方式是天生甚至是唯一的。面对区块链这一全新的范式，99% 的人第一反应认为它是骗局，剩下的 1% 是顿悟。对区块链的理解不像爬坡，一点点积累，它更像迈台阶，直接完成了质的跨越。

章丰： 但是看好区块链和把区块链作为创业的方向是不一样的吧？

罗骁： 这是个好问题。当时我已经卖掉两家创业公司，作为天使投资人，和他人共同创立了一家移动互联网公司，在向"大厂"购买流量时，我发现 CAC（用户获取成本）已经高于产品的 LTV（生命周期总价值）了。这说明什么？在互联网世界，流量被寡头高度垄断，已经出现价值倒挂了。

我错过了互联网发展时代，从创业的角度看，要想把握机会，就要瞄准下一个十年、二十年甚至是三十年的方向。区块链有两个典型的特点：

第一，未来它一定会像今天的互联网一样，成为基础设施；第二，区块链领域目前尚未形成巨无霸企业，对创业者而言是一片蓝海，未来一定会诞生比互联网巨头更伟大的公司。所以我毫不犹豫地说，"得干，这个事儿"。

章丰： 你过往的经历决定了你是偏销售型的创业者，但大部分创业者其实是技术型的。

罗骁： 商业能力，包括但不限于销售能力。我们看马克·扎克伯格、埃隆·马斯克、比尔·盖茨等成功的企业家，往往忽略了他们的商业能力。他们首先是商业天才，其次才是技术天才，甚至都谈不上是天才，只是技术"达人"而已。乔布斯是商业奇才，他更像产品经理，他的合伙人才是技术天才。很多人没有认清楚其中的因果关系，曲解了他们成功真正的原因。

我们在运营一家公司，而不是一个科研机构。实验室里可以天马行空，科研对技术的天才度要求最高；但经营公司，缺乏商业能力必然失败。比如AI领域，已经出现了估值达到百亿美元的公司，但它的两位联合创始人，一个是教授，一个是博士，特别学术化，所以商业化落地能力比较滞后。创业者的背景甚至会制约整个行业的发展。

谈落地场景｜可信数据基础设施将成为安全生产领域的焦点

一辆满载着危化品的运输车，从工厂一路驶往目的地仓库，再将车上的危化品入库的过程中，有可能存在各种人工管理盲点，出现各种意外事件。但通过宇链的安全管家产品＋危化安全生产数字化（区块链）监管平台，能实时将该车的相关信息数据上链存证，对运输线路进行全程跟踪与后期追溯，保障危化品运输的安全。这套解决方案是宇链在历经数百次实验后推出的，目前已在多个地市落地，并与数十个区县开展危化监管平台试点建设。

章丰： 在区块链技术落地上，宇链为什么切入了安全生产场景？

罗骁： 我们接触了一些安全生产领域企业，包括印染企业、环保企业、电子工厂、制衣企业等，这些企业常常在生产过程中使用或制造危化品，但是往往因为危化品具有风险、企业生产数据缺乏可信度，存在典型的多方不信任问题。这些场景中会有两层监管：一是外部的监管者，比如应急管理部门、公安部门等；二是内部的监管者，比如公司的经营者、安全主管部门、安全负责人等。区块链技术解决的就是可信问题。

2021年9月1日，新《安全生产法》正式生效，标志着"全员安全生产责任制"时代来临，企业抓生产的同时必须兼顾安全，这是不可逆的趋势。面对潜力巨大的市场需求，宇链坚信可信数据基础设施将成为安全生产领域的焦点。

章丰： 和安全生产场景现有的数字化解决方案相比，区块链技术有哪些优势？

罗骁： 传统安全生产监管体系面临很多问题，比如监管方式不够灵活、监管评判不统一、存在监控死角等。我们在安全管家产品里封装了区块链芯片，安装到企业后，可以多层次、多角度地采集危化品库房、作业现场等信息，存证在区块链上，实时传递到危化监管平台上，形成完整的全过程链条。

通过软硬一体的危化安全生产解决方案，可以对危化品采购、仓储、申领、出入库、使用、运输及废弃的全生命周期进行精细化的闭环管理。整个流程数据全部上链，帮助企业打造一套标准化的管理流程。

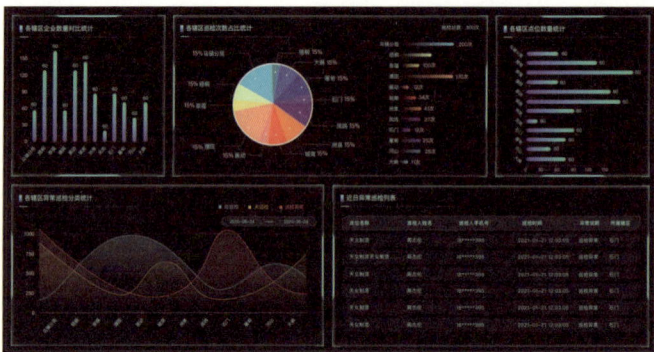

危化安全生产数字化（区块链）监管平台

章丰：企业的核心安全数据实现了可信，可以在监管等方面发挥更多价值。

罗骁：对。企业管理者可通过一张可视化大屏，及时查看企业日常巡检、出入库等业务情况，实现精益生产。同时，监管平台能帮助政府监管机构实时接受每家企业主动上报的安全生产情况，助力公安、应急等多部门对企业进行监管，还可以通过数据打通，实现数据上报的"最多填一次"，帮助企业避免多系统、多部门的重复性填报工作，提升机构监管效率和效果。

章丰：目前这套软硬一体的解决方案，成本能控制到什么程度？

罗骁：相比现有的解决方案更有优势。以前危险化学品的生产、仓储、使用单位做定期安全巡检，需要安排一个负责巡检的员工、一个负责监督的中层管理人员，再派一个负责检查的督导。以人工的方式，管理成本很高。另一种常见的监督方式是摄像+AI，成本为几万元/年。相比之下，我们的产品模式以安全管家+BaaS平台为基础，无须开发，一键完成区块链应用部署。基础版本能控制在千元级别，更适合大规模推广。

公安局数字化（区块链）监管平台

章丰：未来成本曲线走向如何？

罗骁：真正的高科技产品，无论软硬件，一定都是基础研发费用高，边际成本低。

谈软硬件一体化｜关键在于解决"最后一公里"的需求

除了工业领域，宇链还将区块链芯片应用于"阳光厨房"，守护百姓的餐桌；安装在地下管道，实时监测整个地下管网的运行安全……在公共安全、社会治理、医疗、物联网等各领域，宇链不断探索区块链前沿技术与多场景业务实现深度融合。

章丰： 实现区块链芯片化，是宇链软硬一体解决方案的前提？

罗骁： 大家都知道，区块链的公开透明、不可篡改是针对上链后的数据，而上链前的数据，尤其是来自物理世界的数据，如何实现可信，一直是行业的痛点和难题。虚拟的数据可以通过预言机抓取；但物理世界的数据，必须通过一个物理的载体、以非中心化的方式实现上链，也就是用芯片来完成。

通过芯片直接对原始数据进行加密、签名、上链，保证了上链前数据的可靠、上链后不可篡改，形成了数据的可信闭环。我们不能"为了技术而技术"，技术一定要解决问题，区块链芯片就有可能成为数字世界与物理世界沟通的桥梁。

章丰： 在芯片生产端，宇链是联合合作伙伴来完成的吗？

罗骁： 对。举个极致的例子，苹果公司是没有自己的工厂的。在我看来，工厂不是科技公司的核心，know-how（技术诀窍）才是核心。苹果公司对于硬件的理解，绝对和对于软件的理解处于同一水平，这样才能把软硬一体玩到极致。同理，传统的汽车局限于硬件层面，交互功能差，而以特斯拉为首的智能汽车，就是典型的软硬一体，而且它的软件在整体出售价格中所占的权重越来越高。

什么是软硬一体化？软硬一体化的本质在于对硬件和软件的理解能力处于同一层次，不能"偏科"。我们曾经和传统的硬件公司合作过，对方团队做了 3 年的产品，我们花 2 小时就测试出 50 个 bug，这是典型的纯硬件背景导致的。做软件的公司也是同理。就像平面设计和工业设计，平面设计看重美观，工业设计首先解决实用。马斯克设计火箭的时候，一定是先考虑如何设计才能让火箭飞上天，在这个基础上再把外形做得好看。

章丰：所以软硬件协同能力是芯片区块链化的难点所在？

罗骁：一是在硬件产品端，如何具备原始创新的能力。目前最缺乏的是既懂软件又懂硬件的人才，因为区块链从业者的背景大多是计算机专业，它的特点就是纯做软件，不牵扯制造业部分，基本不考虑物理世界的规律，所以懂硬件的人不多。

二是在产品交互层，如何在硬件产品端实现软硬一体化的设计。有点类似于做一个小型的 OS（操作系统），芯片只是一个技术，把芯片封装到硬件中形成产品是另一个维度的事情，因为硬件和软件是两个世界的东西。

章丰：我们发现区块链领域涌现出一些硬件产品，比如蚂蚁链一体机、区块链通信控制模组等。它们也是采用软硬一体的方式吗？

罗骁：区块链行业里，大家都在努力解决问题，但是我看到很多产品还是中间件，并不是在解决"最后一公里"的商业需求问题。以互联网为例，没有人一上来就卖互联网一体机，肯定是先针对部分需求打造产品，比如网络聊天、新闻浏览。区块链现在就是缺少这样的产品。中间件是服务于整个行业的，它们需要放到终端产品中再交付到用户手里。如果行业不能提供面向用户的终端产品，中间件再多也不解决问题。

大家往往臆想把中间件交给下游，它就能分发出去。但事实并不如此。不到终端去了解用户的需求，靠下游企业是无法把产品推到市场上的。第一，理论上模组可以在任何地方使用，但并没有解决爆炸的需求；第二，如果依赖于别人来解决问题，说白了你还是被别人"卡住了"。

举个不太恰当的例子。比如你认为这个模组能用在洗衣机上，把这个中间件交给了洗衣机工厂，也许会起到锦上添花的作用，但这并不是核心需求。真正的难点不是技术，区块链头部的公司在技术能力上基本旗鼓相当，核心就是在商业端挖掘出爆炸的需求。如果还得依靠别人，那就完蛋了，因为他们对区块链的理解肯定不如做产品的人深刻。

章丰：也就是说行业大部分软硬一体的解决方案还停留在模组阶段，而宇链是直接做出了面向具体应用场景的终端产品。

罗骁：做个不一定恰当的类比，宇链类似于走苹果公司的路线，一体化直接做出终端可用的产品。哪怕中间包含了 100 个组件，我通过设计一套顶层的体系，全部重构；而模组像是安卓路线，一人做一个模块，最后合并。这两种模式都能行得通，本质还是要解决爆发的商业需求。但是从行业发展来看，如果你的终端卡在别人那里，不仅关乎你的产品推广速度，也关乎整个环节。只要有一个人慢一步，全军就慢一步。我走苹果的模式，我自己就是全军，在能力范围内，可以迅速推向市场。

谈区块链技术落地 | 需满足四个必要非充分条件

章丰：有种观点是区块链作为一种基础设施，离日常较远，不太可能出现某款产品的"井喷"。你怎么看？

罗骁：区块链产业不能走高端软件外包的路线，它一定是成为未来的基础设施。现阶段有的公司为了短期业绩，东一个西一个地做外包项目，宇链希望成为一家产品公司，真正解决社会问题，成为一家受老百姓尊重、具有家国情怀的企业。就宇链目前聚焦的安全领域，我觉得一定会出现更多针对社会问题的优秀解决方案。

章丰：你认为区块链技术的落地应用有哪些前提？

罗骁：我认为要满足四个必要非充分条件。

第一，解决用户"最后一公里"的商业需求。我始终强调产品要解决"最后一公里"，解决用户的真实需求，才能创造价值，而不是卡在别人手上。

第二，产品高度标准化。从国内的付费意愿来看，用户对硬件的接受度相对比软件更高，大家愿意为看得见摸得着的硬件买单。以纯软件的方式服务用户，很难实现标准化，尤其是产业区块链的服务对象大多是B（商业用户）和G（政府用户），不同的使用场景存在不同的定制需求。而硬件可以标准化，比如我今天卖你一个华为手机，你不会要求说给我定制一下，顶多从现有的配置中挑选。

章丰： 软硬一体巧妙地解决了中国软件服务市场现阶段的认知障碍问题。

罗骁： 这个观点未必新奇，但是做起来，存在非常大的难度。

第三，产品简单易用，做到 10 个字：人人都能卖，开箱就能用。这对产品标准化的要求很高，而恰恰标准化与可复制性是一家企业后期具备爆发力的关键。如果产品做得很复杂，一定会随之产生较高的销售及培训成本。先给员工培训区块链和产品知识，再让他们去教育市场，必然周期长、效果差。

今天我们去任何一个五线城市，店员小妹都能把智能手机卖给任何人，因为它前端的构建到了"开箱就能用"的简单程度。再比如 iPad，三四岁的小孩不用说明书，花 20 分钟自己就能摸索明白，这就是牛到极致的产品。借鉴这个概念，把复杂的产品简化到连说明书都不需要，开箱就能用，就是极致。

第四条，单品销售额超过 10 亿元。市场愿意买单，才能说明产品有价值。科技公司最大的投入在于研发成本和风险规避。我们公司内部就是按照这四条标准抉择和取舍，对安全领域的基础设施建设倾向性地投入资源，通过软硬一体化的实践，我们了解到了市场的真实情况，推出了危化监管平台这个安全领域的区块链解决方案。

谈区块链产业蓝图 | 宇链坚定地走在"可信数据构建安全生产大脑"的路上

章丰：我从宇链的命名中，看出了你们"胸怀宇宙"的雄心和信心。在未来的区块链产业蓝图中，你期待宇链扮演什么角色？

罗骁：目前区块链产业的创业公司形成了几条不同的路线。我不否认纯软件或项目制的交付是一种商业模式，但它可复用性差，"天花板"低，遇到新项目，又得推介、营销一遍。也有的公司走底层链的路线，这条路属于赢家通吃型，不是人人都有条件来做。基础设施的路线不需要重复营销，一次又一次地配置经验，客户一旦用上，就会产生依赖。

我始终认为宇链在扮演另一个物种，因为一般的公司不会尝试做软硬一体化的终端产品。我们坚定地走在"可信数据构建安全生产大脑"的路上，用软硬一体化、高度产品化的方式，解决"最后一公里"的问题，探索出从区块链领域解决安全领域问题的方案。

章丰：在底层链的问题上，我个人认为未来可能会通过较好的跨链协议，解决底层链的选择问题。

罗骁：这确实是一个美好的方向，但商业竞争总是很残酷的。现阶段底层链还处于初级阶段，企业间的差别没有显现出来，但随着商业推动，研发投入越来越大，一定会出现某条底层链越来越强大，大到其他友商都追不上的局面，就像今天云市场的格局。

章丰：我也觉得 BaaS 层（区块链即服务）未来可能有寡头效应，但是回到区块链坚持分布式的初心，未来各种联盟链应该拥有便捷合理的跨链交互机制。对比云基础设施的现状，区块链产业会拥有更光明的未来。

罗骁：跨链一定是很广泛的，但底层的竞争一定是非常激烈的。跨链也在不断的迭代中，甚至未来可能要跨公有链。在公有链市场上，我认为"百花齐放"的概率反而比联盟链高。但是现阶段，我们并不用考虑太多，只需要提供给客户最简单的操作，让危化监管平台赋能政府提升治理效率，让安全管家赋能企业提高生产效能，打造出针对社会问题的优秀解决方案。

✚ 快问快答

创业过程中踩过的最大的"坑"是什么？

在未知的世界里，不知道真正的爆发点，会做很多错误的决定。

一天中如何分配工作与休息时间？

保持随时工作的状态。

你有特别喜欢的书／电影吗？

我喜欢企业创始人自己写的自传，最好是中信出版社出版的，比如星巴克创始人霍华德·舒尔茨的《一路向前》。

你的人生偶像是谁？

我不会把任何单一的人当成偶像，不同的人有各自值得学习的优点。

你认为"数字新浙商"，新在哪里？

真正投身基建、推动新基建发展的新一代创业者。宇链科技的"新"体现在一直以来我们都在探索新技术，提升创新能力和研发水平，并践行"爱链宇宙"的核心价值观，努力构建安全生产大脑，助力数字经济建设与民族复兴。

"复制者"谢如栋：

在遥望的天空下，每一颗星星都有被看到的机会

遥望网络创始人

谢如栋

发现更多耀眼星光下被遮蔽的力量，创造更多人成为主播并实现价值的可能。

星期六股份有限公司董事长兼总经理、杭州市余杭区第十六届人大代表、长江商学院 EMBA、浙江财经大学客座教授、浙江工商大学杭州商学院数字贸易产业学院名誉院长、浙商全国理事会主席团成员。遥望网络于 2015 年正式挂牌新三板上市；获得 2016 年度十佳新三板挂牌公司，并被评定为"国家高新技术企业"。2018 年开始布局直播电商，通过"三驾马车"——主播孵化的赛马机制、选品供应链一条龙，以及流量投放和数据的价值，一年时间内快速成长为业内领先的头部 MCN（多频道网络）机构，同时也是当时直播电商领域唯一一家 A 股上市公司。

✚

　　21 层高的遥望网络（下文简称"遥望"）大楼矗立在杭州市余杭区，每晚这里灯火通明，十余场直播同时开播，不断攀升的成交额创造一个个奇迹。我们到访时，谢如栋正踩着平衡车在敞亮的办公室里"飞驰"，看到来客立马热情地打招呼，朝气蓬勃的大男孩形象，正如遥望员工对他的描述："第一次见，不知道是老板。"

　　谢如栋出生于浙江宁波的商人家庭，骨子里刻着创业的基因，大学期间就尝试自营电商，和几个同学骑着自行车满杭州送货，完成了创业启蒙。从 PC 时代的广告代理，到移动端的游戏营销，再到社交和短视频营销，谢如栋连续创业，始终保持着对商业的敏锐嗅觉。

　　2018 年末在快手上看了一场直播后，谢如栋决定杀入直播电商领域。经过快速发展，如今遥望已成为国内头部 MCN 机构，拥有百余位主播"达人"，合作品牌超 20000 家，形成了主播孵化、直播运营、选品供应链和流量投放等一站式直播电商解决方案，正在北京、上海、广州、三亚等城市拓展直播产业基地。

　　"遥望所做的是发现更多耀眼星光下被遮蔽的力量，创造更多人成为主播并实现价值的可能。在遥望的天空下，每一颗星星都有被看到的机会。"

谈创业选择 | 在直播电商这一新兴行业，我们遥望未来，一路笃行

章丰："遥望"是一个很响亮的商号，有什么含义吗？

谢如栋：当时有位同事天天听 Beyond 的《遥望》，我们觉得作为商号不错。那是 2013 年，公司还在做互联网投放广告业务，后来尝试了手游、短视频等业务，再到直播电商，"遥望"就一直沿用下来。如今我又赋予了它"遥望笃行"的含义，符合我们切入的行业和自身的性格——在直播电商这一新兴行业，我们遥望未来，一路笃行。

章丰：2018 年你看了场直播就决定进入直播电商领域，据说当时迅速把办公室都改成了直播间，连总裁办公室都没放过。是什么原因让你下决心把主要精力投入其中？

谢如栋：2010 年我在边锋时接触过娱乐直播，2015 年又投资了一家游戏直播公司，最终以亏损收场。到了 2018 年，我开始关注直播电商，当时还是相对谨慎的，因为直播电商与我之前熟悉的直播，在模式、运营方法上都不一样。2018 年底快手举办了电商节，我看到"散打哥"一场直播销量突破 1.6 亿，意识到直播业态发生了新变化，商家、主播、粉丝通过直播带货形成了一条商业闭环。但让我震撼的是，有些主播甚至连带的货都介绍不清楚，竟然能把货卖出去，说明当时的直播电商还在玩气氛，浮于表面。

章丰：你判断整个行业正处于非常典型的早期?

谢如栋：不懂货的人都能带货，说明消费者是盲从的，市场还处于"野蛮生长"的早期，对于真正想进入直播领域的创业者就是机会。直播电商经过井喷式爆发的探索期后，市场逐渐从蓝海转向红海，对于玩家的要求也越来越高，大家除了玩气氛，还得懂货、懂价格，考验带货能力、流量把控、产业链优化和群体作战。在直播电商的"战国时代"里精耕细作，进行精细化的流量运营及产业链深化，一定会是未来的发展方向。

章丰：在直播带货热潮的带动下，平台全面开花。对于入局者而言，首先会面临多点布局还是深耕一个渠道的问题。你当时选择了快手?

谢如栋：我们也尝试过很多平台，最后选择将流量大、成长机会好的快手、抖音作为主要阵地。国内大部分 MCN 机构会选择单个平台运营，因为不同平台的底层逻辑不同，需要两套打法。快手和抖音的流量机制不同，用户来源不同，留住用户的方法也不同。双平台运营对于机构的供应链能力、对平台的理解能力要求都比较高，也意味着我们的打法具有较强的可复制性。

谈可复制理念 | 在快速迭代的直播行业，推行可复制需要魄力

章丰：你推崇公司内形成"可复制"的基础架构建设。从遥望的实际出发，如何理解"可复制"?

谢如栋： 遥望最大的优势，是在打造垂类主播上摸索出了一套高效的方法论，且快速、批量地孵化出了"瑜大公子"、酒类主播李宣卓、鞋类主播"柠檬女鞋"等主播。瑜大公子从"素人"起步，以美妆博主身份入驻快手，两年时间粉丝超过 2600 万，成为快手平台的头部主播之一。如果 100 个主播中有 1 个成功了，以同样的方法培养，另外 99 个也能成功，这就是可复制。这是理想情况，考虑到人的差异性，成功率能达到 20%～30% 就是一种可复制的方法论。

除了主播本身，从直播间的硬件设施到人员配置再到直播结构，我希望形成统一标准。举个例子，没有标准化的约束，不同工作室的岗位命名都不一样，四五十人在直播现场，衣服五花八门，不知道他们负责什么岗位。所以我们现在只要直播一开，所有人就穿上工作服，背上的名牌贴着职责。

章丰： 从平台的角度来讲，"可复制"是非常关键的。

谢如栋： 我一直都很重视打法和经验的"可复制"，所有东西一定要可复制才是一个好公司。可复制和标准化既能节省成本，又能发挥公司的平台优势，提高平均标准。相当于公司提供精装房，规定整体框架，提供统一标准，软装由各个工作室自由发挥，在直播内容、货品上能百花齐放。如果每个工作室都自成一套、从头学起，不复用公司已有的经验，还要公司干吗？

章丰： 我相信很多人同意"可复制"的理念，但真正推行的难点在哪里？是人的个性化，还是行业的发展时间太短？

谢如栋：我判断 2021 年底直播电商市场会进入充分竞争的阶段，创新和改变的结果都是未知的，只能试错和探索，所以推行"可复制"的架构需要魄力。行业规则和玩法都在快速迭代，考验着标准的迭代速度，可能一个月就要更新 20%。

在标准化推行的过程中，真正施行的效果往往和理想是有差距的。执行团队就像施工队，不是图纸设计师，不能期望每一个工作室、每一个运营人员都有可复制的能力。所以除了公司培训和复盘，我经常在直播间里手把手指导。

章丰：你觉得在行业里，像遥望这样的模式，别人能复制吗？

谢如栋：难度并不大。做一场直播，表面看热闹好像都差不多，真正去看门道会发现很多细节不到位。不论是遥望还是友商，都存在不少细节问题。所以我每天都在"救火"，救了这栋楼要救那栋楼。规模扩大后，团队的水平会无限接近于行业平均分，只能提高标准的平均线来建立优势。打个比方，我们把标准化做到平均 70 分，行业平均分是 60 分，高出的 10 分就是优势。

章丰：数字化在可复制的架构中能发挥多少力量？

谢如栋：直播是非标化业务，算法可以输出工具，但不能输出内容，所以数字化工具主要用于数据分析，尤其是数据统计及趋势分析方面。我们自主研发了大数据分析技术，建立并不断优化数据模型，把握各平台的流量和涨粉情况，提高投放效率。目前数字化系统与业务应用还存在一定的脱节，根本原因是产品经理和研发人员对业务缺乏了解，我们已经陆续安排产品经理走进直播间，深入业务一线。

谈主播培养 | 职业的 MCN 机构，应让每个主播都找到自己的赛道

王祖蓝 Wang Zu Lan　　贾乃亮 Jia Nai Liang　　瑜大公子 Yu Da Gong Zi　　李宣卓（酒仙）Li Xuan Zhuo

刚杀入直播电商领域时，遥望在主播合作上一筹莫展，谢如栋独自飞到香港，签下了明星王祖蓝，成功打开突破口。之后，遥望一边拓展明星主播，一边采用"赛马机制"孵化职业主播，配置同样的团队、流量费用，从素人中培养自己的主播。两年时间，遥望已经成功孵化 100 多位主播"达人"，签约 30 余位明星，包括王祖蓝、张柏芝、张予曦等多位知名艺人，构建起多层次的主播 KOL 矩阵。

章丰： 以人货场的逻辑看直播电商，人是摆在最前面的。遥望双向拓展职业主播和明星主播，对于两者在市场中的定位，你怎么看？

谢如栋：职业主播和明星主播主要有两点区别：职业主播在直播上投入的精力和时间更多；而明星主播有先天优势，表达能力和才艺比较好，在大众面前脸更熟。

从趋势来看，带货主播和明星间的身份界限会逐渐模糊。一方面是明星主播化。过去明星的主业是拍戏、唱歌或是参加综艺，现在他们开始把直播作为一种提升商业价值和推进职业发展的途径。当共识达成，大家都把直播电商看作一个培养型、成长型生态的时候，就会摆正心态、持续投入。

头部的职业主播也会明星化，但是难度堪比"鲤鱼跃龙门"。明星切换到主播身份相对容易，对职业主播也是一种"降维打击"。目前遥望的头部主播已经逐渐向明星化发展，比如瑜大公子、李宣卓，都是遥望通过"赛马机制"培养的素人主播。相比明星主播，职业主播的培养周期更长、难度更高，所以我们选择双向拓展。

章丰：遥望采用的"赛马机制"，就是为主播提供场地、团队、产品、资金，让他们一场场跑出来？

谢如栋：很多人对"赛马机制"存在误解，包括我们的同事，比如我说"这份名单你选几个去做内容"，他们就会挑。挑选意味着不够职业，好的MCN机构应该让每一个主播都找到自己的赛道并实现价值。真正的冰山体积庞大，海平面上只是冰山一角，就像直播电商领域有很多主播，头部主播占比极小，遥望要做的就是降低海平面，让更多主播浮出水面。

所以我们的第一要务是管理好供应链，匹配好全链式的供货体系。很多人只看到"砸钱"和"赛马机制"，"人民币玩家"只是一句戏称，如果看不到背后"货"的能力，就无法真正理解主播孵化的方法论。

章丰：为主播匹配商品时有哪些需要考量的因素？比如李宣卓（酒仙）只卖酒，瑜大公子偏向全品类。

谢如栋：垂类主播需要考虑本身的技能点和兴趣点，根据主播的人设调性和优势，选择个性化的商品。瑜大公子做过 6 年的礼仪老师，加上 13 年的美妆经验，从美妆产品切入就很自然。李宣卓刚来的时候，卖过洗衣液，卖过洗发水，试了两个多月。恰逢年底送礼季，凭借着曾经开火锅店的经验，他决定尝试卖酒，第一场就卖出了 4000 多盒红酒。后来团队带他去酒厂溯源，学习品酒，了解酒文化，了解越多就越有兴趣。现在到直播间随便拿一瓶酒，他都能详细介绍出核心卖点、品牌故事。

全品类考验机构供应链资源的同时，还要求主播对购物有足够的兴趣。试想有人一次性买 10 件一模一样的 T 恤，能说他热爱购物吗？很多人认为货选得好，主播就能卖出去。其实是主播真正喜欢的东西，才能卖得好。因为热爱而产生的购买氛围才容易打动人。无论是垂类还是全品类，只有被热情驱动的主播才能在这条赛道上走得更远。

谈直播 2.0 时代 | 从传统的"商品 + 公域"到"内容 + 私域"的人货场的升级

在 2021 战略发布会上，遥望宣布启动"盗墓笔记"IP 战略，计划通过"IP+平台 + 遥望"的合作串联多个领域，探索品牌、IP、主播、平台的全链路带货新模式，在直播电商领域发挥更加强大的裂变能力，开启直播电商2.0时代的共生篇章。

章丰：你如何看待内容与直播电商的关系？

谢如栋：内容优而带货，几乎是主播的基本路径。我们也强调素人主播从内容做起，利用自有文创团队积累优质内容。接下来，我们希望通过"IP+平台+遥望"的合作方式，通过剧作和短视频的内容增持，帮助主播树立或强化个人形象。目前遥望组建了专门的内容制作团队和运营团队，在研究内容市场用户需求的基础上，借鉴香港TVB模式棚拍剧作和短视频，低成本持续产出优质内容。

同时，直播可以通过多维塑造体验的优势，将内容渗透到消费中。奥运会期间，奥运跳水冠军何姿做客瑜大公子的直播间，普及跳水运动；中国空间站首舱"天和"核心舱发射，瑜大公子受邀现场直播，当天带的货也由航空元素贯穿……我们认为，直播间会成为文化传播的一个新途径，通过电商与文化的碰撞，打造一个全新的有高密度渗透性的传播新场景。

瑜大公子通过自己的带货能力为中国航天文创疏通转化渠道

章丰： 你们把直播间搬到火箭发射现场，搬到大型购物中心，也是在"场"这方面的创新？

谢如栋： 提到"直播带货"，大家的第一反应就是灯光、桌椅、摆满商品的货架，当前的主流模式都是在直播间内进行，但是线上线下新场景的直播电商会成为未来的常态。我们也经常安排主播到上海百盛等商场，与专柜联动，有了专柜保障，消费者的购买信任度更高。另外，本地用户也会抓住直播机会，到线下购物，现场氛围又会促进线上的销售，双向共赢。

直播电商已经从靠低价和商品驱动的 1.0 时代，演变到了靠内容及信任关系驱动的 2.0 时代，核心逻辑是从传统的"商品＋公域"思维到"内容＋私域"的人货场思维的升级。

谈行业环境 | 筑巢引凤，形成良好的直播产业集聚

章丰： 直播电商是一个新兴产业，站在从业者角度看，行业运营人才的现状如何？

谢如栋： 整体来看还处于一边打磨学习、一边互相模仿的阶段，需要培养和实践，尤其是运营人才紧缺。一场直播需要 10 人以上的运营支撑。如果说中后台提供服务的大部队是"航母舰群"，在直播现场的运营人员就是"特种部队"，和主播一起冲锋陷阵。

目前遥望的运营团队大部分是应届生，从头培养。我们也在推动校企合作，与大学合作创立选修课，介入人才培养环境，逐渐增强行业人才供给。

章丰： 在人才培养方面，遥望扮演着行业生态组织者的角色。行业生态的重要影响因素之一是政府，从遥望自身的成长轨迹来看，新兴行业与地方政府之间，是一种怎样的关系？

谢如栋： 杭州很重视直播电商的发展。2020 年 4 月，遥望直播电商产业园落地余杭区，希望通过筑巢引凤，吸引更多品牌、商家、MCN 机构集聚，使人货场的融合轮动更高效，形成良好的产业生态。

余杭区也推出了"直播电商 12 条"政策，以政策促发展。我们作为企业参与了提议，期待政府给予企业发展的物理环境和政策空间的同时，也注重落户、税收、教育等人才引进配套政策，有助于吸引外部机构和人才的入驻合作。

章丰： 国内很多城市正在向直播电商产业发力，你对城市间直播电商的生态怎么看？

谢如栋： 在直播电商领域，杭州和广州领跑，其他城市还处于发展早期。杭州能成为直播电商产业的聚集地，一方面离不开龙头企业的带头作用，阿里和电商生态吸引着产业链上下游靠拢；另一方面，杭州的供应链要素已经十分完善，为产业提供了充分的支撑。而广州的优势是房价相对便宜，房价也是影响商业的重要变量。

另外，其他城市基于自身产业基础和发展特色，也有文章可做。比如一些城市有丰富的低价小商品资源，直播电商起步早，诞生了不少带货能力强的主播，但缺乏品牌好货。遥望正在规划到这类城市落地直播基地，把合作品牌资源带到当地，因地制宜开发品牌，带动当地主播转型，形成直播产业集聚。

✚ 快问快答

创业过程中踩过的最大的"坑"是什么?

我经常踩"坑",比如对投资的公司疏于管理导致亏损。

一天中如何分配工作与休息时间?

我的时间管理比较差,坐下来感觉什么事都没有,干起来就发现很多活儿,所以我得动,在行动中激活自己。

你有特别喜欢的书 / 电影吗?

我平时主要看剪辑类的短片概述,碎片化接收知识。

你的人生偶像是谁?

没有。

你认为"数字新浙商",新在哪里?

真正把数字化和业务结合起来,提高社会效率。

影刀金礼剑：

好产品就是最好的商业模式

影刀创始人兼首席执行官

金礼剑（十布）

人才密度是企业的核心竞争力，影刀所做的就是帮助企业提升人才密度。

2021 浙商年度创新人物，2021 杭州创业人物，连续创业者。2019 年，十布创立了影刀，以打造"人人都能用的 RPA"为初心，以"全球化、桌面级产品"为愿景，以"用创想与技术推动商业提效"为使命，让 PRA 技术惠及企业和每一个人。两年内影刀获得高盛、腾讯、高瓴、GGV（纪源资本）、红点投资、金沙江创投、Coatue 等共 2 亿美元融资。目前影刀已服务上万家企业，被近百万用户所喜欢。

✚

"影刀 RPA 在等待 IT 精英们，如同蒲公英一般的伞兵，在黑夜里从天而降，长驱直入，用最智慧的产品、最优质的服务一起干一家伟大的科技公司，让生命绽放出银色的羽翼，无比丰满，无比性感。"

对十布（金礼剑的"花名"）的初始印象，来自这段充满游戏 CG 画面感的发言。怀揣着这份好奇，我们来到了杭州分叉智能科技有限公司（下称影刀）。十布的工位淹没在员工群中，用他的话说，"CEO 离一线员工太远，这家公司基本就走下坡路了"。十布随手抄起笔记本电脑，带我们到开放会议室坐下，谈话就此展开。

"RPA（机器人流程自动化）是软件机器人，把人从重复的、非主观决策的劳动中解放出来。"2017 年，RPA 技术在海外爆发，随后中国 RPA 行业开始高速发展，在阿里负责 RPA 项目的十布，敏锐地觉察到了其中的价值。

2019 年，十布离开阿里，带着"做一款人人可用的 RPA 产品"的初心，创立影刀。迭代了 237 个内测版本后，影刀 RPA 正式上线。一个典型的场景是，在影刀的客户电商公司上佰的办公室里，摆放了几十台电脑，通过 RPA 实现 7×24 小时不间断运作，只有一个 RPA 专员负责管理运行。

作为一家成立近 3 年的公司，影刀积累了电商、金融、物流等领域的上万家客户，形成了体系化的 RPA 解决方案，并于 2021 年 7 月完成 B 轮融资，由 Coatue 领投，高瓴创投、GGV 纪源资本、红点中国、金沙江创投等老股东跟投，不难感受到 RPA 行业的水温。

采访的最后，我们聊到欣赏的人，十布说他欣赏马斯克。"他所做的一切，都是为了'火星计划'。所以我也在想，要不要把影刀'成为一家全球化公司'的愿景定得再大一点。因为这不够大，远不如马斯克。"

谈创业思考 | 创业不像赌博，赌博是概率游戏，创业的成功率是累积的

章丰： "影刀"的名字充满了武侠风，有什么含义？

十布： "影刀"是游戏里的一把武器。我们做的是 to B 生意，当时很多人觉得这个名字不太正式。但我认为，未来 to B 产品的决策者和使用者中，年轻人会越来越多，产品应该贴近年轻人，所以将公司商号和产品都命名为"影刀"。年轻人很喜欢我们的名字。

章丰： 你从大学就开始创业了？

十布： 我学的是计算机相关专业，当时我做了一款针对企业口碑信息的垂直搜索引擎。后来工作中又孵化了几个项目，影刀是我的第三次创业。

章丰： 作为连续创业者，从创业到大厂又回到创业，感觉如何？

十布： 在职场环境中，作为员工往往基于任务目标做事，因为企业是

以 KPI（关键绩效指标）或 OKR（目标与关键结果）为导向的。创业者做事，则是从企业发展的角度出发。我喜欢把自己的想法自由地发挥到极致，所以一旦创业就会持续做下去。

创业是条不归路，需要足够的勇气。我们刚开始做项目时没有投资，就自己掏钱，断了自己的后路。这是一种态度，你总得有投入，否则外面有更好的工作机会，你可能就跑了。

章丰：对于毕业就创业有很多不同的声音，你的建议是？

十布：创业是长跑，"学费"总得交。到目前为止，该踩的"坑"，我们一个也没有避开，无非就是掉进去后能很快爬起来。创业不像赌博，赌博完全是概率游戏，而随着经验的积累，创业的成功率会越来越高。

谈 RPA ｜ RPA 是软件机器人，替代数字劳动，把人从其中释放出来

章丰：RPA 对很多人来说还是个陌生的概念，如何简单易懂地理解？

十布：智慧工厂里，我们可以看到很多流水线上的机械臂，那是硬件机器人。RPA 是软件机器人。它们都是为取代人类有逻辑的、重复的、非主观决策的劳动，区别在于，一个用物理的方式，一个以代码的方式。

蓝领在工厂流水线上从事的重复性的工作，被硬件机器人替代；随着数字化的发展，办公室白领每天进行的各种重复的、非主观决策的劳动，

比如做报表，操作企业微信、钉钉、ERP 等数字化劳动——RPA 就是替代这类数字化劳动，把人从其中释放出来，去做决策、框架、复盘、管理这类对个人和企业更具价值的工作。

长远来看，随着劳动力结构变化、数字化程度提高，大量劳动力会被机器人取代。

章丰：我在做 RPA 功课的时候，想到 Excel 里的宏、区块链的智能合约，RPA 在具体场景中怎么用？

十布：一切重复、有规则的工作，只需要设置好固定的流程，RPA 就可以模仿人工，在应用程序上进行鼠标点击、键盘输入、读取信息等操作，一步步完成工作。

我经常举这样一个例子。我认识一个财务总监，他的老板经常会问："我的银行账上有多少钱？"一个简单的需求，给财务带来了很多工作。因为老板的钱分布在不同账户里，需要看每个账户的具体金额，全部整理出来列到 Excel 里，再发给老板。RPA 就可以把这些工作流程进行自动化处理，登录各个银行，把数据提取出来，然后将数据自动化处理成 Excel 表格，发送到对应的邮箱、微信等终端。

章丰：对于使用者来说，是否需要掌握编程能力？

十布：不用。影刀的流程设计器是拖拽式、可视化的。我们强调"授人以渔"、让用户自主完成场景配置的 RPA 产品。RPA 不是传统的 to B 产品，它天然具有 to C 的属性。

章丰：SaaS 产品的决策肯定在 B 端，为什么说是 to C 的产品？

十布：因为单个用户就能完成 RPA 的操作，并且能创造价值，不需要协同。就像 Office、PS，用户一个人就能玩得转，同时也有企业客户在用。RPA 和 CRM、ERP 这样的技术有所区别，后者是通过把人和人连接起来，协同才能产生价值。

章丰：本质上你们提供的是一种让用户可以"单兵作战"的工具。

十布：对。如果要让工具发挥价值，首先就得把工具做得足够简单。所以在正式上线前，我们迭代了 237 个内测版本。我们还建立了影刀社区，提供用户交流的平台，培养更多拥有场景创造力的用户。我希望影刀的用户既是使用者，也是开发者。

目前影刀产品内有近 80% 的自动化应用，都是客户的一线业务人员根据场景自己制作并分享出来的。比如我们的客户世纪开元，客服人员从"小白"自学入门，在 6 个多月的时间里应用开发记录达到了近 100 条，还为公司培养了 5 个 RPA 专员，帮助各部门挖掘应用场景。

章丰：用户群越来越大后，对你们的服务能力也提出了更高的要求？

十布：对，我们刚开始定下的规矩是，需要招投标的、现场服务的客户我们不做，因为不符合我们做一款上手就能用的产品的初心。现在我们把服务做得"重"了些，之后会引入智能检索、智能客服、社区等。服务可能是我下一个阶段面临的比较大的挑战。

谈商业逻辑 | 产品具备很强的市场竞争力，市场自然就来了

目前影刀已经积累超过 10000 家客户，包括宝尊电商、汤臣倍健、迪卡侬等头部企业。在电商领域，影刀的表现相当亮眼。2021 年"双十一"期间，影刀总计运行时长达 365 万小时，帮助商家节省超 228 万人／天，公司单天最高运行时长 20769 小时，相当于"双十一"当天有 12980 个数智员工。

章丰：产品商业化需要落地场景，我发现影刀的客户中，大多数来自电商领域。

十布：影刀与其他友商最大的区别在于，我们不是为了商业化去开拓市场，而是基于"做好产品"的初心，就像创业需要好搭档，打磨产品也需要好客户。所以当我们去思考哪个行业可以帮助我们更快更好地迭代产品时，会发现电商行业是最开放的行业。只要产品能带来价值，客户就会买单。

章丰：因为电商行业天然数字化程度高？

十布：电商行业存在很多非主观决策性的数字劳动。影刀已经涵盖了电商售前、售中、售后环节 600 多个自动化应用场景。比如，每年大促活动后，会有大量买家退单，原来需要人工复制订单编号到淘宝后台搜索，点击开通退款通道。使用影刀 RPA，半个小时搭建完自动化流程，可节省

10 多个人力成本。

在电商之外，影刀已经覆盖了金融、物流、医疗、通信等更多行业的客户，比如恒生电子、南京银行、永安期货等。

章丰：你们是从 2020 年才开始商业验证的？

十布：2020 年 2 月，影刀产品正式上线，当时正好是疫情最严重的时候，资本都收手了，我们被迫开始做商业验证。一开始没有销售团队，但是短短两个月，就获得了上千家客户，基本上都是通过客户口碑式传播获取的。

投入大量时间去打磨产品是一件正确的事。只要产品具备很强的竞争力，市场自然就来了。产品是真正的商业驱动力，好产品就是最好的商业模式。

章丰：非常认同，这也是一种对产品的自信。

十布：我把企业定义成"现代化机制的商业组织"，我们为企业或社会创造价值，企业或社会给予我们奖赏和回馈。所以我们要做一家以用户价值驱动增长的企业，从价值驱动出发，很多逻辑都清晰了。

影刀对商务团队的要求包括"不要卖梳子给和尚""以陪客户喝酒打单为耻，靠专业性打单为荣"，背后的逻辑就是坚持价值驱动。如果一个销售觉得不管产品好与不好，都能把它卖出去，那他并不是我们想要的人。

章丰：以投资人的逻辑看，相比营收，用户规模和覆盖广度是眼下更重要的事情？

十布： 其实股东们更在乎影刀对产品的坚持。我们比较任性，从一开始就坚持自己想做的事情。创业者需要任性，做一家自己喜欢的公司，不要被行业诱惑牵着走。我们相信长期主义，要以 5 到 10 年的眼光去看待任何一件事情。只有保持初心、坚持长期主义，才能成为全球化的企业。

谈"金字塔模型" ｜ 要有好的企业土壤，最好的办公环境是拥有一群超级棒的同事

章丰： 我注意到你在提到影刀的经营理念时，习惯用一个"金字塔模型"去解释。

十布： "金字塔模型"是影刀对商业的理解。企业的土壤是使命、愿景、价值观，这个使命一定是整个团队认同的，大家才能朝着一个方向发力。这样才能打造一个好的底层土壤，才能留住优秀的员工。优秀的员工多了，才能提高公司的人才密度。在人才密度之上构建极致的产品，再由产品驱动商业化的增长。

这样的一个"金字塔模型"，基于公司底层的价值观，驱动整体增长，就是影刀的核心竞争力。价值观驱动商业成功，一切的胜利都是价值观的胜利。

影刀"金字塔模型"

章丰： 影刀的产品，做的就是提升企业人才密度的事。

十布： 本质上，RPA 就是在帮助企业提升人才密度。我们的一个客户在上门回访的时候说："用了 RPA 后，企业里没有低于 10 万元年薪的员工。"RPA 释放了低端工作，企业可以给员工更高的薪酬，同时带动企业文化的提升，留住好员工，吸引更多好员工加入。一家企业的核心竞争力就是人才密度。

章丰： 作为 CEO，你怎样构建影刀的人才密度？

十布： 我欣赏"第一性原理"，喜欢从本质上看待问题，从定义出发思考问题。我对公司管理的定义是：我们不是在过家家，而是一支专业的球队，彼此配合协作拿到总冠军。球队不会给你提供一辈子的规划，如果球员在球场上发挥不好，教练可以把他换下来。

我们主张，最好的办公环境是拥有一群超级棒的同事。你在影刀，付出足够的专业度和热情，我们提供让你变得更卓越的环境。影刀的很多高管职位都是空缺的，有能力的人都可以努力争取。一家公司最大的问题是还没做大规模就把"官"先封完了。

章丰："金字塔模型"再往上，产品创新、商业化能力，刚才已经聊到了。顶端的"用户心智"如何理解？

十布：用户心智是社会对你这家企业的认知，是用户选择你的理由。好比我们会议室里采购的是小米电视，其实没有刻意做任何选择。因为小米在我们的心智中就代表了"性价比高"，它不会是个"坑"，很自然地就买了。

同样，我希望公司未来的"用户心智"是："影刀可能不是最好的选择，但它绝对不是个'坑'。"今年我们成立了客户成功团队，坚持"用户第一"，以客户成功的心态去接触和服务客户，这不仅是价值观和情怀，更是企业真正实现商业增长的引擎。

除了"卡脖子"的行业，其他行业很难在技术上形成壁垒。产品有壁垒，但竞争没有壁垒。目前影刀的产品是有壁垒的，壁垒还挺高，但长期来看，市场中的产品会越来越趋同，所以一家企业长久发展的动力来自底层的企业土壤和顶层的用户心智。

章丰："金字塔"的搭建要求一号位具备很高的管理能力，你有什么修炼方法？

十布：我之前扮演的更多的是产品经理的角色，今年我开始把重心落到 CEO 的角色上，慢慢地往"金字塔"的底层走，去关注公司的土壤、人才密度，因为任何规章制度都是在这个基础上长出的。就像《基业长青》里写的，百年企业最核心的不是极致的创意和领袖，而是好的企业土壤，在土壤上产出极致的创意和领袖。

我们的愿景是成为全球化的企业。影刀可能不是唯一一款支撑愿景实现的产品，但是我们有好的企业土壤，就会有好的员工，诞生第二款、第三款以及更多的影刀产品，让企业走得更长远。

谈行业生态｜RPA 行业有点"卷"，RPA+AI 更多是为了迎合商业化

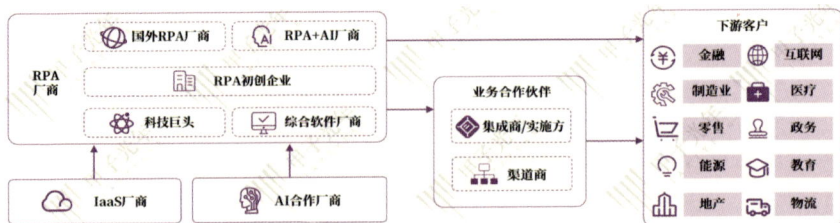

中国 RPA 产业链（甲子光年）

2001 年开始，类似 RPA 的软件已经在全球出现；2012 年，Blue Prism 公司提出 RPA 概念；2017 年，RPA 技术在海外爆发；2018 年，国内 RPA 行业高速发展；目前，国内已经诞生了多家 RPA 厂商以及一系列 RPA 生态企业。十布认为，目前国内市场上大部分 RPA 厂商的技术能力基本发展到了第四阶段，同质化趋势明显，但各 RPA 厂商的商业模式开始在这一阶段出现差异性，赛道也逐渐开始出现市场区隔。

章丰：从 RPA 赛道看，从 2018 年开始出现了很多公司，大家在打法上有什么差异？

十布：我确实感觉到 RPA 行业有点"卷"，RPA 厂商、RPA+AI 厂商、RPA 初创企业、科技巨头、综合软件厂商都进来了，开始打价格战。价格战会导致这个市场在很长一段时间内，大家都不赚钱。

章丰：有些友商会把 RPA+AI 作为核心能力，你怎么看这条路线？

十布：我个人认为 RPA+AI 更多是为了迎合商业化。影刀从来不讲 RPA+AI 的概念，我们是一家有价值底线的公司，聚焦在 RPA 能力上。RPA 是 RPA，AI 是 AI，这是两个行业。

AI 是一个开放性行业，其他行业都可以接入 AI 的能力，但 AI 能力需要数据来喂养，小公司会处于劣势。未来，AI 技术与 RPA 产品结合，能自动判断出使用 RPA 的场景，通过读取员工操作日志、分析操作行为，最终找出"重复人工"的环节，梳理出更优化的流程。

章丰：从商业智能的生态看，有各类多样性的公司，影刀和这些公司之间是什么样的关系？

十布：我们目前也与观远、百应等企业，围绕数据分析与智能决策、AI 机器人客服等方面开展合作，探索技术融合，更好地为客户提供服务。一家企业很难给客户提供全套的解决方案，SaaS 需要协同开放。

章丰：我之前采访百应的王磊时，他提到了 AI 员工与人类员工共生的未来。影刀其实也属于人机协同领域，RPA 所带来的企业人才结构的变动，可能会带来摩擦性失业等情况，你怎么看？

十布：高效打低效是一种不可逆的趋势。我们回望科技发展历史，科技往往是在迭代人的工作习惯和生活习惯。或许可以大胆假设，时下大量的外卖小哥岗位将来也会被自动化技术取代，比如空投机器人。

技术本质上是让人的工作得到更多尊重，未来在人机协同的生态中，人应该有更好的工作环境，收获更大的成就感。

快问快答

创业过程中踩过的最大的"坑"是什么？

没走过太多弯路。因为这是我想做的事，所以比较有韧性。

如何分配工作与休息时间？

我基本晚上一点才到家。做自己热爱的事情，很有乐趣。就像大学里通宵打游戏，从来不觉得辛苦。

你有特别喜欢的书 / 电影吗？

《基业长青》。

你有特别欣赏的人吗？

马斯克。他所做的一切都是围绕愿景，特斯拉卖得那么便宜，因为他要推动新能源，为了他的"未来火星计划"。

你认为"数字新浙商"，新在哪里？

浙江有好的创业土壤，但是很多人把做企业当作一门生意。这一代的创业者有自己的价值主张，他们是以使命来驱动商业的。当你不只是着眼于营生赚钱，才会创造更大的价值。所以我认为在浙江的 SaaS 领域，将来会诞生很多百亿美元级企业。

筑龙吴许杰：

深耕在建筑行业大数据的沃野

筑龙股份总经理

吴许杰

通过经营数字化、管理智能化、人才专业化，筑龙坚持为传统建筑业赋能。

中共党员，一级建造师，高级工程师，拥有土木工程本科学历和软件工程硕士学历。集传统建筑业与信息技术的理论基础，致力于中国建筑业信息化方向的研究和实践，拥有近 15 年的探索经验，其开创的建筑信息化产品已服务 100 万＋建筑行业从业人员，极大地提升了施工企业信息化管理水平。作为"互联网＋建筑"的开拓者之一，他不忘初心，从"经营数字化、管理智能化、人才专业化"的客户价值理念出发，持续赋能建筑行业发展。曾获"浙江省青年岗位能手"、杭州市第四批"杰出创业人才培育计划"培育对象、"杭州市创业之星"等称号。

✚

2008 年，两个属虎的人相遇了。一个是初出茅庐的大学毕业生，正在纠结专业与兴趣的抉择；一个是在建筑业打拼了近三十年的集团董事长，正在寻求转型与突破的道路——传统与创新就此擦出了火花。

吴许杰至今还记得校招上的初次见面，元博圣德控股集团董事长毛晨阳先生问他："有没有信心做一个建筑行业的门户网站？未来这个公司要上市。"他毫不犹豫地答应了。经过 8 个月的筹备，杭州筑龙信息技术股份有限公司（下称"筑龙"）正式成立。

"'筑'代表建筑行业，'龙'意味着我们希望成为龙头企业。"在建筑行业信息化的蛮荒年代，作为集团的创新尖兵，吴许杰带领团队先后尝试了 20 多个项目，甚至以"搭帐篷住在公司"明志，最终聚焦行业大数据建设，打磨出了"建设通"平台。

建筑行业像一位古老的巨人，数据建设更考验耐心和坚持。吴许杰和团队经历过种种质疑和不解。"还不如买几台挖掘机，多挖几下利润不就出来了吗？""我手头工作忙都忙死了，还要录数据，不是浪费时间吗？"

得益于起步早、坚持久，坚持下来的筑龙已经拥有亿级数据积累，数据库涵盖 160 万家企业，辐射全国 31 个省区市，拥有 100 万行业注册用户。在传统基建转型"新基建"的大变局时代，"钢筋 + 水泥"的传统建筑业，借助"数据 + 算法"的赋能，正徐徐展开行业更新的图景。

谈创业经历｜我思考了一下，自己什么都没有，只有对建筑和计算机的热爱

章丰： 你是先进入集团工作，在毛董的指导下开始内部创业，这种路径比较少见。最早是董事长的意思，还是你的到来促使他产生了新想法？

吴许杰： 毛董已经有了创新的想法，正巧在校招时碰见了我。当时我在浙江树人学院学习土木工程，又热爱计算机，获得了一些省级网站制作类奖项。毕业时，我个人比较犹豫，到底是去造别墅盖房子，还是从事互联网。

章丰： 你面临着钢筋水泥还是代码的选择。

吴许杰： 近三十年的建筑从业经验让毛董意识到，建筑业对新科技的反应很慢，信息化程度远远落后于其他行业，他想要往前走一步，哪怕半步。当时，他问我愿不愿意尝试，或者说挑战。我思考了一下，自己什么都没有，只有对建筑和计算机的热爱，所以就没有犹豫。

2008 年 1 月我以实习生的身份进入集团，边实践边完成毕业论文，经过 8 个月的筹备，正式成立了筑龙，开始建筑行业数字化的探索。

章丰： 产业数字化通常有两种路径：行业 + 数字化，核心创业团队从行业中向外拓展；数字化 + 行业，互联网领域的技术专家进入行业。筑龙

显然是前者，你如何看待这两种不同的路径？

吴许杰：我认为产业数字化建设需要三种能力。一是业务能力，数字化要从业务中来，到业务中去；二是系统能力，或者叫数字化能力，即将数字化技术与业务流程进行有效串联，形成系统功能模块；三是基于前两者的管理能力，将数字化置于企业管理的层面考虑，结合专业认知和现代信息技术，解决管理问题，辅助管理者决策。只有综合这三种能力，才能把产业数字化做好。

章丰：这种横跨在业务能力和系统能力之上的管理能力，怎么理解？

吴许杰：举个具体的例子。对集团的车辆管理进行数字化改造，怎么做？司机代表了业务能力，作为车辆专家，了解车型、排量、油耗、路线、路况等。系统能力就是通过设备和软件系统，帮司机记录数据，把各环节串联起来。而管理能力意味着要回答"记录哪些数据""怎样组合数据""输出什么结果""有什么实际应用价值"等问题。

章丰：光靠懂业务的人和数字化的人不够，可能大家都做对了，但对结果没有影响。

吴许杰：一系列操作背后，是管理意图的支撑和体现——清楚采取数字化干预的目的是什么，可能是为了方便结算，也可能是为了压缩成本、杜绝浪费。比如对比两个司机的数据，其中一个司机的油耗更高，那么他得修炼技能、改变用车习惯。

管理就是把业务和数字化结合起来，完成数据从采集到最后应用的闭环，最终实现提质增效。

谈行业大数据丨研发了20多种产品，背水一战，"建设通"诞生了

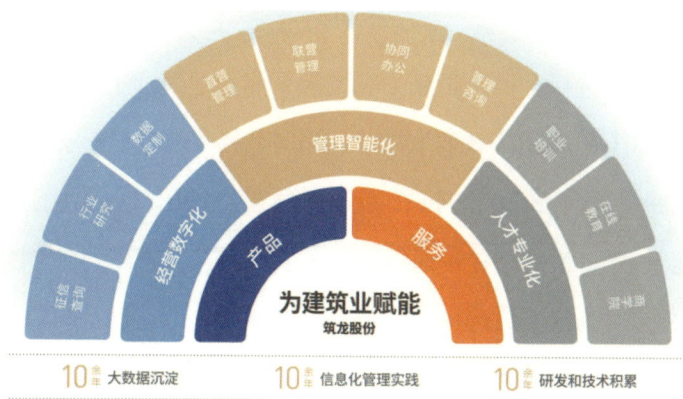

筑龙的业务体系

经过十三年的探索，筑龙已经形成了"经营数字化、管理智能化、人才专业化"的业务体系，推出了三大系列产品：建设通，聚焦行业大数据沉淀，为建筑企业和相关从业者提供信息服务；众和软件，面向建筑行业，提供企业管理和项目管理的数字化解决方案；建设通学社，专注于行业人才培养。

章丰：建设通一直在积累行业数据，真正实现产品化是什么时候？

吴许杰：研发了3年左右，建设通从2012年开始市场化。筑龙成立后，我们围绕行业各个角度探索数字化可以赋能的方向，研发了20多种产品，

有做机械租赁的，有做人才招聘的，有卖建筑类书籍的……投入了几百万元，走了不少弯路，压力非常大。当时建筑行业数字化认可度、接受度都不高，我们也经常听到一些质疑的声音："还不如买几台挖掘机，多挖几下利润不就出来了吗？"

经过痛苦的选择，团队把精力和资源聚焦到建设通上，到最后已经是背水一战，做不出来团队就要解散了。当时我搭了帐篷就在公司住下了，承诺"如果每月做不到20个订单，就一直住在公司"。这么逼了自己一把，也逼了团队一把，最终把建设通打磨出来了。

章丰：当时为什么会选择聚焦到这个点上？

吴许杰：我们观察到了建筑行业的痛点。一是数字化的意识和能力薄弱。企业专业化、规模化程度低，采用粗放式管理，信息覆盖面窄、逻辑性不强，且很多环节信息缺失。近几年，整个行业发展增速放缓，企业逐渐有了精益管理、降本增效的需求。

二是行业诚信体系建设不完善。市场主体缺乏信用意识和契约精神，建筑行业招投标信息不对称、不透明、不公正，广泛存在围标、串标等现象。

三是政府的监管机制和手段有待加强。政府重视审批，但监管力度不足，建筑业产品多样化，生产地点灵活，标准化基础薄弱，政府缺乏统一的信息收集平台和高效的监管机制，难以强化监管；而且各部门之间数据不互通，加大了监管难度。

章丰：数据获取的成本和效率，以及数据的规模、质量、完备度，都是行业大数据建设的普遍难点。对此筑龙有什么解决方法？

吴许杰： 决定聚焦建设通时，我们就确定了"快、全、准"的方向。

"快"，不断提升信息更新速度。目前建设通的日均数据更新在 12 万以上，且 7×24 小时更新。

"全"，关注全行业 25000+ 官方网站，持续沉淀数据。信息来源渠道多且杂，没有标准模板，展示、接口五花八门，筑龙通过 AI 技术，从不规则的模板中提取关键信息，基本能覆盖 99% 以上的数据。同时，我们用算法对数据进行分类，展示更细分、更清晰的信息。

"准"，准确，不改变任何数据。目前，建设通利用人工智能大数据分析技术等，实现信息来源真实、准确、可靠。未来我们将应用区块链技术，确保信息不被篡改，严守平台的公信力。

大数据的基础建设需要坚持，这些年，公司一直在项目上投入技术和人工。我们总结筑龙的核心竞争力，一是项目启动早，行业数据积累多；二是肯坚持，无论内外部的压力有多大，我们始终保持数据的透明和可信。经过十三年的沉淀，建设通目前已经拥有亿级数据积累，辐射全国 31 个省区市，是行业数据准确度最高、更新效率最高和覆盖面最大的平台。

章丰： 曾鸣教授在《智能商业》中提出，把数据智能融入具体商业，要经历数据化、算法化和产品化三个环节，真正把用户、数据和算法创造性地连接起来的是"产品"。目前建设通的大数据应用有哪些产品化的形态？

吴许杰：从产品角度看，建设通相当于是建筑行业的内容超市，覆盖PC端和移动端，客户只要办理会员就能随时随地获取信息。

一方面，建设通为建筑业招投标双方营造了公平公正、公开透明的市场环境。通过市场研究、竞争格局分析、智能推荐经营市场等深度服务，提升企业市场拓展能力，帮助企业做出有效的经营决策。

另一方面，筑龙通过分析数据发布行业报告，呈现结构性趋势，方便企业在行业坐标系中自我定位，也有助于政府部门了解和管理行业。

章丰：浙江的数字化改革正在推动"产业大脑"建设。筑龙在建筑行业的大数据积累上形成了一定优势，有没有考虑拓展多元场景，未来形成标杆式的建筑产业大脑？

吴许杰：有这方面的打算。对于筑龙而言，将不再采用产品打磨阶段缓慢的节奏，因为行业接受了多年数字化教育，形成了认知基础。未来我们要多元化、复杂化，而不是安安稳稳地用一款产品打天下。

国家提倡高质量发展，也将倒逼行业内的企业推进产品标准化和管理精益化，最终构建出产业大脑的形态。我认为，建筑行业的产业大脑并不会以一家为主导，未来会形成更开放的合作机制。筑龙也积累了经验，可以采用开放整合的方式，与志同道合的企业一起探索，大家各有所长，进行互补。

谈数字化赋能｜研发和打磨必须深扎业务环境

章丰："众和软件"是面向管理智能化提供的产品，从管理、业务的角度推动标准化建设。这个软件最早是在集团内部使用的吗？

吴许杰：对，集团买过很多管理软件，都不好用，所以我们决定自主研发适用于建筑企业管理的数字化系统。众和软件形成后，我们尝试过商业化，但是失败了，又决定回炉重造。2009 年，众和开始在集团内部使用、迭代优化。

众和软件的迭代，不仅是软件打磨的过程，也是我个人成长的过程。在那三年半时间里，我被调回集团内部轮岗，在各个业务部门熟悉业务场景。

章丰：也就是说众和软件面向市场推出后，你中途又折返回去，到集团内部轮岗，补业务课？

吴许杰：对，我轮岗不是作为实习生，而是被任命为部门负责人，必须对每项业务的流程深入了解，像刚刚举例的用车场景，就是我自己遇到过的。

众和软件刚开始在集团内部使用时，大家对数字化的接受度不高，难免不配合。"我手头工作忙都忙死了，还要录数据，不是浪费时间吗？"这可能是建筑行业推进数字化过程中，很多从业者都有过的疑问。在毛董的信任和支持下，我们在集团内部成功推动了众和软件的实践与优化，才有了面向市场的基础。

章丰：此后你带着实际的业务经验回到筑龙，开始向外推广众和软件?

吴许杰：对，之后我就又把精力重新聚焦到筑龙上。在那三年半时间里，建设通一直坚持"快、全、准"的方针，持续积累行业数据，发展十分迅速。同时因为毛董、团队的坚持，众和软件的产品线也获得了新生，在2017年又重新商业化。

我深有感触，如果软件公司不了解行业，就会导致产品落地和方案实施困难，研发和打磨必须深扎业务环境。所以众和最大的特色就是接地气，简单、实用、高效。我们不仅提供软件系统，还十分重视具体实施过程和实施效果，这恰恰是我在集团轮岗中最有价值的收获。

章丰：目前众和软件服务的对象是以集团企业为主?

吴许杰：众和软件主要针对施工企业，提供成熟的数字化解决方案，有效管控项目成本，提升企业日常办公效率。市场上也有体量较大的公司提供相似产品，但它们往往局限在算量、计价方面，提供工具性软件，面向国企等大单位。

举个例子。施工企业的采购事项，水泥、钢筋，甚至小到热水瓶，我们都可以展示当地前后一个月内的采购价格。系统通过数据对比，在审批流程中提醒超标点，那么管理者就不必每天紧盯项目、打电话问材料价格，只需在收到系统提示时暂停审批，进行核对审问，最终实现降本增效。

但是to B服务的决策周期较长，目前众和软件已经服务了300多家企业，客户从接触到实际购买大概需要 3 到 6 个月。更重要的是，企业管理者和使用者都需要认识到产品价值所在，如果一把手不认可或者最后数字报表没形成，那么数字化就没效果。

章丰：众和的商业模式是以 SaaS 的方式还是一次性的软件销售？

吴许杰：当初为了验证市场，寻求众和的生存空间，我们以软件销售的方式为主，度过验证期后，就要发力优化商业模式。我们正在进行产品重构，采用 SaaS 化的理念，实现更快的配置、成本更低的服务、更精简的后端团队，从而有空间反哺施工企业客户。

我认为 SaaS 是一种技术和数据复用。打个比方，如果到病人家里搭建药房，不仅成本更高，而且病人对药房管理一无所知。SaaS 就是造个取药窗口，病人拿塑料袋装药回家就行。当客户有新药需求，我们需要对药房中的药进行分类，在后台个性化组合好，送到取药窗口就行。

谈客户教育 | 闷头做产品和运营，是创业的认知误区

章丰：筑龙为什么选择把职业教育作为业务板块之一？这在数字化解决方案中并不常见。

吴许杰：一是"走出去"才能更了解行业。过去我认为闷头做产品、闷头做运营，市场上有需求的客户自然会找上门来，这个认知误区导致了不少创新的失败。如果守旧与自我满足，企业就会缺乏后续发展的生命力，

所以筑龙要主动"走出去"，不能闭门造车。创新一定要以客户为中心，倾听市场的需求，搭着时代的脉搏行动。

二是市场上少有面向民营建筑企业的培训产品。行业中成熟的教育培训服务主要面向大型企业，而筑龙产品的使用场景、理念思想等都源于民营集团，与之不相匹配，所以我们萌生了自己发展职业教育业务的想法。

三是强化与客户的连接。目前，近100万的行业从业者在筑龙的平台上注册使用，我们的数据库涵盖160万家企业。如何获取客户群体的声音，更了解客户的诉求？分享经验和理念就是一个很好的方式。

我们每年都组织高峰论坛、行业分享会，客户可以从中获取对行业趋势和最新政策的深入解读，也可以获取企业经营管理的经验；同时，筑龙也能获得客户的需求和反馈，与客户建立面对面的沟通渠道，为客户提供更有价值的产品和服务。

章丰：用教育服务的方式连接客户。

吴许杰：这是我们与客户建立的一个更直接的沟通渠道，也是筑龙将十余年的行业积累输出给客户的一个方式。我们希望除了为客户提供数据和产品服务之外，还能搭建更大的平台，链接行业权威专家，会聚行业同人，容纳更多的生态伙伴，帮助施工企业更快更好地在新时代完成转型和升级。

谈浙商精神传承 | 前辈还在拼命奉献，我们年轻人有什么借口松懈

章丰：无论是合作创业还是集团轮岗，可以感觉到董事长（毛晨阳）和你之间的互相信任。如何看待董事长对你的影响？

吴许杰：毛董是我的贵人，是我出校门后第一个师父和老板，也是我的第一个合伙人。读完四年大学，我要养活自己，所以十分珍惜创业的机会，对毛董特别感恩。

毛晨阳（左）和吴许杰的合影

对我而言，毛董亦师亦友，值得尊敬。作为教授级高工，他非常热爱学习，把国内外与管理有关的书读了不止一遍，每天早上都会在中高层管理群中分享一本书给我们学习。他个人也是好几所大学的客座教授，也有

很多平台邀请他讲课，分享经验，赋能行业。

章丰：真的挺难得，那时候你大学刚毕业，也没有成熟的履历。现在他应该很得意，把一个初出茅庐的小伙子培养成可以独当一面的创业者。

吴许杰：我自己也比较努力，不敢辜负毛董的栽培。他以高标准要求自己，也这样要求我。无论是公司和产品，还是我个人的成长，如果没有他的支持，肯定走不到今天。有时候我会有"他退休了，我怎么办"的不安；有时候我又希望毛董早点退休，因为他总是用燃烧自己的方式工作，在生活上又坚持粗茶淡饭。这样一位前辈还在拼命学习、拼命奉献，有他作为榜样，我们年轻人还有什么借口松懈？

✚ 快问快答

创业过程中踩过的最大的"坑"是什么？

闭门造车，以为有好产品就能打天下。创新一定要以客户为中心。

如何分配工作与休息时间？

日程排得很满，甚至还有午餐会，但健康、家庭、学习、工作是比较平衡的。我认为要"快乐地成功"，并且搭建体系让团队一起快乐地成功。

你有特别喜欢的书／电影吗？

《高效能人士的七个习惯》，以七个原则为中心考虑，给了我很大的力量。

你有特别欣赏的人吗？

毛董。

你认为"数字新浙商"，新在哪里？

思维新，能接受新技术、新工具；更开放，能接受跨领域、跨行业。

古珀科技张强：

健康大脑的目标是实现全人群的全生命周期健康管理

张 强

古珀科技联合创始人兼执行董事

古珀将通过数据融合共享赋能医疗大数据治理，推动「健康大脑＋智慧医疗」。

曾先后在宁波大学、浙江越秀外国语学院等高校任职，后进入新华社上海证券报社等媒体单位工作。离开媒体后开始创业，先后参与创办多家互联网、文化创意及大数据公司，并在创业之余，积极投身家庭教育、创业者教育等社会服务事业，曾荣获"浙江省文化浙商十大新锐"奖、"数字康养产业智库专家"称号，曾担任浙商全国理事会主席团主席、正和岛浙江岛邻机构执行秘书长等职。

✚

"五六年前，我们认为医疗数据大有价值，数据就是石油，是最重要的生产资料，所以踏入这一行。"辗转过互联网领域的不同赛道，张强对创业选择有着更敏锐的直觉。2020 年，他以联合创始人的身份加入古珀科技（下文简称"古珀"），其余两位创始人，裘伟是医生出身，韩敏则是从浙江大学遥感技术专业毕业的。

"古珀"音似"琥珀"，琥珀古老而珍贵，又有驱邪避毒之意。自2014 年成立之初，古珀就专注于医疗数据领域，从事影像数据和移动会诊技术的研发；2016 年，团队从深圳迁移至杭州湾信息港，开始主攻医疗数据治理技术。新冠肺炎疫情期间，古珀初露锋芒，7 天打通火神山医院数字化系统，在医院上空织就了"全院数据一张网"；合作研发的新冠肺炎CT 影像 AI 阅片系统，最快 2 秒可以完成影像诊断，准确率高达 96%。

2019 年起，古珀助力萧山区打通了全区医疗数据实时共享，开创了分级诊疗和智慧医疗并驾齐驱的数字化医共体"萧山路径"。

"我是一名运动爱好者，先练短跑，后来为了培养耐力，开始长跑。"聊起早年的经历，张强多了几分感慨。医疗领域的数据治理探索犹如在水下打桩，免不了踩"坑"，正是长跑的积累让创始团队有耐心应对一切困难。在医疗健康的风口，他期待古珀兼具爆发力和耐力，在医疗数据治理领域描就数字化改革的风景线。

从移动医生到数字医共体 | 医院、医生、居民、服务四端在线，实现数字医共体协同

自 2018 年推出产品"移动医生"后，2019 年 3 月，在古珀的技术支持下，萧山区组建四大县域医疗卫生服务共同体（简称医共体），下属 4 个镇（街道）卫生服务中心、45 个村（社区）卫生服务站，辐射人口达 20 多万。2020 年新冠肺炎疫情暴发后的下半年，公司战略重点开始转移到为整个区域提供医疗大数据的治理与赋能上。

章丰： 后疫情时代数字化医疗迎来了大爆发，仅 2020 年上半年就有 215 家互联网医院挂牌。市场上不断涌现出各类互联网医疗企业，古珀的移动医生与这些互联网医院有何差异？

张强： 一般意义上的互联网医疗是一个从 C 端（患者端）入手，以建立第三方互联网医疗平台为主的解决方案，是对医疗多元化的补充。但国内医疗的主体是什么？是公立医院。我认为未来的主流一定是公立医院的互联网医院。今天互联网医院以线上问诊、处方流转、挂号预约等功能为主，数据的价值尚未充分发挥。

古珀的解决方案是赋能 B 端（医院医生端），我们的移动医生通过为医院和医生提供线上执业工具，扩大医院和医生的服务边界。比如通过移

动医生，无论是在手机上，还是在电脑上，医生都能够随时查阅患者的跨院资料，完成移动查房、远程会诊、在线开具医嘱和处方等。患者在全科看诊后，可以上转记录，由专科医生给出诊断建议；由专科医生就诊后，医生可以下转记录，让家庭医生跟进随访。

章丰：纵观互联网医疗行业，多数企业是以医院的单点项目制服务为主，而古珀着眼于区域维度。萧山区数字医共体具有怎样的底层逻辑？

张强：医共体是以古珀移动医生为基座，以手机钉钉为载体，将远程协同业务统一到数字化平台，同步医共体集团医生工作站数据。数字化医共体方案，是一个同时满足 G—B—D—C（即政府部门—医共体—家庭医生—居民患者）的整体方案。

G 是卫健委及其他职能部门，要帮助它们实现顶层的数字化赋能，不仅仅在医共体内部，在医共体之间也建起组织关联，实现全区一张网：医共体全部人员统一架构，门诊信息、检查检验信息、病历信息全部整合，实现临床数据共享。

医共体大数据监控平台

现在看到的医共体大数据监控平台，是全区医疗卫生数据集成和交换的统一平台。基于管理者驾驶舱，平台实现了运营数据的可视化管理、实时自动更新，后台一目了然，某家医院管辖范围内的流失率，家庭医生签约的居民数量和详情、近期出诊接诊的记录都实时更新……还可以通过了解区域内高血压、糖尿病人群的基数，针对性地配置科室人员数量，为政府精准实施医疗服务提供数据支持。

B是医院、医共体。医共体的建设本质围绕着"共"字，共享专家资源、医疗资源、信息资源、管理资源，从而实现管理扁平化和业务垂直化。以萧山三院的医共体居民就医行为监测平台为例，其中有个"入院准备中心"的功能，可以清楚地看到不同层级医院的住院总床位、空余床位数量，优化医疗资源的配置。患者可以先在社区卫生院完成一部分入院检查，请医生预定好床位，免除再次挂号约床位、等待检查等程序。

D即医生，在古珀覆盖范围内的所有医院，诊疗数据都是打通的，根据时间轨迹汇集在患者名下，实时更新，有助于医生快速诊断。

在C端，居民享受到了基层医院在线化后提供的所有服务，线上获取健康宣教知识、在线问询都更加便捷。

章丰：类似这样区域级的解决方案，本质上也是基于"移动医生"的数据治理的应用。

张强：古珀希望通过数据共享推动分级诊疗体制的医共体建设，探索如何为整个区域提供医疗大数据的治理和赋能，所以最关键的前提就是打通底层数据，让数据流动共享，这样才有不同场景下的数据应用。

通过医共体的管理应用、专科医生的移动应用、家庭医生的服务、居民的健康管理，医院端、医生端、居民端、服务端完成四端在线，实现数字医共体协同。

谈数据赋能基层医疗丨从"以治病为中心"向"以健康管理为中心"转变

目前，古珀已将"萧山区数字医共体"的模式推广至浙江诸暨、长兴、义乌等地，形成落地案例，并延伸布局到省外。在四川省凉山彝族自治州，古珀搭建了防止因病返贫医疗大数据监测管理平台，通过医疗健康大数据监测来早发现、早治疗、早帮扶，防止当地居民因病返贫。

章丰：通过对数据的治理，将会实现颗粒度更细的管理，对居民个体的健康服务更精准。

张强：以萧山区为例。全区 21 个镇街已有 50 多万居民完成了家庭医生的签约工作。全区有多少家庭医生？医生对应哪些病人？通过网格化平台都可以查询分析。以下展示的是一幅萧山全民健康画像，居民的健康状况分布、家庭医生数量、专病人群构成等等都可见，并对健康状况按照健康居民（绿）、重点慢性病人群（黄）、持续就诊人群（红）进行了分类，所有的数据都经过脱敏处理。通过画像，管理者可以查看指定区域内的人员情况，区域内家庭医生、专科医生的管理情况，家专联动的情况，等等。

红黄绿全民健康数字化管理平台

比如萧山区签约最多的家庭医生管理了2000多人，以前忙得脚不沾地，还是照应不全，现在家庭医生有权限实时查看自己签约的居民的健康状况，实时掌握，精准服务。绿色人群只需健康宣教，黄色人群需要家庭医生重点管理，红色人群要加强与专科医生的互动，以实现家庭医生对签约居民的高效管理。

同时，网格化也便于进行更多健康管理方面的探索。萧山的一些村镇开展了针对代谢综合征、糖尿病、高血压等慢性病的试验，200位慢性病患者被分成20组，根据专科医生出具的饮食和运动要求，每天打卡运动，记录油盐摄入量和菜谱，通过排名互相监督、激励。经过两年，这些患者的不良指标大幅度下降，甚至不再需要药物控制。

章丰：实际上对老百姓而言，健康管理是高频的刚需。未来如何通过医疗数据治理，更好地提供公共健康服务，古珀有什么布局？

张强：基于医疗、公共卫生和个人健康的实时数据，古珀在进行各类场景创新，比如推出了疫病监测和智能预警系统，用人工智能、大数据技术实现对未知疫病的精准预报预警，可以及早采取措施，控制疫病传播。

底层逻辑是从"以治病为中心"向"以健康管理为中心"转移。未来的图景一定是家庭医生、全科医生、专科医生联动，帮助老百姓管理健康，发动群众，管理群众，形成社区化运营，从而实现关口前移、"防未病"。

章丰：区域级医共体的建设涉及多方，在推广过程中摩擦力更大。你们有遇到什么障碍吗？

张强：最大的障碍在于数字化认知和思维的缺乏。比如推广到省外时，一些地方政府部门的认知仍然停留在信息化时代，缺乏数字化转型的动力。古珀很多产品都是在应用中讨论完善的，我们不断与医生、医院、疾控中心、卫健系统交流共创，数字化认知和思维很关键。

很多人都是因为看见而相信，我们是因为相信才看见。我们看到了数字化赋能带来的图景，医院和医院的关系、医院和医生的关系、医生和患者的关系、医生和医生的关系将被改变，最终释放出巨大的生产力和运营效能。

谈数据治理难点丨数据同构处理是关键，让数据少跑路、算法多跑路

章丰：医疗数据共享是个大难题，杭州市民平时去看病，可能会遇到浙大医学院附属第一医院和第二医院的数据不相通的情况。你认为医疗数据治理、共享的主要难点在哪？

张强：在处理医疗数据的过程中，数据共享确实是最大的难点。美国从小布什总统开始，几任总统都很重视数据共享。2016 年，拜登任美国副总统时，提出全美科研体制改革的第一要务就是数据共享。美国、英国投入了巨资推动医疗数据共享，至今也没有解决。

目前全球卫健系统大多采用以 HL7（卫生信息交换标准七）为代表的现行解决方案，HL7 有几大问题：数据源异构，必须改造原数据结构，但是医院数据积累多年，改造的工作量庞大；接口众多且不统一，标准体系要求医院提供标准文档，原厂商都需要统一接口。仅萧山区就有236套系统，涉及 65 家厂商，获得每家厂商的配合并不现实。

所以我们认为，解决这一难点的核心是找到一种非接口的方式实现数据同构处理。2016—2018 年这三年，我们围绕医疗数据化慢慢做，好比在水底下打桩。古珀自主研发了 XTL 技术（医疗数据清洗和结构化技术），其功能是在不影响原有业务系统的基础上剥离出核心数据，进行清洗、汇总、异构规则转换等处理。还有一项云梯技术，可实现数据的按需调用、分布式计算和授权共享，打破医院之间、区域之间存在的"信息孤岛"现象，处理后的数据依旧存储在本院的服务器中。

章丰：整个过程中，数据都不离开医院？

张强：全过程数据不离院，本地化处理，本地化存储。有些地方建立区域医疗大数据中心，把各个医院的数据汇集到所谓的中心，实际上是数据的"坟场"。数据是分布式存储的，不需要集中，关键是能流动，让数据少跑路、算法多跑路。

原本需要每家软件厂商的配合，传统的医疗信息化厂商成千上万，同一软件还有功能和版本的差异。医院要打通数据不仅耗财耗力，最关键的是耗时。某知名医院六七十个技术员干了大半年，还没把两个院区的数据打通。古珀介入后，只用了三个人，两周就解决了问题。XTL是全球首创的医疗大数据治理技术，也是古珀的专业壁垒。

章丰：医疗领域具有公共属性，在数据治理的过程中，协同政府系统和医院系统的数据很关键，也是难点。

张强：首先数据治理整件事需要政府推动，政府内部与医疗有关部门之间仍然存在"信息孤岛"，需要横向协同；同时还需要医院与医院、医院与企业之间的协同。数据治理系统是对整个区域赋能，提高区域内医院的运行效率，合理分担就诊压力，所以数据共享势在必行。

谈数字化改革图景 | 健康大脑 + 智慧医疗，实现全人群的全生命周期健康管理

章丰：当前全省在全面推进数字化改革，医疗健康系统是其中重要的一环。在你看来，该领域的数字化改革应该是怎样的一幅图景？

张强：以数字化改革为牵引，浙江提出了围绕"健康大脑 + 智慧医疗"建设的目标。健康大脑 + 智慧医疗建成后的关键是打通医疗数据，通过数

据治理赋能分级诊疗，实现优质医疗资源的扩容和下沉，真正做到对全人群的全生命周期的智慧化健康管理。

那么老百姓最切身的体会是什么？讲个真实的故事。我老妈住在绍兴农村，前段时间手摔骨折了，她自己到乡镇卫生院拍了个 X 光片，医生开了点膏药。她回去贴了一个礼拜膏药，痛得受不了，才打电话告诉我。我带着她到绍兴第二医院一看，医生说"不行，要赶紧动手术"。未来浙江的健康大脑建立后，如果你在乡镇医院拍完片子，基层医生可以一键转发给上级医院，请专家阅片诊断，有问题可以第一时间安排手术。

中国国土辽阔，基层医疗的水平不均衡，数字化可以有效缩小差距。在西藏等偏远地区，古珀计划共创"马背上的医院"，只要有手机和移动信号，医生就可以为病人进行诊断治疗。如需更专业的协助，可以直接与三甲医院的专家互动。有了健康大脑，一个医生骑着马，带着医疗包，就可以是一座移动的智慧医院。

章丰：怎么定义"健康大脑"，它的核心价值是什么？

张强："健康大脑"是在实现医疗数据全量归集、实时共享的基础上，形成区域和全民健康管理的"中枢"，为个人、医院、医生、医药、医保、区域卫健管理等提供多维度精准判断、智慧决策和持续进化的智力支持。"健康大脑"的基础是全量数据融合共享；核心是前沿技术与医学知识的复合运用；价值是推动医疗模式从"被动治疗"向"主动预防"转变；目标是让医疗更智慧、让人民更健康；愿景是打造人人享有的专属化、科学化、实时化和智能化的全面、全程、全生命周期的健康管理和医疗服务。同时，为将健康融入所有政策、打造大健康服务生态系统提供智力支持，努力成为现代化先行和共同富裕示范区的标志性成果。

章丰：你如何定义古珀在医疗健康数字化改革中的位置？

张强：数字化改革布局了"1612"的工作体系，以我的理解，底层是数据治理，往上是数据赋能，最上层才是老百姓可感知的应用场景。所有的数据赋能源于背后的数据共享，数据共享来自底层的数据治理。古珀聚焦于解决医疗数据治理中数据共享的难题，在此之上实现数据赋能和数据应用，提供综合解决方案，在政府端、医院端、医生端、居民端形成有针对性的数据应用。围绕老百姓解决看病难的问题，满足看好病、好看病的需求，管理人民从 0 到 100 岁的全生命周期。我们的愿景是成为国内医疗健康大数据领域的领军企业。

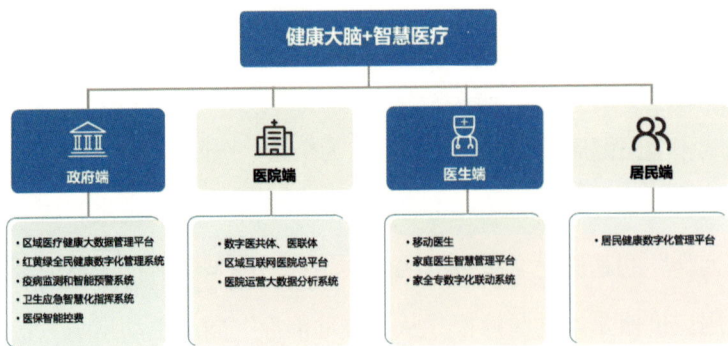

健康大脑 + 智慧医疗

同时，我们希望带着数据赋能、数据应用的思维，反向思考数据治理的问题，如何进行更有效、更好的数据赋能。

数字化改革也给了古珀这样的公司快速成长的机会。2021 年 3 月 24 日浙江省委书记袁家军在古珀调研指导时，首次提出了"健康大脑 + 智慧医疗"重大建设任务，并要求将其打造成为现代化先行和共同富裕示范区的标志性成果。古珀 5 年前决定落地杭州萧山，就是意识到最终我们的研发成果需要地方政府管理部门的协同支持。没有好的政策环境与应用场景，我们的技术优势就没有用武之地，我们的商业模式也没法得到验证与发展。

曾经我到山东某个人口千万的大市，对方人员热情地接待了我们，他们说"你们是杭州来的，是数字经济第一城来的，你们的产品肯定行"。创业者所在的城市的量级起到关键性作用，浙江为创业创新提供了得天独厚的土壤。

谈创业心得 | 与时代同频共振，才是最大的商道

章丰： 古珀成立之初从医学影像切入，如今聚焦数据治理领域，回头看这一过程，你有什么感受？

张强： 创业赛道很重要，方向比努力更重要，一个公司的成功在于关键的、方向性的判断以及对时机的把握。早在成立时，古珀就锁定了医疗大数据的方向。疫情之后，我们看到全社会对医疗健康更重视了。一家企

业再能干，技术再牛，离开了时代，什么都不是。

时代的势能起来，就像潮水汹涌而来。有人拿来各种容器，盛得盆满钵满；有人两手空空，反应过来时潮水已经退去；有人准备了桶，但桶不结实，水漏光了。所以说，只有时代的企业，没有成功的企业。与时代同频共振，才是最大的商道。

古珀恰好抓住了机遇，但我们也跟团队成员说，永远要有危机感，做好长远发展的打算。所以古珀一方面成立了医疗健康大数据研究院作为智力支持机构，聚焦于医疗数字化领域的前沿性、基础性研究，在大数据分析、知识图谱、专病队列数据库等领域储备了一批专兼结合的专家团队；另一方面，古珀将联合成立投资基金，在医疗大数据领域发掘优秀的创业企业，以数据、资本、资源赋能，共同形成繁荣的生态。

我认为人类的终极问题是探讨生命的价值，人活着绝对不是为了名利，我们创立企业的目的是为社会创造价值。古珀的愿景是"让医疗更智慧，让人民更健康"，看似是一个宏大的目标。我们会告诉研发同事，今天这个功能模块开发出来，你们的爸爸妈妈、爷爷奶奶能不能用到？如果能让他们受益，就是我们创业的价值和意义。

公司的价值绝对不是 VC（风险投资）机构的估值，而是取决于你为社会创造了多少价值。老百姓的认可、医院的认可，才是真正的估值。未来古珀将联合行业优秀的企业一起来推动"健康大脑＋智慧医疗"这项事业，这是我们最大的价值和意义。

快问快答

创业过程中踩过的最大的"坑"是什么？

技术的"坑"，走了很多弯路。

一天中如何分配工作与休息时间？

平时工作确实有点忙，但我还是比较注重工作和家庭的平衡。不出差时早上就会送孩子上学，周末会争取给家人和孩子尽可能多的陪伴。

你有特别喜欢的书／电影吗？

《传习录》，这本书我反复读了四年。《道德经》也是我所推崇的。传统文化中揭示了很多宇宙与人生最本质的规律，掌握了规律后，就像"治大国如烹小鲜"，有益于企业经营与自我成长。

你的人生偶像是谁？

乔达摩·悉达多、老子、王阳明。古圣先贤们都在做"导人向善"的事情，让人的生命往上走，最终获得幸福、圆满、觉悟的人生。

你认为"数字新浙商",新在哪里?

"新"在数字化思维、数字化能力。在数据共享的基础上实现数据赋能，在无数场景中创造新的价值。

大搜车姚军红：

汽车产业数字文明的推手

大搜车创始人兼首席执行官

姚军红

创业者就是推动者。大搜车将推进汽车产业数字文明，唤醒产业链活力。

毕业于南京航空航天大学，获计算机应用学士学位，后于香港中文大学获得 EMBA 学位。担任中国汽车流通协会副会长，杭州创业投资协会常务副会长等职务。拥有 20 余年创业经历，曾联合创立华夏联合汽车俱乐部、神州租车等企业。在第三届中国汽车互联网＋创新大典上获评"2017 中国汽车互联网＋新锐人物"，2018 年获拉姆·查兰管理实践奖创新创业实践奖，2019 年获评《南方周末》"年度先锋人物"，2020 年获"浙商年度创新人物"称号。小米早期最重要的投资人、五源资本（原名"晨兴资本"）创始合伙人刘芹对姚军红如此评价：我从大搜车的创业历程中，看到了一流创业家精神和背后的传奇力量，在创业逆境中能沉静但有力地改变整个行业。

"如果不从我们的底层逻辑出发，外界很难看懂大搜车这家公司。"

翻阅大搜车的资料和报道，面对涵盖新车、二手车和各类服务的庞杂的产品体系，很难给这家公司一个准确的画像。姚军红说，产品公司是工业文明遗留的思维。

他乐于从人类文明的角度看问题，属于脑电波异常活跃的那类人，"只要醒着，思想就在工作"。他说自己不会去问别人要答案，有问题就自己琢磨，一个问题琢磨上好几年。

这几年，姚军红琢磨出一个宏大的使命——推动汽车产业数字文明，并明确了大搜车的打法：以数字化、协作化、智能化搭建产业互联网平台。"我开始迷恋上一些理论和底层逻辑的事情，只有把直觉真正沉淀成判断的依据，才能让自己尽量少犯错。"

姚军红的创业史始于1996年，他是南京航空航天大学第一批计算机专业毕业的学生，投身过机场信息化建设，在卖机票的票务公司干过，作为联合创始人创立了神州租车，2012年创立了大搜车。

吴晓波在"预见2021"跨年演讲中高呼：中国的产业经济正搭上产业智能革命的未来列车，形成工业革命和互联网革命的一次巨大融合。所有产业都在经历这场革命，大搜车正在搭建一条协同流通的轨道，推进汽车产业驶向产业智能的未来。

姚军红相信，方向对了，就不怕路远。

谈汽车产业数字文明 | 文明兴替源自生产要素的迭代

章丰：你是计算机科班毕业，十多年的技术岗转型 CEO，感觉如何？我最感兴趣的是你提的"汽车产业数字文明"，文明是个宏大的社会议题，为什么会用这么大的题目来阐述大搜车这家企业？

姚军红：我创业二十余年了，回头看，经历了利益驱动、需求驱动、价值驱动三个阶段。早期哪里有钱赚就到哪里，逐渐形成商业直觉，去发现并解决行业内存在的问题。

这几年我开始迷恋上一些理论和底层逻辑的事情，对商业世界的认知慢慢从感性走向理性。直觉可能不是那么牢靠，只有把那些直觉真正沉淀成判断的依据，才能让自己尽量少犯错。

纵观人类文明的发展史，每一个文明迭代的原动力，都来自生产要素的迭代。

人类最早期的采猎文明，生产要素只有一个——人。协作方式就是亲属在一起，这是原始部落的协作方式。

农业文明带来了种养殖技术的发展，人类开始聚集，形成城镇。城镇是生产关系的基础设施，它是一种协作网络。除了亲属之间的协作，还有家庭之间的协作。所以农业文明是运用科技，基于城镇网络建立的生产关系带来的商业文明的迭代。

到了工业时代，资本成为生产要素，推动形成了众多企业。企业重构了生产关系的基础设施，打破原有的城镇内部流通，实现了跨地域的交易。工业文明是运用资本，基于跨区域流通的企业网络建立的新型生产关系带来的一次迭代。

当我们从工业时代走向数字时代，我认为生产要素增加了两个，一是数据，二是互联网。数据是新的生产力，互联网是一种协作网络。所以数字文明是运用数据，基于网络构建的新型生产关系的又一次迭代。

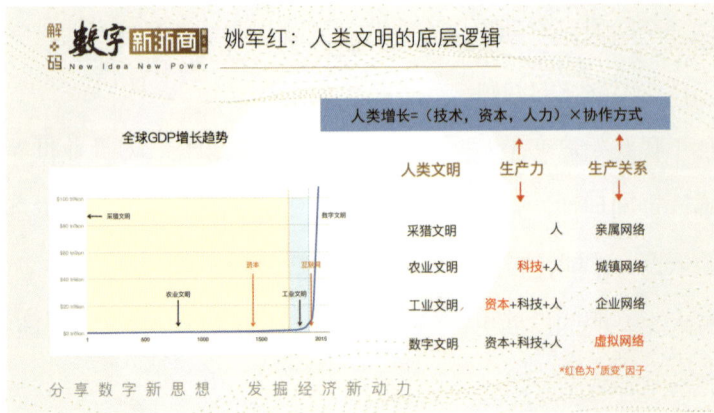

人类文明的底层逻辑（根据提供资料整理）

章丰： 在 G20 杭州峰会发表的《二十国集团数字经济发展与合作倡议》中，对数字经济的定义就提到"以使用数字化的知识和信息作为关键生产要素、以现代信息网络作为重要载体"。

姚军红：商业文明的要素包含了生产要素和支撑生产关系的基础设施，即协作网络。我们做厂商、4S店、新车二网、二手车的数字化，能够产生很多数据。我们把这些数据挖掘出来，同时我们也在构建新的生产关系。首先，构建企业内部的生产关系，帮助汽车厂商、4S店和二手车商，建立从公司到门店、销售和顾客之间的链条。其次，建立产业协作网络。企业单靠自己无法真正将生产力激发出来，需要跨企业形成新的生产关系，形成协作。

所以我们把汽车产业数字文明的实现路径总结为三层。第一层是数字化，对汽车厂家、4S店、二手车商、新车二网等产业节点做数字化改造；第二层是协作化，打通整个产业脉络，形成产业协作；第三层是智能化，借助数据和技术赋能每一个关键节点，并通过对数据的智能化分析推动消费者的需求和厂商的设计制造之间更好地衔接。

大搜车战略布局

谈数字化 丨 数字业务化才是真正的动力

从 2014 年起步，大搜车通过一步一步、一家一家地努力，将线下传统汽车零售店变成在线的数字化零售店。至今，大搜车的 SaaS 服务了全国 60% 以上的汽车零售商，其中包括全国 9500+ 4S 店、80000+ 新车二网、100000+ 二手车商，为宝马、沃尔沃中国、东风英菲尼迪、上汽通用五菱、吉利、长城等 20 多家汽车厂商提供了数字化解决方案。

章丰： 大家都在说数字化，你对数字化的理解是什么？

姚军红： 大部分人对数字化的理解都停留在业务数字化的阶段，我理解的数字化包含业务数字化和数字业务化。对于传统企业来讲，业务数字化带来的只有成本，但这个阶段必须逾越，实现数字业务化才是真正的动力。因为价值不存在于数据本身，数据要作用于业务的提升与迭代，才能真正发挥价值。

对 4S 店来说，他们用大搜车提供的系统，能更精确地推动销售，解决资产浪费的问题。假设我是一名 4S 店销售，客户是什么？客户是我的生产要素。如果客户跟进失败了，我的生产要素就丢失了。通过数字化的手段回溯，包括做了哪些工作、回访的次数，可以查找问题源头。很多学者提"客户驱动"，本质上客户就是生产力，生产力需要驱动。很多主机厂有大量的客户数据，但是这些客户数据并没有真正意义上实现数字的业务化推进。从业务数字化到数字业务化的实现，是汽车行业从产品驱动转向客户驱动的必然过程。

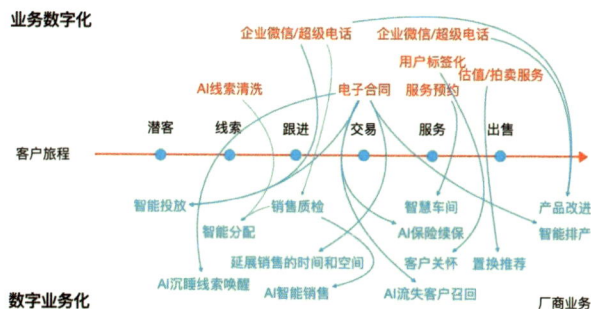

从业务数字化到数字业务化

章丰：大搜车做 SaaS 的前四年，收入是零。SaaS 服务为什么收不到钱？

姚军红：如果一开始我就把大搜车看成一家汽车 SaaS 公司，那么就应该收费，但做到十亿、二十亿美元收入就到天花板了。国内 SaaS 服务发展的阻碍因素在于市场观念，观念尚未扭转，就让人家掏钱，你能收多少钱呢？所以我想看得更远一点。

章丰：所以你一上来就没把大搜车定义成 SaaS 公司。

姚军红：其实那时候我们都不知道大搜车做的就叫 SaaS，我做 SaaS 是为了搭建数字层做好交易。公司一号位的思想一定要领先业务若干年，而且必须持续地领先。你的眼光所及，决定了你能把公司带到哪里。

谈协作化丨以协议助推可交换的资源体系

针对每一家零售店所浪费掉的资产，大搜车帮助他们建立一个新的资产匹配平台，通过在线资产配置，形成可以互相交换资源的体系。以大数据为核心，大搜车构建起了涵盖新车新零售、二手车新零售、金融科技服务、保险服务、营销服务、仓储物流服务等在内的汽车流通产业生态，推动了全产业链的高效协作。

章丰：媒体对你的评价，说老姚"善战更善盟"。在大搜车构建的协作网络里，哪些自己做，哪些别人做，你会用什么标准取舍？

姚军红：大搜车有一条基本逻辑，不做人力资源配置业务。互联网实现了在线的资产配置，你在线配置的资产越多，未来的机会就越大，所以凡是业务链条上可以数字化的资产和环节，都应该数字化，不符合这条标准的大搜车都不做。

当然有一种例外，如果是属于行业的基础设施，即便是人力资源配置，我们也会自己做。大搜车的商业体系里有一个类似"菜鸟"的网络叫"运车管家"，运车管家自建自营了70个车辆仓配中心，因为它属于基础设施，可调动全国44000+台运力资源。就像阿里的"菜鸟"，仓库也是自建的。以大搜车的规模效应和资源能力来做这件事，能够给整个行业带来成本的下降。

章丰：互联网最有价值的核心是在线资产配置，这个观点如何理解？

姚军红：首先我们要解决资产之间的连接，比如信息资产和信息资产交换，信息资产和货币资产交换，实物资产和货币资产交换，货币资产和货币资产交换，中间所有的逻辑，就是要建立可交换的连接，然后通过协议来实现交换。今天我们用数字化完成了连接，就要面临以什么协议让资产协作起来。

章丰：协议里的一个重要变量就是区块链。区块链对于数据的资产化、数据的业务化，是一个很重要的基础设施。

姚军红：我极其看好区块链，区块链应该是目前所能见到的最好的协议。协议一定是由繁至简，趋向转化率最高、能耗最低的方式。区块链解决的是信任问题，它解决了资产的权属、质量和交易的风险。若干年后，我们的交互都会非常简单。

章丰：区块链离汽车产业互联网有多远？

姚军红：我只能说还很远。区块链对业务的完备性要求很高，打个比方，100分的东西，你做了99.9分也没用，缺了那0.1，闭环就形成不了。汽车产业真正应用区块链，要到数字文明的中期阶段才有可能。

章丰：大搜车的汽车新零售渠道网络，能够在短时间内实现全国多家线下店的落地，实现快速的扩张。而这么多店没有一家是你们自己开的，如此庞大的社会化渠道网络是以什么方式去组织的？

姚军红：组织是有核心基因的，健康的组织要具备两个要素：信任和利益平衡。信任是前提，如果能上升成信仰就更牢固，所以大多数公司都会提使命、愿景、价值观。然后是利益分配的平衡。在渠道体系里，大搜车提供统一的服务标准，线下店负责线下运营，背后是一个让大家都能获益且相对公正的利益分配机制。

所以我经常说大搜车这家公司不姓姚，企业要沿着它的最优路径发展，而不是局限于某一个人。如果老板就是这家企业的天花板，那很危险。

谈智能化 | 今天的智能化还处在初级阶段

在一些使用大搜车服务的 4S 店内，每一通销售和客户之间的通话都会被录音，抓取对产品的意见、改进建议等信息，经过 AI 的分析，为厂商提供精准画像。这是大搜车的智能应用场景之一，这样的一个举动，避免了汽车设计制造环节的浪费，带来了价值创造。

章丰：我们观察到大搜车已经有一些智能化的应用，比如销售环节的 AI 客服。

姚军红：在我看来这些还是最初级的智能化，未来的智能汽车、车联网、柔性生产、保险与金融产品定制，产业链条中的每一环，都暗藏乾坤。智能化应该分为三个阶段：智能匹配、智能应答、智能分析。目前有一些智能匹配、应答的运用，比如 AI 客服根据用户数据和机器学习，能与用户自然沟通，并邀约客户到店。和客户的交流越多，厂商就可以更好地迭代产品，真正实现从产品驱动到客户驱动，可以做 C2M（客户直连制造）的反向定制。

章丰： 汽车领域的 C2M 反向定制已经开始了吗？

姚军红： 是的。大搜车的新零售网络体系就起到了重要的作用，基于每家线下门店所销售车辆的车型、数量、客户标签等，我们将不在主机厂管理范围内的社会化渠道数字化，提炼生产要素，补上了数字化销售终端缺失的数据。汽车行业向来都是靠产品驱动，如何实现从产品驱动走向用户驱动，这个转变可能需要 5 年、10 年，甚至更长时间，值得汽车行业去深度思考。

章丰： 金融服务方案里的征信系统中，也有典型的智慧金融的应用。

姚军红： 我们切入金融服务有两个优势，一个优势来源于我的股东阿里，另外一个优势来源于我们的 SaaS 本身，可以采集各场景中的现象，更好地判断风险。金融是基于信息的服务，脱离信息，金融就无从谈起；信息越丰富，判断就越准确。

章丰： 大搜车 SaaS 系统产生的征信数据和阿里的数据体系，两者之间是什么样的关系？

姚军红： 我认为两者是相辅相成的。汽车金融行业的风险可以归纳为：人的风险，即消费者的信用；车的风险，贷款算上利息后的费用要比裸车价高出非常多；商的风险，车商会不会伙同客户来骗你；场的风险，交易是否真实。作为交易平台，大搜车从场切入，积累了大量的真实交易，连接了货和人。靠芝麻信用分可以解决人的信用问题，而场和货的数据就是我们的优势。所以整个风控模型不是靠大平台的底座就可以完全解决的，需要全产业链的各项数据补全。

谈智能汽车 | 大规模智能将重构汽车产业生态

章丰：谈论汽车产业绕不开一个重要的变量，就是电动汽车。特斯拉、比亚迪、蔚来、小鹏等市盈率都在短时间内超过了传统头部主机厂。对于电动车这股新生力量，你怎么看？

姚军红：首先我觉得不能叫电动汽车，更确切的应该叫智能汽车。智能汽车是一个对应功能车的概念，它可以是电动的，也可以是油动的。我不相信油动车将来会消失，因为汽油作为一种能源，总是要被运用。

智能汽车提供了一个新的数字空间，依托智能"三电"、自动驾驶和智能交互技术，可以实现内部智能和外部智能，内部完成交互，外部连接智慧城市。未来每个产业都会有一个连接在互联网上的智能节点，就像城市建设的智能交通，由智慧大脑指挥系统内的所有红绿灯。未来智慧大脑和汽车连接，汽车可能飞在天上，甚至可以做到零车祸，到那时，功能车根本无法上路。未来也许一切都会智能化，以我们今天的视野，甚至无法完全想象。

章丰：我很同意你的观点，一旦大规模的在线现象发生后，线下就完全被边缘化了。

姚军红： 智能汽车的数字文明进阶得更高一点，比如特斯拉就将生产、销售、客户这三层结构数字化了，目前传统厂商连这三步都没做到。但这种智能还局限在企业内部智能，从车组到车载的各种软件、内容消费，特斯拉用的是自己的一套体系。

当智能化形成基础设施后，会发生什么变化？可能有一家强悍的公司负责提供产业链的数字化基建，对外输出，供应链就可以协同，有人设计，有人负责生产，有人负责销售。就像过去服装企业需要自己设计、生产、开店、负责物流运输、服务等，今天可以借助互联网精细分工，专人专做。汽车是工业时代皇冠上的明珠，它的供应链本身就有先进的基础，可以做到弹性供应链。

如果智能化进化到这一步，今天的造车新势力到那时还会有多少家呢？前段时间我和阿里的曾鸣教授讨论过这个问题：是厂家的数量急剧减少，还是扩大到相当的体量？我希望是200家。如果只有几家，结果是什么？每家都是封闭的，就像苹果系统，形成一套闭环；如果有200家，可能就像安卓系统，开放给各个厂商进行深度定制。我相信消费者也希望多元化，因为汽车具有社交属性，人总是求不同的。主体的多元和丰富，对基础设施的生态更友好。

谈产业文明的观念丨创业者承担着推动者的角色

章丰：服务正在成为数字经济最核心的商业模式，你对汽车行业的服务怎么看？

姚军红：我们在做的有二手车检测、车辆交付、金融科技、保险、数字营销等服务，一直在进行探索创新。我们所看到的趋势是，各种各样的产品公司都会走向服务公司。过去大家只关心汽车生产和销售，后来出行服务公司"杀"出来了。出行是以汽车为载体，以服务为导向的。

汽车服务市场的特征是场跟着人走，围绕车主，服务边界是非常宽广的。但我始终认为，掌握交易渠道是控制服务渠道的一个必备条件，只要我们把交易做好，任何时候起跑，我们都可以把服务这条赛道拿下。

章丰：如果给汽车产业数字文明的进程打个分，现在是在几分的阶段？

姚军红：在商业文明的迭代中，今天所有的行业都将被重构，媒体、金融、零售行业都已被重构。如果以 10 分定义我们所想象的未来，我认为现在行业可能也就是 1 到 2 分的阶段。

章丰：这么低？我以为能打个 4 分。

姚军红：汽车产业经历过相对完整的工业时代，更容易形成思维定式和惯性。打个比方，中国的 PC 时代很短，快速进入了移动时代，用户习惯就很容易转变；但是一些西方国家的观念固化在 PC 时代，再往移动端转阻力更大。

文明的观念一定是由一群人主动推动而改变的，相当一部分人只能被动接受。创业者承担的就是推动者的角色，创造才能引导改变。因此我们希望大搜车的出现能真正推动汽车产业数字文明，唤醒整个产业链的活力。

✛ 快问快答

创业过程中踩过的最大的"坑"是什么？

一直在踩"坑"，踩过的都变成了小"坑"，也不知道有多大的"坑"在等着。

一天中如何分配工作与休息时间？

我基本处于思想一直在工作的状态。

你有特别喜欢的书 / 电影吗？

《肖申克的救赎》。

你的人生偶像是谁？

尊敬的人有很多，偶像是没法定义的。

你认为"数字新浙商"，新在哪里？

浙商群体引领了中国一个阶段的崛起，从无到有实现了创造。数字时代，希望我们的浙商保持这种持续的创造力，引领数字中国建设。

火石创造金霞：

数据驱动产业发展

金 霞

火石创造创始人兼董事长

乞火不若求燧，火石要成为数据驱动产业发展的引领者，助力产业高质量发展。

担任中国生物工程学会常务理事、中国信息协会科学数据专委会副会长、中国生物经济发展路径研究核心专家组成员、中国科技部城市竞争力研究院首届专家、长三角数字健康产业链联盟副理事长、浙江省医健大数据研究及应用产业技术联盟理事长。入选国家"万人计划"领军人才、科技部"创新人才推进计划",获中国科技创新发展杰出人物、科技新浙商·创新人物、新时代商业领袖、最值得关注女性创业者、年度创业人物、数字杰出先锋等行业荣誉。2015年创办火石创造至今,提出数据驱动的产业发展模式,率先发布拥有自主知识产权的以大数据和人工智能为底层技术的"产业大脑",拥有多项国家发明专利,主导制定《生物经济产业分类目录》企业标准。

金霞的出现总是让人眼前一亮。"我的工作环境中男士居多，大家的穿着通常都以黑色、灰色、蓝色为主，所以我喜欢穿亮色的西装，不容易淹没在人群中。"采访当天，她也穿着西装套装，职业化的着装，严谨的逻辑，娓娓道来的表达，印证了此前外界对她的评价："真诚而专业，谦逊而温和。"

从北京大学毕业后，金霞专注于 IT 硬件，在通信设备领域创业十多年。公司上市后，她回到杭州，从艰苦的创业生活中抽离片刻，但创业的念头仿佛刻进了她的基因。"我是做产业出身的人，始终还是觉得投资不太有着落，投着投着手痒了，就想自己创业。"

看到很多患者面临没有治疗方案甚至无药可用的窘境，金霞有了在生命健康领域创业的冲动。"乞火不若求燧"，2015 年，她创办火石创造（下文简称"火石"）。以产业大数据为基础，从生命健康向多产业延伸，火石打造了产业大脑产品体系，赋能政府侧，为各级政府、园区和产业链"链长"提供数据驱动产业发展的整体解决方案，包括产业选择的支撑、产业治理的工具和产业服务的平台，推进实现产业基础高级化和产业链现代化；服务市场侧，基于数据智能和网络协同实现供需精准匹配，帮助企业创新提质、降本增效。

从金霞到火石团队，都带着一股理想主义的信念和现实主义的实干精神：他们相信"为人人享有健康生活而奋斗"的使命，每周坚持举办"火石学堂"促进内部交流学习，以"结硬寨、打呆仗"的精神，服务了 20+ 个核心城市、150+ 座知名产业园和数万家企业。

凭借着这股劲儿，火石在 2018 年就形成了商业闭环。2020 年底完成了由普华资本领投、老股东望美等继续加持的新一轮融资。金霞说，最艰难的高原模式已经迈过去了，火石正加速奔跑在平原上，心之所向，一往无前。

谈创业选择 | 找不到现成的复合型人才，只能自己培养

章丰：你是连续创业者，为什么要选择创业这个最艰难的人生模式？

金霞：我本科在美国学习，回国后到北大读金融研究生，毕业后参与创办了一家国产通信设备企业。当时很多同学选择去保险公司、投行等机构工作，相比金融，IT 的自主研发非常苦。我的初衷很朴素：国家的强大来源于企业的强大，所以我选择创业做民族品牌。尤其是斯诺登泄密事件发生后，我们更加庆幸坚持自主研发网络设备。我清楚地记得，时任国务院总理温家宝在当时这家通信设备公司的墙上即兴挥墨，写下"创新赢得尊严"，直至今日，想起这几个字都令人热泪盈眶。

章丰：怎么想到跨界进入生物医药产业？

金霞：离开上市公司后，我做了一段时间个人投资，开始关注生物医药领域。健康是影响人类福祉的重要因素，未来一定会形成巨大的产业。

同时我们目睹越来越多的家庭因为疾病而支离破碎，很多患者面临没有治疗方案甚至无药可用的困境。一颗新药不能治疗所有疾病，况且我们也造不出药。既然无法直接抵达患者，那有没有一种可能性，通过创新产品和服务，能够帮助到这个领域的创业者和科学家？

从产业思维出发，我发现生物医药领域缺乏系统客观的数据支撑。过去在通信设备领域创业，我们很清楚，市场上有多少家竞争对手。但是生物医药领域的投资者和创业者很多是"两眼一抹黑"，没有清晰的认知和定位。大数据等 IT 技术能让产业协同更高效，缩短创新周期、降低成本，助推更多前沿医学成果面世，从而形成良性循环。所以我当时就确定了使命——加速医健创新创业，人人享有健康生活。火石是一家先确定使命再逐渐形成业务方向和商业模式的公司。

章丰： 产业大数据需要大量的复合型人才，火石如何搭建团队？

金霞： 我们在市场上根本找不到现成的复合型人才，只能自己培养。每周一晚上，全员参加"火石学堂"，通过持续的培训相互学习。至今火石学堂已经举办了 291 期，团队已成长为一支由数据和人工智能技术专家、医药各领域专家和产业经济学专家跨界融合的专业团队。今天，我们的CTO，一位大数据动态本体专业的博士，也能对生物技术的演进路径、医药工业全生命周期的需求、产业链现代化的内涵外延发表深刻见解。只有我们从组织内部形成共同语言，才能让不同学科的人有效沟通。

"学习和创造是我们的信仰"是火石的企业文化之一。道不同不相为谋，真正支撑人跟公司走到最后的，不是创始人个人魅力或者薪酬待遇，而是大家对使命的认可。

谈产品试错与商业化 | 从高原下来后，你会发现平原好舒服，每个人都很亢奋，跑得飞快

翻阅火石的产品迭代史，会看到这支跨界创新团队一路的摸索——先后推出智能医健大数据平台、产业地图、产业大脑 1.0、产业大脑 2.0、产业数据中心。2017 年，火石迈出了商业化的第一步，并一步步接近产业发展的本质和未来。

章丰： 火石的能力建立在数据之上，构建数据的过程你认为最困难的部分是什么？

金霞： 7 年前在中国做数据应用是一件非常困难的事情。好比我们要吃鸡蛋灌饼，得先养鸡和种麦子，因为市场上既没有鸡蛋，也没有面粉供应。没有现成的数据库，没有大数据局，要打通和建立与各个部委的数据共享，何其不易。在火石成立最初的两三年时间里，我们都在做最基础的积累：打通数据源，建立数据供应链体系，自主研发超级数据工厂……今天，火石已经完成了包含生物医药产业的九大战略性新兴产业"从 0 到 1"的数字化和标准化建设，10000+ 官方数据源，互联网 10 万 + 数据采集点，建成了 70+ 细分领域产业大数据平台。

我国生物医药领域的科研数据基础设施尚未构建完成，需要打破各部

委办局、地域间的壁垒，真正打造共通的数字底座。所以数字化是必由之路，这是创业者一定会面临的窘境，也是我们必须跨越的困难。

章丰：有了数据基础，要形成面向行业场景的解决方案和产品也很不容易。火石如何寻找产品方向？

金霞：创业的前两三年，我们都在不断试错，设想了很多服务场景，也参与了很多客户需求的验证。2016年，火石上线智能医健大数据平台，收到了良好的反馈，但付费的转化率几乎为零。后来有客户需要基于数据做一份生命健康领域的规划，我们也不满足于交一份paperwork（文书作业），就把规划落地成了产业地图。我们认识到数据驱动产业发展的重要性，而产业地图是一个很好的切入点。此后，我们又把对生命健康产业的研究和见解融入大数据人工智能和区块链技术，形成了火石的核心产品——产业大脑。

章丰：火石的产品迭代和商业化都走得很快，有什么经验？

金霞：创业公司在商业化上有不同的打法，含着金钥匙或是寒门出身，谁能走得更远？或许我们借力资本能跑得比今天更快，也或许会因为金钱而迷失方向，很难说是经验还是"坑"。

我的第一家公司从成立到上市没有融过资，火石成立以来我们也没有花太多精力和资本打交道，而是埋头做了两年，专注产品的打磨。我们希望靠自己的能力完成商业闭环，商业的本质就是持续为客户提供独特的价值，客户愿意买单才是对价值认可最好的反馈。对一家企业来说，如果没有一个产品能够形成持续、稳定、足够量的现金流，所有热闹都是空中楼阁。

2020 年底火石完成了 A 轮融资，近期也将完成 B 轮融资，在模式已被验证的基础上，我们需要跑得更快，需要更多的资源和优秀人才，推动业务更快发展。就像先带领团队在高原训练，每一块钱都要掰成几瓣来使用时，团队才能知道什么是效率，什么是真正有意义的事情。当从高原下来后，你会发现平原好舒服，每个人都很亢奋，跑得飞快。

谈产业大脑｜在瞬息万变的世界中，没有人能以经验预测未来，唯有通过数据支撑决策

"全国目前共有 2000 余个园区发展生命健康产业；169 个国家级高新区中，把生物医药产业作为主导产业的超过 60 个；产业领域分布于药品、医疗器械、医疗服务……"通过火石产业大脑，可以将全国大健康产业发展状况的产业地图直观地展示在大屏上进行动态追踪。作为推动新基建发展的重要组成部分之一，"产业大脑 2.0"是一个以产业大数据为平台、聚焦产业治理和创新服务的基础设施。

章丰：火石"产业大脑 2.0"在 1.0 的基础上有什么突破？

金霞："产业大脑 1.0"解决了数据的汇集和展示，通过数字孪生呈现产业链云图；2.0 强调基于算法模型的智能分析，在数字化基础上，分析产业链的卡点、堵点所在，从而进行产业治理，强化薄弱环节。"产业大脑 2.0"实现了从产业链云图到智能分析，最后到治理的全闭环。

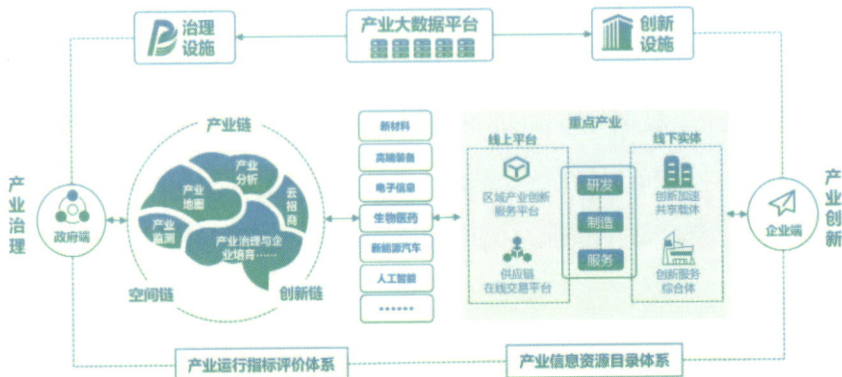

面向产业链，基于新基建构建G端和B端一体协同的产业大脑和创新服务生态

火石的产业治理和产业创新生态

在产业治理方面，产业大脑通过对产业链进行实时动态的全面监测，结合产业链的分析把握产业瓶颈与发展机遇，为"建集群、强链条"和产业资源配置提供决策依据，从而提升产业治理能效。就拿招商这个事来说，火石通过算法模型和全球的企业库比对，能够精准地指出产业链薄弱环节的招商对象以及不同时间点上的投资概率。就像一个漂亮姑娘不是所有时间都想嫁人，在不正确的时间找她，怎么都追不到；某天她可能被闺蜜的孩子触动了，突然间就"恨嫁"了，在这个时间点找上她，成功概率就会大大提升。

我们的另一个基础设施聚焦在产业创新服务上。通过火石数链——生物医药产业互联网平台，我们能够帮助企业实现研发、临床试验、生产、上市推广等全生命周期的资源精准匹配和在线交易，让企业创新更加容易。

通过该平台，新药研发每个环节的效率提升 30% ～ 60%，成本降低 30%，生物医药企业原本接近 1/3 的营销费用可以降到 1/7。

章丰： 国内多个省市都推出了产业发展"链长制"，重点产业链均由主要领导挂帅，产业大脑应该能够为产业链治理提供很好的支撑。

金霞： 各地通过"链长制"推动产业链资源的协同，从组织上保障了"产业链现代化、产业基础高级化"目标的达成，但缺乏具体的落地路径和技术支撑。产业大脑打造了产业链的数字底座，是充分发挥"链长"指挥决策作用的工具和抓手。

无论企业、地区、城市还是国家的竞争力，关键都在于资源配置效率的提升。资源配置效率的提升必须经由工具革命和决策革命。工具革命好理解，是人类进步的动力；决策革命的实质是把经验变成数据。在瞬息万变的世界中，在快速发展的复杂产业中，没有人能以经验预测未来，唯有通过数据支撑决策。

谈"T"形战略 | 城市级的治理要有一个中枢，让数据回流到统一的底座中

2020 年 5 月，火石中标北京市的产业大数据平台，意味着产业大脑从生命健康延伸到了多产业，人工智能、新材料、新能源汽车、科技服务业等高精尖产业，都装上了一颗"大脑"。这也是中国第一个城市级产业大脑。

随后，金霞在火石五周年庆典上宣布了火石下一个五年的"T"形市场战略。

章丰： "T"形市场战略中的"一横"指的是涉及多产业的城市级产业大脑吗？

金霞： 对，城市级的治理一定要有这一横，在各个产业治理过程中，形成一个专业的大脑，最终数据回流到统一的底座中。在政府建设现代化产业链体系的过程中，由一个中枢进行调度和应用整合。产业之间的协同和跨界融合存在很多重叠之处，不能人为割裂成一个个烟囱。

章丰： 不同产业有不同逻辑，在产业大脑横向建设的过程中，火石是否面临新的课题？

金霞： 这是肯定的，产业大脑构建的难点在于如何将产业见解和IT技术进行融合。这是最难的，恰恰也是火石最擅长的。一方面，火石借助自身的能力积累，将海量的产业数据融合形成知识图谱。另一方面，火石通过外部合作的方式，与相关的各研究院所、智库建立战略合作。总之，要以最快的速度整合所有的资源服务于客户，而不是慢慢等到我们"长"出这样的能力。

章丰： 所以我理解火石的"一横"是基于城市的，"一竖"是基于生命健康产业的。

金霞： 是的，它是"T"形，不是 π。know-how（技术诀窍）可以复用，但在垂直应用部分，运营能力更重要，生命健康领域无法用纯数据解决全部问题。打个比方，知道钟南山院士和请到钟南山院士是两码事。对于产业发展而言，知道只解决了 5%，获取资源才真正做到了 100%。

火石未来将持续扎根生命健康产业，我们将在上游打造供应链体系，继续拓展创新型企业获取创新要素资源的途径，真正实现加速创新创业的闭环。

我相信生命健康产业是最容易产生产业互联网巨头的，因为产业互联网的基础是数字化，生命健康的全生命周期是最透明、最容易被数字化、最容易被协同的。一颗新药从靶点发现、化合物筛选到临床试验，最终生产上市，所有的过程都要上报监管，每个节点的数据都可记录、可追溯，不同于 IT 产品的研发。

谈产业新基建丨产业新基建正在打破传统工业时代的线性模式，走向开放、互动、互联的协同模式

章丰：2020 年火石发布了《产业新基建战略白皮书》，如何定义产业新基建？

金霞：在国家提出的新基建基础上，我们进一步思考，什么是产业发展的新型基础设施？产业新基建必须包括两部分——以产业大脑为基础的治理基础设施，以产业互联网平台为抓手的创新基础设施，一端为政府提供决策支持，一端为产业链提供创新服务。

产业粗放式发展到今天，人口、环境包容性的红利消耗殆尽，火石"数据驱动产业发展"的洞见正在被印证。我们认为数据驱动的产业发展模式是中国产业发展的未来。百年复兴的下半程，一定要回归到精准的治理上，依靠数据驱动。产业新基建就是产业链的数字底座。

章丰：报告中谈到了产业安全问题。华为受到美国的制裁，也警醒了各领域可能面临的"中国芯"困境。国内生命健康不少器械设备和核心技术仍依赖进口，我们该如何应对该领域的供应链安全问题？

金霞：生物医药领域的供应链安全性问题，甚至比 IT 领域更加严峻。目前生物医药领域，无论是药品还是器械，70% ～ 90% 依赖于进口。疫情发生后，医用战略物资紧缺，以及全球产业链中断等，深刻影响未来的全球产业链布局和经济贸易秩序。中国在生物医药领域还没有出现像华为在 IT 领域那样有影响力的企业，但中国市场足够大，国产的医药巨头指日可待，一旦形成威胁，供应链必将面临安全问题。

国家提出国内国际双循环的发展新格局，这是需要举国体制来应对的问题。从产业角度，火石希望贡献我们的能力，逐一击破"卡脖子"的点，明确落地路径，深度把握产业治理的规律和特点；科学配置产业资源；转变产业治理模式，提升产业治理水平；拥抱产业治理创新发展的新趋势。

随着产业自主可控进入倒计时"窗口期"，我们不能坐以待毙，现在就要为潜在的安全隐患未雨绸缪。如果等到那时再布局，中国的创新药、创新器械会受到致命的打击，甚至比今天的芯片行业有过之而无不及。

章丰：我理解，产业新基建是火石对国家战略的回应和思考，我特别喜欢报告的最后部分，提出了以"新三观"的视角来看待产业新基建。

金霞：我们认为，产业新基建构建了数字世界的产业运行载体。数据智能和网络协同，正在打破传统工业时代相对稳定、封闭、垂直的线性模式，走向相对开放、互动、互联的协同模式。数字世界，我们应该拥有产业三观。

世界观从"物本主义"向"数据主义"转变，以数据流动为特征，数据在生产过程中持续丰富与迭代演进，最终走向智能新生。

价值观从"GDP 体系"向"能力量化评价"转变，这将有利于从根本上减少"GDP 至上"的低效投入，真正建立以创新为导向的产业发展观。

人文观从"层级控制"向"扁平生态"转变，产业新基建的创新设施，是专业化集群协同的生态组织建设的基础，中小企业发展将迈上崭新的历史台阶。

✚ 快问快答

创业过程中踩过的最大的"坑"是什么？

股权结构和治理结构不匹配。

一天中如何分配工作与休息时间？

我的工作、生活和休息时间高度融合。

你有特别喜欢的书 / 电影吗？

最近喜欢读《孙子兵法》，决定战争胜负的基本要素是道、天、地、将、法，企业发展要扎扎实实地将功夫用在这五个基本要素上。

你的人生偶像是谁？

没有，我是个相对理性的人。

你认为"数字新浙商"，新在哪里？

有一定的高度，既有势能，也有力量。

万丰科技吴锦华：

穿越周期，做一家百年老店

万丰科技董事长

吴锦华

面向工业4.0，万丰要让「智能化」融入企业生产、销售、服务的每一个环节。

万丰锦源控股集团总裁、派斯林数字科技股份有限公司董事长，担任上海市浦东新区团委副书记，上海市浙江商会团委书记、上海市浙江青年企业家协会常务副会长等社会职务。入选国家"万人计划"、科技部"科技创新创业人才"；荣获第六届"浙江慈善奖"，获 2021 年度"数字新浙商"、"上海市优秀青年企业家"、"第五届上海市工商业领军人物"等荣誉称号。吴锦华牵头主持实施国家重点研发计划"智能机器人"重点专项，科研成果入选"世界智能制造十大科技进展"。公司荣获上海市百强企业，入选工信部首批 15 家符合《工业机器人行业规范条件》的企业。

✚

　　驱车从新昌互通下，穿过新昌江，气派的欧式建筑群映入眼帘，占地265亩的万丰锦源高科产业园到了。位于两侧的建筑，保持着统一的立面，走进"花园式工厂"内部，视野开阔，从原料到成品，整个生产物流段基本由机器人完成，基本看不到工人，这里是万丰科技打造的智慧工厂。

　　万丰科技（以下简称"万丰"）公司的诞生，颇具戏剧性。

　　当年的万丰集团（下称集团），为提高轮毂铸造效率与质量，斥巨资购买国外进口的铸造设备，后因外方拒绝提供技术支持，这些设备险些沦为"废铁"。万丰的技术人员发扬自力更生的精神，联合国内科研院所，硬是从零开始自学编程等技术。2001年，团队研发出国内第一台自主开发的低压铸造机，并很快推向市场。

　　有了研发低压铸造机的成功经验，从单一设备，到成套单元、整条生产线，从工业机器人本体到系统集成，万丰在铸造智能装备和机器人自动化集成关键领域，为产业链补短板、填空白。

　　前不久，在首届"数字新浙商"颁奖的舞台上，章丰和吴锦华之间有这样一段对话：

　　"万丰的工业机器人和智能装备服务于铸造领域的客户，也武装了你们的竞争对手，你怎么看？"

"面向工业 4.0 的未来，万丰要为更多传统的工厂，哪怕是同行服务。90 年代，万丰集团就是在竞争中发展起来的。我们不怕竞争，竞争会使我们更强大。"

作为"90 后"的吴锦华，有着超越同龄人的沉稳、谦逊和开放的格局，这与成长环境的影响、父母辈创业精神的熏陶不无关系。

"我回到万丰已经六个年头，起初可能是以证明自己为动力，今天，我更多是从企业如何创造价值出发。好的管理者应该是领导者，像我母亲那一代创业者。这种修为需要经历周期起伏，我要走的路还很长。"

谈接手万丰 | 我希望到新的产业板块去，做事的空间更大

在国外获得金融学硕士学位后，吴锦华先是进入了政府部门工作。"因为对投行和股权投资比较感兴趣，我还是想去投行试试。家里人觉得，到庞大的机构里，很难有决策的机会，成长比较慢。"2015 年 6 月，吴锦华回到万丰，担任万丰科技公司董事长。

章丰：你回到集团，为什么选择了万丰科技？

吴锦华：我希望在集团单独运营的子公司工作，它自成一体，有比较完善的系统；到新的产业板块去，做事的空间更大。那时，"中国制造2025"上升为国家战略，"机器换人"是战略机遇，以高端智能装备的研

发和生产为基础，市场需求巨大。

章丰：那时万丰已经在做工业机器人了？

吴锦华：当时万丰是"两条腿"走路。一条是铸造设备，发端于集团内部的低压铸造机技术攻关项目，起初是给集团汽车零部件制造业务做配套。

另一条是机器人本体，涵盖四轴、六轴、七轴的范畴。2006 年，集团规划发展战略时，把工业机器人作为重点。2011 年，万丰自主研发的工业机器人下线。过去集团的自动化改造都是由国外的供应商提供服务，但随着公司规模的扩大，我们自身对制造工艺的掌握比供应商更好，对过程的理解比供应商更深，所以自己上马。

章丰：现在的万丰和当年你接手的时候，最大的变化在哪里？

吴锦华：产品方面，我提了三点要求。

从单一设备到覆盖多种铸造工艺的铸造设备。只做低压铸造设备，哪怕做得再精再专，市场容量也是有限的。目前，万丰已经自主研发了低压、差压、旋压、重力四种类型的铸造设备。

单机变单元产线，最终目标是交钥匙工程。万丰已为客户提供数百套（条）铸造装备及生产线，尤其是自动化生产线，每一家客户都是定制化的，交钥匙工程在收入规模中占比一半以上。

实现设备周边自动化和数字化转型。让工业机器人代替人工，完成砂芯过滤网自动放置、取件、冷却、清砂、打磨等过程，并配置有铸造专用的单元 MES，实现整线智能化、无人化生产。

以重力浇铸生产线为例。6 台铸造机需要 6 名操作工看管，2 名铸造工勺取铝液。使用工业机器人后，半分钟就可以自动完成取铝液、浇铸，10 秒内完成铸造后取件。每班只需 2 名操作工巡查过程有无异常，还提高了生产效率和产品质量。

万丰生产车间

数字化方面，我们导入 APS（高级计划与排程）、ERP 及 WMS（仓库管理系统）等信息化系统，自主研发了 MES 系统，实现铸造线所有设备及生产状况的信息采集、数据分析、精细管理。智能制造不是简单地用机器替代生产线上重复劳动的工人，而是要让"智能化"融入企业生产、销售、服务的每一个环节。

章丰：总结起来，万丰实现了从铸造设备自动化，再到信息化、数字化的跃升。

吴锦华：为了突破快速发展的管理瓶颈，并与国际接轨，实现全球竞争，我们在管理上推行了项目制。2016 年，我去华为学习后，把总经理和 HR 都送去学习，借鉴了华为的"铁三角"管理模式，回来组建了营销、技术、项目经理的"铁三角"。

以前营销与研发齐头并进，在协同上受到一些客观因素的制约。有了"铁三角"后，研发剥离出专职服务于营销的售前技术职能，快速做出市场反应，提供方案给客户；项目落地后，由项目部统筹进度、协调资源、对接客户，保障项目按进度推进。优异的服务让客户放心、满意，有利于形成二次销售。"铁三角"的模式运行了五年，在大项目上效果尤为显著，大幅度地提升了公司的运营体量。

谈机器人本体到系统集成丨如果把全公司的资源都投到本体，不一定能活到出头的那一天

"最大的变化，在于战略的转型。"吴锦华介绍，起初万丰考虑提供机器人本体（即机器人本身的研发，包括关键零部件、控制系统等），但他认为在智能制造的趋势下，要做垂直整合。此后，万丰基于在低压、重力铸造装备领域的积淀，深耕铸造领域的自动化升级，为客户提供将铸造

装备、工业机器人等关键设备整合到一起的整条生产线规划、制造和运维的全过程服务。

章丰：从机器人本体向系统集成转型，是出于提高解决方案能力的考虑吗？

吴锦华：对，从单机生产销售到提供系统解决方案是趋势。

2015 年，我到日本参观发那科（FANUC，与瑞士 ABB、日本安川、德国库卡并称全球工业机器人"四大家族"）位于富士山脚的工厂，他们的生产车间、现场管理装配没有人，都是机器人在装机器人，我很受震撼。

这样的规模下，我们的本体单独竞争优势就小多了。交流中，我注意到一点，身为全球四大品牌之一的发那科拥有诸多应用领域的项目部，通过做项目来带动机器人本体的销售，让我大受启发。

万丰在铸造装备、机器人本体方面都有了非常好的基础，如果相融合，将比任何同行都更有优势。因此，我们在适合自己的行业领域里找到了发展之路。

章丰：发那科在 6 年前就实现无人工厂了。

吴锦华：国内国外发展经验相差了 20 年。发那科当年的产值是 5 万台，这是中国同期全年的需求量。当时国内规模较大的企业年产几千台，万丰只有 400 台，离盈亏平衡点还有很大的差距。随着外资企业打价格战，单价走低，盈亏平衡点不断提高。

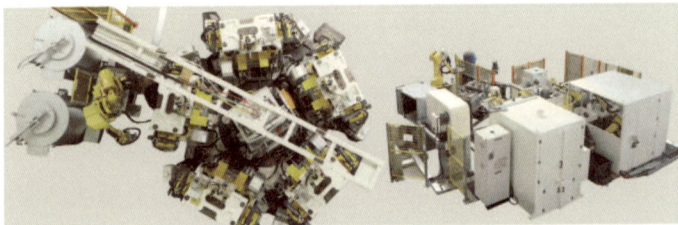

万丰工业机器人

如果我们把全公司的资源都投到本体，不一定能活到出头的那一天。所以我就做了决定，不再死磕机器人本体。本体的优势在于柔性化、可塑性和协同，根据实际需求和成本，有优势就用自产，没优势就采购。

还有一个关键原因，中国与国外在机器人三大核心零部件上的差距很明显。

章丰： 核心零部件仍然被国外垄断？

吴锦华： 日本在电机、减速机市场占据 70% 的份额。最大的掣肘是控制器。控制器是机器人的大脑，就像 Windows 和 iOS 一样。发那科、库卡的控制器都是自己的，包括底层系统开发和二次开发。所以我们选择在第三方通用系统上进行二次开发，就像在 iOS 上开发一个 App。

章丰： 万丰的第一个大型自动化生产线客户就是自己集团？

吴锦华： 第一个客户的确是集团生产汽车零部件的工厂，但是到今天，我们的内部市场不到 10%。万丰服务于热加工领域细分市场客户，如本田、一汽集团、东风汽车、中国重汽、中国核电等。2020 年，万丰中标了中国航发集团的项目，提供铝铸件后处理自动化产线，配套服务中国的航空发动机产品升级。

谈跨国并购 Paslin ｜求大同存小异，寻求职业发展的最大共识

2016 年，万丰科技收购美国焊接机器人应用系统服务商派斯林（The Paslin Company，下称 Paslin）。Paslin 成立于 1937 年，位于密歇根州汽车之城底特律，是国际领先的焊接自动化装备系统服务商，为全球汽车产业和重工业的生产提供自动化系统解决方案。该跨国并购也成为 2016 年世界机器人行业十大事件之一。

章丰： 万丰收购 Paslin 是什么样的背景？

吴锦华： 是在国家"走出去，请进来"的号召下，也是响应近年来"工业 4.0""中国制造 2025"战略目标。Paslin 有领先的汽车产业和重工业的生产自动化解决方案，在焊装领域有领先的经验积累和技术沉淀，与万丰原有机器人产业可以良好协同。

2015 年，我就带着团队去 Paslin 美国工厂实地考察了，那是我第一次去美国。到了工厂一看，一条自研的产线上，三四百台机器人在同时工作。同时期国内的工厂大多在半自动化阶段，一个"大钳子"吊下来，工人配合作业。

章丰： 当时 Paslin 为什么要出售？

吴锦华：Paslin 是一家有着 80 多年历史的家族企业，有着工业自动化的基因和丰富的项目经验，但缺少现代化的治理方式。公司内部有 20 多个家族成员，缺乏领导核心。

章丰：面对跨文化管理，你有哪些经验？

吴锦华：首先是要了解当地员工的想法。他们会担心企业管理、文化习惯上的差异，担心自己的饭碗不保。我和高管们一起到 Paslin 的工厂召开全体员工现场会，传达了一个信息：万丰的文化是"以人为本"，我们会将现有管理团队和员工作为最宝贵的资产保留下来。在保留 Paslin 原有的组织架构的基础上，我们注入了全球供应链负责人等"新鲜血液"，他们都有在跨国企业工作的经验。

吴锦华在 Paslin 工厂

其次，求大同存小异，寻求职业发展的最大共识。万丰的价值观是"永恒提升价值，不断奉献社会"，要确保所有员工都把公司利益作为出发点。经营思想统一，行为步调一致，激发伙伴实现共同愿景。

因为 Paslin 对精益生产和精细化管理缺乏概念，也没有考核指标，我们输出了万丰的管理技术和管控体系。美国人尊重契约精神，我们就充分相信，共同制定好业务指标、年度预算、财务编制，定期检查，确保执行到位。

章丰：回过头看这五年 Paslin 的整合运作，你给自己打几分？

吴锦华：总体的经营情况稳定，公司的实力和行业内品牌也符合我们的预期，但我会把分扣在对宏观情况的研判上。我们选择标的公司时，对当地的法律风险、环境风险、行业风险都做了充分考量。近两年，中美贸易摩擦、全球疫情影响等"黑天鹅"事件，确实没有考虑到。

收购 Paslin 后，我们就启动了全球供应链采购计划。之前，Paslin 的供应商集中在底特律周边 50 英里范围内，许多供应商都是老关系。疫情直接导致了材料荒、用工荒，倒逼全球供应链建设。同时我们对工业自动化解决方案有了更深的理解，这对我们未来的发展有很大帮助。

章丰：Paslin 从一家区域性公司变成全球性公司后，有哪些规划？

吴锦华：Paslin 将继续巩固北美市场，北美是汽车弧焊工艺的最大市场。新能源汽车装备市场是我们重点关注的，Paslin 先后协助特斯拉、Rivian 完成首条电动车产线的设计建造，新能源无疑是未来的发展趋势。

同时我们也在开拓仓储自动化、健身器材等新兴服务领域。

Paslin 负责特斯拉的 Model S 白车身线

未来我们会将中国作为主要市场之一，虽然规模很大，但国内的传统汽车行业相对成熟，行业增长趋缓，所以我们主要考虑应用到有共性的自动化增长市场，如新能源汽车、仓储物流、工程机械、农机机械、再生能源等。

谈工业互联网丨工业革命的每个发展阶段，都会迎来技术革新

章丰：在万丰的智能化解决方案中，沉淀了大量数据。未来是否考虑面向产业链层面，提供数据增值服务？

吴锦华：从传统的人工记录数据到现在的物联网自动采集，其实每个

企业不乏大量的数据沉淀，但并没有很好地加以利用。我们结合自身30年来的铸造生产管理经验，将数据进行提炼、转化、分析，输出有利于企业、行业发展的结果，比如设备监控、能耗管理、易耗品管理等等，尤其是铸造过程工艺分析和追溯，是我们独树一帜的功能，帮助客户提升铸造品质。数据要做宏观分析，更要落地于每个细节，让其真正发挥价值，服务于企业管理。

章丰：你们是从什么时候开始意识到这个问题的？

吴锦华：从2016年开始，我们在万丰智慧工厂进行探索。从生产指挥中心的大屏幕一看，各条生产线上，每个产品做了哪些工序、机器运行情况都能显示，所有生产数据和异常情况会被实时采集和报警管控。

当时我们有一个误区，觉得只有大公司才能做信息化。现在看来，那些还在传统制造阶段的小企业，试错成本更小，可以尝试自动化和信息化同步改造。

章丰：所以我们去理解工业互联网，不能用一个笼统的概念去对应，在不同的行业、不同的阶段，会有不同层次的应用。

吴锦华：工业互联网是必然趋势，我们不能只站在技术的角度讨论，而是要从工业革命的发展趋势去看待。从蒸汽机的制造，到电力出现、制造业大分工，再到半自动化、全自动化，再到信息化、智能化，每个阶段都会迎来下一个技术革新。

最终数字化的目标是物联网。市场端下一个准确的指令，产业链能够通过智能系统的安排，做到产能的最优匹配，实现高度灵活、高效率、高品质的生产。这是一项系统工程，需要很长的时间去实现。

谈"创二代"使命丨经历周期起伏，从管理者成长为真正的领导者

从对 Paslin 的成功并购中，可对吴锦华的经营管理风格略窥一二。北京大学国家发展研究院管理学教授杨壮点评道："年轻的吴锦华所受的家庭教育、学校教育，与他的价值观、品格及素质养成有很大关联。一把手的品格魅力会影响到公司战略、运营，甚至跨国并购的成败。他在判断力、专业主义精神和品格魅力三项上都交了一份令人满意的答卷。"*

章丰：你的创业起点高，大众对你的要求也更严格。这会带给你压力吗？

吴锦华：我母亲对我要求最高，但她给了我足够的信任和空间。像收购这么重要的项目，换作我，没有这样的魄力，会让更有经验的人带队。压力和责任更多地来自如何把公司平稳地传承好，在传承的基础上创新，在前辈的基础上守正出奇，更上一层楼。

章丰：你作为"90后"的管理者，也会面临着兼顾元老的想法、管理

---

* 参考资料：①《追梦人：陈爱莲与万丰奥特二十年》，郑作时著，中信出版社，2014。②《万丰科技：跨国并购的模范生》，刘雪慰，商业评论，http://www.wfauto.com.cn/newsinfo1.php?id=35。

风格和集团文化的融合等难题，你有什么样的方法？

吴锦华：尊重是前提，充分了解大家的想法，采用因人而异的沟通方式。管理者无关年龄，也无关过往贡献，只论职责。我在董事长的职位上，就履行好董事长的职责。大家目标一致，以厂为家，以公司利益、员工利益为出发点，容易达成共识。而且我会给予充分的信任，只要是勤恳、敬业、有能力的员工，我都会尊重。

我觉得自己还要加强情绪管理，需要磨炼和沉淀，遇到问题保持良好的心态，遇到成功也要有定力。好的管理者应该是领导者，是企业的灯塔、团队的主心骨，指明方向、传递信心，就像我父母那一代的创业者。这种修为不是经过某件具体的事，而是经历周期起伏，依然勇立潮头。所以我要走的路还很长。

我回到万丰已经六个年头，如果说起初的动力是证明自己、得到家庭认可，那么今天的我更理解企业本质，那就是为客户创造价值，为社会创造财富，为员工带去快乐工作和幸福生活。企业不光要做大，关键是要做精做深、做强做久，穿越周期。做一家百年老店，才是我们的愿景和目标。

✚ 快问快答

创业过程中踩过的最大的"坑"是什么?

入局量化投资,只收回了本金。

如何分配工作与休息时间?

周一到周六上午工作,每个月上一次 EMBA,其他时间陪家人。

你有特别喜欢的书 / 电影吗?

《毛泽东选集》《曾国藩家训》。刚回国那两年,我看了七八十本书,那段能静下心学习理论知识的时光,对我帮助很大。

你有特别欣赏的人吗?

康熙帝、汉武帝,有内圣外王之道的人。

你认为"数字新浙商",新在哪里?

新浙商更关心的,是在传统产业基础上赋能他人,给社会带来新的增值,这是公司行稳致远的根本。

e 签宝金宏洲：

契约数字文明的推动者

金宏洲

Ⓔ 签宝创始人兼首席执行官

从小小的电子印章开始，Ⓔ 签宝将推动商业交易的过程更加便捷、透明、可信。

浙江大学 MBA，从事电子签名行业 20 年，一步步成为电子签名行业的国家标准制定者之一，无纸化生态推动者，电子签名行业第一品牌锻造者。其创办的 e 签宝作为电子签名行业的开创者和引领者，完成了公安部、法院、国密局等相关部门的资质认可；完成了 38 家 CA 支持、盖国家授时时间戳、能人脸识别、可在线仲裁、有司法鉴定绿色通道、应用区块链技术存证等服务模块。

✚

　　他曾是江湖盛传的阿里"中供铁军"的一员，也是喜好仙侠文化、自称"子画"的"70后"，还是员工口中24小时在线的CEO……约定的时间一到，金宏洲准时出现在办公室。架好设备，没有过多寒暄，他顺着提问，聊起了自己的产品观。

　　2002年，一次烦琐的工商登记触动了金宏洲，嗅到了无纸化和数字化的商机，他踏入电子签名领域。在创业的长跑中，金宏洲一次又一次冷静判断，带领e签宝跨越1.0软件时代、2.0 SaaS时代，引领电子签章行业开启3.0智链时代。

　　今天，从企业登记注册、商务合作到劳务合同，从个人办理社保公积金到购房签约，借助e签宝，都可以在手机端进行身份认证、条款协商、电子签名确认，实现"云签约"。"云签署已经是顺理成章的事实，当时要让大家去相信一件还未发生的事，在公司内部达成共识都很不易。"

　　2003年，在杭州金城花园的出租屋里，e签宝初创团队闭关5个月，敲出了中国电子印章的第一段代码。这场构建未来信用基础设施的摸索，以金宏洲为代表的探路者已经埋头走了近20年。

　　采访最后，当问及电子印章是否会取代物理印章时，金宏洲将身子往前一探，音量微微提高，做了个大胆的预测：在不远的将来，物理印章将成为橱窗里的文物和艺术品。如果一定要加个期限，乐观的预测是 5 年。

"身处其中的实践者，需要给自己一个乐观的预期。"在漫长的隧道中坚定前行，他看到了尽头那道契约数字文明的微光。

谈初心与定力｜e 签宝是一家深耕电子签名领域的产品公司

章丰：你的职业生涯中有过一段阿里"中供铁军"的经历，作为 CEO，你觉得自己更偏销售型还是产品型？

金宏洲：创业以来，我几乎干过所有岗位，搭建过销售团队，也接手过 CTO，早期甚至连公司的卫生也管。CEO 就应该"上得厅堂，下得厨房"，商务、技术、产品都要懂。销售出身的 CEO 可能无法理解技术的复杂度，从而缺乏通盘式考虑，想当然地只要结果。我自己也一直在变化，从销售型逐渐深度参与到产品框架的搭建、整体方向的规划中，现在我还兼任公司的产品 VP。

作为 CEO 必须懂产品，只有深度参与到产品中，才能建立产品思维，培养产品定力。to B 企业如果管理不好甲方的需求，容易做成项目交付模式，变成一家能赚钱但不值钱的公司。

章丰：从 e 签宝的发展历程看，你们是一家善于做产品决策的公司，包括 SaaS 服务、智能合同、区块链合同这一系列的产品决策都跑在行业前列。是怎样的一套逻辑在主导你的产品决策？

　　金宏洲：从 e 签宝诞生之日起，我们就坚定了：e 签宝不是一家项目公司，而是深扎在电子签名领域的产品公司。中间有过很多机会，像做业务系统，我们都没有碰。这和我们创业的出发点有关。当时我们思考的是怎样把三千多年用印的习惯跟密码学技术结合，从而解决无纸化办公的问题。因为无论是合同还是文件的起草、签署、执行，最后都要盖章，如果章也电子化了，就能解决这个难题。

　　后来我们把这份初心更清晰地概括成了 e 签宝的使命和愿景：使命是"让签署更便捷，让信任更简单"，愿景是"让全球1/4的人用e签宝签合同"。使命愿景往往是一家企业用来指明方向的，但我觉得它更重要的是作为所有定力的出发点。当公司面临两难取舍的时候，最终还是回到使命愿景。

　　基于这个原点，此后促使我们不断去突破、超越的动力，可以归结为对趋势的判断。任何人或公司的发展，都离不开时代大背景，你必须踏准时代的节奏，最好略微超前一点，太过超前又可能成了"先烈"。

谈转型与突破 | 与其等别人颠覆自己，不如自己先颠覆自己，再去颠覆别人

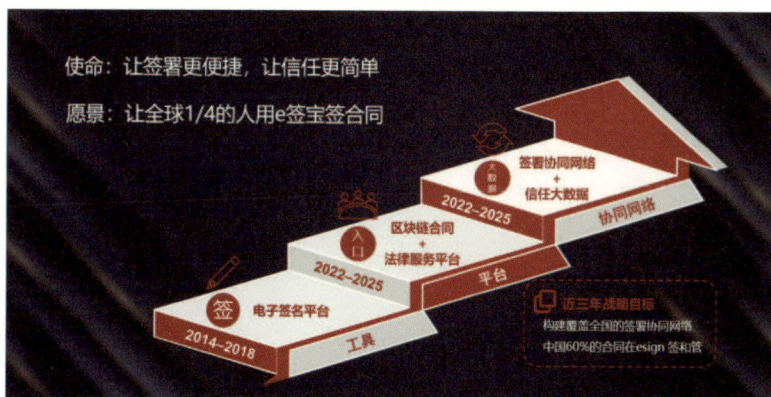

e 签宝迭代路线

　　e 签宝的迭代路线也是一部签署进阶史。2004 年签约浙江省工商局，成为浙江省工商网上年检指定电子签名服务商，成功地引领行业进入 1.0 软件时代。2014 年，e 签宝成功转型，推出了互联网电子签名 SaaS 平台，提供一套从电子签名到合同管理、从存证保全到法律服务的完整的电子合同全生命周期服务，引领行业进入 2.0 SaaS 时代。2019 年，e 签宝发布了智能合同产品，实现合同的智能拟定、智能审阅、智能管理；2020 年，e 签宝与蚂蚁集团携手，推出区块链合同，行业由此进入 3.0 智链时代。

章丰：e 签宝率先在行业内迈出了 SaaS 化的一步，当时肯定面临比较大的挑战和阻力吧？

金宏洲：挑战和阻力来自多方面。

第一，技术层面的突破。安全和便捷往往是矛盾的。在 PC 时代，客户想要发起一次签署，需要通过 U 盾这类硬件工具和一整套严密的软件系统实现，安全性高，效率低。进入 SaaS 时代后，在云端完成部署，安全的难题就摆在了眼前。e 签宝探索了各类技术手段，也得益于云计算、人脸识别等基础设施的完善，在云端便捷化的同时保证密钥的安全。

第二，产品理念的突破。合同表面上看只是一个文本，其实包含了合同的效力、法律认可、认证签署的交互过程……这条完整的证据链都需要存证。e 签宝把原来以主体发放的证书变成了事件证书，固化与合同签署和合同管理场景相关的电子证据链，方便日后举证，这是一次较大的产品理念的转化。

第三，引入第三方增信。当时 e 签宝初出茅庐，面对客户的疑虑，我们与司法鉴定中心达成合作，将数据同步给权威机构，增强了证据链的公信力，也是业内第一个引入这种方式的企业。

突破以上问题后，e 签宝真正形成了 SaaS 产品的闭环。

章丰：在这关键的一步背后，你们做了大量的工作。一个好的产品最终在市场上有人买单，需要多方面的合力。

金宏洲：除了产品和资源的转变之外，还有来自公司组织内部的阻力。

对于 e 签宝的"新同学"来说，云签署是顺理成章的事实，但当时要让大家去相信一件还未发生的事，况且当时公司有不错的现金流，达成共识绝非易事。我们经过了一次又一次的讨论，告诉同学们"我们可以想见未来的样子，三年后世界就不一样了，如果坚持现在的模式，三年后就要面临着被淘汰"。就像墙上挂的那句话，"与其等别人颠覆自己，不如自己先颠覆自己，再去颠覆别人"，所以我们最终选择了主动求变。

章丰：2014 年的决定对你来说肯定是最难的，后面就顺势而为了。

金宏洲：是的。2019 年推出智能合同，主要来源于行业的变化。一方面，客户结构发生了变化。在拓展新市场的过程中，我们接触到了传统制造业，这类客户往往是更综合复杂的大甲方，需求涵盖范围更广。另一方面，智能化是未来的必然趋势。e 签宝希望用 AI 把法务人员从烦琐的传统管理事务中解脱出来；对于没有法务的企业或是法律"小白"，用 AI 帮助他们降低法律风险。比如 e 签宝提供的智能合同审查功能，可以自动识别出合同内容的缺失、错误等，这部分需求未来存在巨大的释放空间。

章丰：区块链合同相当于在智能化基础上更进了一步，对合同的安全、确权和执行有了更强大的支撑。

金宏洲：从版式合同升级到程序化可自动执行的智能合约，这是区块链合同推动的革命性升级，更适用于流程长、节点多、参与人员众多的应用场景。在区块链中，客户、平台、公证处、法院等各方上链，全流程全业务的数据都上链存证，区块链去中心化的信任方式使各方形成互信，后续诉讼也可以直接采信，降低用户的维权成本。此外，区块链合同还可以实现自动履约、自动贷款等。

从 1.0 纸质合同到 2.0 电子合同，再到现在提出的区块链合同，这是 e 签宝定义的合同 3.0。我觉得相当长的时间内，社会都会处于版式合同和智能辅助结合的阶段，但最终会朝着完全数字化、程序化、可自动执行的区块链智能合约发展。

章丰： 我理解 e 签宝会朝着两个维度生长：首先在技术上升级，SaaS 化、智能化、区块链化，不断叠加新的技术元素；其次沿着"电子签章 +"的路线，涵盖从电子签章到合同的程序化执行，业务场景逐渐丰富，解决方案越来越完整。

金宏洲： 是的。在产品方面，我们会继续扩充产品线。除了现有的签名合同之外，还会加强后端的服务，从电子签名到合同管理，从存证保全到法律服务，为市场提供一套完整的电子合同全生命周期服务。

谈场景与应用 | 打造闭环生态体系，布设覆盖全中国的签署网络

e 签宝产品界面

2021 年 3 月 3 日，在 e 签宝的助力下，云南的昆明和普洱两市分别发出了首张采取"区块链云签名"方式办理的公司营业执照。过去企业登记，要跑银行办 U 盾，要跑办证服务大厅，以后只需线上操作，人脸识别签名提交只需要 5 分钟，审核过程也只需十余分钟。"区块链 + 云签名"的电子签名云服务正在试点，最快在 4 月底推广至云南全省。截至目前，e 签宝的电子政务服务覆盖了国内 150 多个地方政府和 280 多个委办局的 1500 多个政务服务场景。

章丰：随着疫情的推动，电子签名的需求快速爆发，应用场景不断拓

宽。e 签宝连接了政务服务、商业服务与终端用户，这三大群体会呈现出怎样的格局？

金宏洲： to G、to B、to C 既独立又是整体，是相互加持的关系。to G 业务占据特殊地位，G 端连接了 B 和 C；有了更多的 B 端和 C 端用户后，促使更多的 G 和大 B 使用电子签名服务，这是网络效应的体现。

供应链是 e 签宝在 B 端的应用中比较有代表性的场景。华为、海康威视等都是我们的客户，上下游的合作会涉及大量合同。过去纸质合同打印后要来回寄送，完成后才开始安排物流。用 e 签宝，一分钟就完成合同线上签约，当天发货，提高了供应链流转效率。

章丰： 从 e 签宝建立签署网络的角度看，G 端业务是整个基础设施的底座，C 端用户可能大量是以 2G2C 或 2B2C 的方式触达？

金宏洲： 在政务场景中，很多业务是与个人息息相关的，比如社保公积金、购房签约、看病体检等，通过这些服务，可以有效渗透 C 端用户，加速电子签名、电子合同的普及。2020 年，杭州市住房保障与房产管理局推行了房屋买卖"云签约"，借助 e 签宝进行身份认证、条款协商、电子签名确认，交易双方无须到签约现场，通过手机便可进行网签合同"电子签名"。

截至 2020 年底，e 签宝助力浙江省发放了 4.2 万多枚政府内部电子章，一年签署量达 1.1 亿次，浙江省也成为全国使用电子签名最多的省份。作为浙江省"最多跑一次"指定电子签供应商，e 签宝也很荣幸加速推动了政务数字化转型。在"数字中国"的建设过程中，政府是重要标杆，政务服务场景也是 e 签宝业务中重要的一环。

作为新生态基建级别的应用，电子签署的场景无所不包。e 签宝的阶段性目标就是要布设覆盖全中国的签署网络，通过 to G 和 to B 的应用场景持续向 to C 渗透，建立起一套涵盖 B+G+C 的系统，打造闭环生态体系。

谈生态与合作 | to B 服务是一场长跑，我追求的是最终的胜利

第三方权威分析机构艾媒咨询报告数据显示：在 2020 年中国电子签名用户使用服务商品牌占比上，e 签宝达到 43.1%，牢牢占据市场份额第一的位置。在自身的技术积累与业务获得新的发展空间之外，e 签宝进一步牵手数字化生态经济体，在生态融合中放大应用价值。

章丰：你如何定义 e 签宝的核心竞争力？

金宏洲：很多人这样问过我，我也经常思考 e 签宝会在哪个点上胜出。产品吗？技术吗？我觉得不全是。最根本的竞争力是 e 签宝战略选择的能力更强大，并且敢于行动。我们在电子签名领域专注了 18 年，长期专注带来的是我们对行业的深刻理解以及经验的积累。to B 企业要走在前面，不是单纯靠产品或靠营销就行，综合能力才是强大的后盾。

回头看行业一路的发展，e 签宝可能是弯路走得最少的。我不希望公

司是在经历了所谓的大开大合的波折后变得很厉害，我从来不说那样的故事。公司发展是不可能不犯错的，我能做的是让公司不犯大错、少犯小错，选择正确的方向，建立起快速纠错的机制，稳健发展。

to B 服务是一场长跑，我追求的是最终的胜利。它不是靠一两次的爆发就能解决战斗的，它需要靠技术和产品上持续的、不断的领先，形成综合优势，一直往前跑。跑着跑着你就会发现，对手已经被甩开，甚至很多对手都不见了。

章丰：生态融合之下的新增长，也给 e 签宝带来了更具吸引力的想象空间。你如何看待与大生态的合作？

金宏洲：在与大生态的合作上，"广泛被集成"是 e 签宝一贯的战略。这个战略的出发点有两个：一是基于对未来的判断，我觉得企业级服务未来肯定是"打群架"的模式；二是分析自己的长板与短板之后，综合考虑得出的结论。

考虑到 to B 服务需求的深度、广度、复杂度，没有一家公司能做成所有，所以生态融合是必然的趋势。一方面，对于企业而言，数字化需要一个底座，需要有人来扮演底座，相对来说大厂拥有更强大的基础设施能力；另一方面，在基础设施之上，有很多在具体赛道、垂直领域提供应用的企业。

章丰：和操作系统级的底座合作，可能会成为 to B 企业终将面对的选择。对于创业公司如何与大生态更好地合作，你能否提供一些建议？

金宏洲：明确判断，该做就做。首先基于公司的业务和产品，想清楚是否走生态合作这条路。还是阿里的那句话："因为相信，所以看见。"战略往往决定了执行，是否相信，决定了企业有多大的投入、敢不敢投入。e 签宝坚定看好钉钉生态，企业级服务未来依托钉钉这样的生态平台是趋势，所以 e 签宝坚决地投入其中。

与大厂合作，关键在于KPI是否对齐。很多公司是奔着大厂的流量去的，但是你能给对方带来什么？合作必然建立在双方共同的诉求之上，为了达到相互加持的目的，需要探索边界，达成共识。

to B 的复杂度决定了合作过程需要深度的整合。双方合作，不是战略合作一签，产品一对接，市场一推广，就万事大吉了。C 端的消费往往是独立决策的，B 端不同，使用者和买单者往往不一致，所以要形成完整的解决方案。从产品到营销，要让各个团队都磨合对齐，从而提供体系化的支撑。

谈政策与观念 | 十年内物理印章会进入博物馆的橱窗

章丰：对于政策和电子签名行业的互动，你如何评价？

金宏洲：可以打高分。国家十分重视电子签名行业，尤其是疫情之后，适时推出了很多政策。比如最高人民法院发布的《关于人民法院在线办理案件若干问题的规定（征求意见稿）》，提到了推动在线诉讼的应用，也是第一次在规定文件中如此明确地表达了对区块链证据效力的认可，这将会极大地推动整个中国的数字化进程。

作为行业实践者，我们相信电子签名必将成为中国重要的信用基础设施。e签宝在政务服务场景推动更多电子签名的应用之外，也通过参与标准制定的方式，推动行业良性发展。近期，我们还入选了工信部网络安全技术应用试点示范项目，参与了中国信通院牵头的《云计算服务安全要求第2部分：SaaS安全要求》标准编写。

章丰：行业实践和政策的良性互动，最终会给整个社会的可信化和数字化带来极大的推动。

金宏洲：我们能做的就是，从小小的电子印章开始，让商业交易的过程更加便捷、透明、可信。基于电子签名的信用基础设施，降低签署成本，缩短签署耗时，减小管理难度，这种便捷和可信最终会带来政府管理、商业运行以及民生服务的效率的提升，为社会提供价值。

物理印章被电子印章取代，是时代必然的趋势。但不可否认，物理印章是中国社会延续三千多年的习惯，它不单是一个工具，还代表一种文化。所以二者的更迭，会经历一个此消彼长的缓慢过程，就像现在物理印章和电子印章并行，但在不远的将来，物理印章可能就会变成橱窗里的文物和艺术品。

章丰：做个大胆的猜想，多少年以后，物理印章就进了博物馆的橱窗？

金宏洲：比较乐观的是五年吧，保守点可能需要十年。预测往往都是用来"打脸"的（笑）。作为推动电子签章这条道路上的实践者，我觉得需要给自己一个更乐观的预期。

快问快答

创业过程中踩过的最大的"坑"是什么？

用错人。

一天中如何分配工作与休息时间？

24 小时中有 14 小时在工作，我很享受工作。

你有特别喜欢的书 / 电影吗？

书《思考，快与慢》和电影《阿凡达》。

你的人生偶像是谁？

马云。

你认为"数字新浙商"，新在哪里？

新时代，新思想，新技术，新模式，新玩法。

衣邦人方琴：

做时间的朋友，一切价值终会呈现

方 琴

衣邦人创始人兼首席执行官

衣邦人坚持做有价值的事，定义新的服装定制方式和美学。

浙江大学计算机科学与技术专业学士、管理科学与工程专业硕士，现任中国服装协会定制专业委员会副主任委员、杭州市钱塘区第一届人大代表、浙商总会时尚产业委员会创始会员、杭州浙江大学校友会副会长、杭州市青年联合会委员等职。曾获 2014 年度"CCTV2 中国创业榜样"、2018 年度"长三角十大新锐青商"、2021 年度"风云杭商"、2021 年第十七届"杭州市优秀企业家"等荣誉。2014 年 12 月创立衣邦人，在服装定制行业最先引入"互联网＋上门量体＋工业 4.0"C2M 模式，目前衣邦人已成为国内领先的服装定制平台。

✚

2022 年 3 月 21 日，"迎亚运　321 启跑"主题发布会上，方琴以一身利落的粉红色西服套装登上舞台，发布迎亚运跨界运动西服系列。此前，衣邦人成为杭州 2022 年第 19 届亚运会官方正装服饰供应商。这家根植于传统服装定制行业的数字化企业，正掀起定制行业的新浪潮。

早在 2003 年，创业的种子就已经在方琴的心中萌芽。从浙江大学计算机系毕业，她毅然放弃本专业保研，报考管理学院，并在读研期间创立杭州清朗翻译有限公司。硕士毕业后，方琴连续两次创业，先后涉足了礼品定制和服装定制行业。

2014 年，方琴创立了衣邦人，将目光投向了两万亿市场的服装行业。"服装行业不仅连接人和人，还连接消费者和产品供应链。从一块布料到成衣交付，给到终端消费者，经历的环节很多，数字化可以让这一链条上的环节焕发新的生机。"

依托于"互联网 + 上门量体 + 工业 4.0"的 C2M 模式，衣邦人将散落在各地的定制需求聚集起来，实现规模化的定制生产。通过覆盖中国大部分地区的上门量体团队，衣邦人在大范围提供定制服务的同时，积累起庞大的真实国人身材数据库，用数据反哺生产端。

在方琴看来，数字化转型不能仅仅止步于业务数据信息化，还需要重新思考商业模式的数字化、产业链条的数字化。"要坚持做有价值的事情，做时间的朋友，with time，一切价值终会呈现。"

谈创业策略 | 我的三次创业，都离不开数字化能力的应用

章丰： 从浙大计算机系本科毕业以后，你没有选择本专业保研，而是考研到了管理学院。今天回过头来，你怎么看待这个选择？

方琴： 路都不能回头走，只能说对自己的选择不后悔。当时同学们各有出路，我发现自己对商业、经营的兴趣大过于科研。所以我在读研期间就开始尝试创业，那时更多的是想赚钱。都说"大学生的理想很丰满，现实很骨感"，我比较着急地想证明，我们不只会风花雪月、吟诗作对。因为自己英语学得比较好，又认识很多英语好的工科生，所以我建了以科技翻译为主的网站，做些兼职，又顺水推舟注册了公司。

章丰： 从翻译到礼品定制，再到服装定制领域，作为一个连续创业者，你在赛道选择上有什么底层逻辑？

方琴： 这三段经历的共通之处是，都应用了数字化的能力。得益于浙大的教育，我对数字化的意义和如何高性价比地投入，可能比同行业的从业者有更深的理解和更快速的实践。

比如翻译，这个传统行业中有大量兼职的外语老师，我们可以利用计算机专业优势，比如：通过建立网站、开展 EDM（电子邮件营销）和搜索引擎营销等互联网的方式，更精准高效地获客；通过网络管理兼职人员，

分门别类地为他们匹配任务。一份光电专业的资料，光学博士肯定比英语专业的同学翻译得好。

那时客户主要依靠 E-mail 或电话来了解信息、询价，网络只起到沟通作用，内部没有连通。当我开始第二段创业，做个性化定制礼品的网上零售时，互联网才真正把交易链路打通了。从客户浏览商品信息、选择定制、在线付款，到公司接单、联系供应商加工，再到质检、打包、发货，整个链路都实现了数字化。

但此前的数字化，都还处于业务数字化的阶段，从中获得的数据并没有赋能业务。到了 2018 年，衣邦人进入数据反哺业务的阶段。大数据、云计算、人工智能这些技术可能听起来虚无缥缈，但能够在业务中切实发挥作用。

章丰：三次创业的过程中，数字化应用的程度不断加深。到了衣邦人，数字化应用开始深入到服装全产业链中了？

方琴：当我进入服装行业，发现无论是尺寸、款式设计还是面料方面，消费者端都有个性化的需求，但是供应链非常落后，这是一个需要全产业链数字化的行业。

从客户预约、上门量体、确认订单，到生产和物流，衣邦人把核心订单流程的每个环节都实现了一定程度的数字化和标准化，一方面连接了实体制造产业的服装定制工厂，另一方面连接了广大的顾客定制需求。

谈上门量体服务 | 通过 BI 和 AI 的赋能，每一个着装顾问都是一家移动的门店

用户在衣邦人 App、公众号或小程序在线预约，专业的着装顾问就会上门，精准测量 19 个部位 26 项身材数据，协助客户选择面料和款式。方琴认为，"上门量体解决了传统定制客户到实体店的痛点，去除了传统门店占总成本 25% ～ 50% 的租金成本，让利消费者，同时通过着装顾问的移动覆盖了更大的服务半径。"

章丰：上门量体的环节中，数字化程度是比较深的？

方琴：着装顾问上门量体时，会随身携带 iPad。录入设备的身材数据，实时得到人工智能的审查，并经过复核；在挑选面料时，人工智能也会进行相应推荐。我们的着装顾问虽然都是"90后"的年轻姑娘，但借助 AI 系统，她们相当于随身携带了一位有经验的老裁缝，可以实时得知某个数据是否正常，哪两个数据有矛盾，可以实时复核。

我们还做了很多 BI（商业智能）下沉的应用，其中着装顾问有 iPad 智能顾问终端，方便她们在与客户沟通时获得辅助决策支持，简化或减少审批，更快速自助地在现场进行决策。有了 BI 和 AI 的赋能，每一个着装顾问都是一家移动的定制门店。

章丰：这群分散在各地的着装顾问团队，都是衣邦人的全职员工吗？

方琴：是的。着装顾问的门槛较高，她既是一个专业的量体师，又是一个服装的搭配师，同时还是一个销售。经过专业培训的全职着装顾问，能够提供更加统一、标准化的定制服务，提升客户的体验。

章丰：如此庞大的本地化服务团队，很考验组织和管理能力。

方琴：我们的经验是，首先必须提供有竞争力的薪酬，所有行业中想要发展的公司都是如此。

其次是在内部确立合适的培训方法。目前衣邦人平均一个月就能将一个新人培训成为合格的着装顾问，通过更多学习的机会帮助她进阶到优秀。

最后是关心团队成员的后续成长，让优秀的人获得更多上升空间。我们设计了 M（管理岗）线、P（技术岗）线，让员工看到走管理方向，有一条宽广的路径，走专业路线，公司也能提供培训支持，从而激励员工不断晋升。以上三件事都做到了，能吸引更多新人加入，同时还留得住优秀的人。

谈工业 4.0 ｜衣邦人给工厂的不仅仅是订单和数字化工具，还有生产组织的经验

章丰：C2M 的模式，对衣邦人供应链的管理能力要求很高。

方琴：对，按照管理的说法，要做好事前、事中、事后控制。事前，找到优秀的供应商合作；事中，通过数字化的对接和服务赋能供应商；事后，除了完善的 to C 售后服务体系外，衣邦人还建立了一套评估机制，根据产

品质量来确定合作工厂后续的订单数量，在供应链端形成反馈闭环。

章丰：数字化赋能工厂，具体体现在哪些方面？

方琴：我们为供应商提供订单管理、生产管理、仓库管理等数字化系统，跟踪每一个订单每个时间点的状态，同时自动进行面料智能调拨和生产计划的智能规划。

其中较有代表性的是"云裁剪平台"。衣邦人预先将品类版型和推版规则数字化并配置在云服务器上，着装顾问上门采集顾客身材数据并上传后，可针对不同顾客体型进行自动化的推版和面料裁片排料，然后通过云服务器下发到工厂裁床，直接进行面料的裁剪。

数字化智能工厂

对于从没有定制经验的工厂，应用"云裁剪平台"后，花一个月左右的时间就可以完成定制生产线的部署。之前很多工厂需要人力去接入很多版，需要人工去推版和复核，需要一整支版师团队，"云裁剪"不需要人工介入，不仅能实现制衣各环节的实时追踪，还能做到更好的品控。

章丰：面料全球直采模式，是你们利用综合订单优势与面料商达成的合作；同时对工厂而言，帮它们节约了成本、减少了库存？

方琴：对，如果由工厂来备料，它们需要有供应商资源和议价能力，所以面料全球直采降低了工厂进行柔性制造的门槛，我们也可以在合作工厂间周转面料，避免库存，提高生产效率。此外，面料商也能更清楚终端消费者对面料的消费倾向。

章丰：行业中的工厂处于不同的数字化水平，比如阿里的犀牛工厂是原生的数字化车间，而有些工厂的柔性制造基础较差，衣邦人在选择合作工厂上有什么标准？

方琴：选择工厂的标准与公司发展阶段有关。刚进入行业时，我们没有经验，肯定要选择最好的工厂，将我们自身优秀的数字化营销和服务与最好的柔性生产能力相结合，从而在行业中占据领先地位。但是大家都想找最好的工厂，会导致工厂短期内产能不足，这就倒逼我们去发掘能力中等的工厂，通过系统和工具的赋能，提升它们的数字化水平。

新阶段客户可能会提出新需求，我们就要寻求工厂端的革新。这时，衣邦人给工厂提供的不仅仅是订单和数字化的工具，还有生产组织的经验。比如市面上没有定制休闲裤的厂家，我们非常努力地说服一家定制牛仔裤的小型工厂转型做休闲裤，并投资扩大生产规模。我们还为传统的T恤工厂新建生产线提供指导，如需要去哪些工厂参观、买哪些设备等。

章丰：从获客到生产端，目前衣邦人在数字化赋能的工具和生态上已较为完整。

方琴：以前很多人不能理解我们对数字化的执着，但是疫情来临，衣邦人在行业里的表现惊艳了所有人。比如供应链方面，数字化程度不高的门店可能非常依赖于单一工厂，如果工厂在疫区，可能供应链就崩溃了。而我们拥有相对开放的供应链，应用数字化能力进行调配管理，还有优秀的客户管理和私域流量运营，所以衣邦人复工后的生产交付一直都是正常的，在 2020 年实现了逆势增长。

数字化转型不能仅仅止步于业务数据信息化，还需要重新思考商业模式的数字化、产业链条的数字化。我们的努力没有白费，数字化正在创造更大的价值。

谈数据应用丨坚持做有价值的事，一切价值都会体现

章丰：数据是典型的"时间的朋友"，随着量的积累，后期数据的价值会越来越大。从数据智能的角度看，未来三年，你认为数据在消费者端能够带来什么变化？

方琴：最近我在思考，除了定制服装的便捷，数据智能还具备社交价值。

之前我们更多在思考消费者单体，如何通过技术让衣服更合身，如何搭配更适合消费者本人和所处场合……基于衣邦人目前建立的全国最大的真实国人身材数据库，我们可以在社交上挖掘价值。比如相似肤色、相似

BMI 指数的人分享各自的最佳穿衣实践，或者发起挑战，让大家报名参与……相近身材的用户，形成并分享着装搭配的社区氛围，可以作为衣邦人私域流量的新玩法。

章丰：类似健身社区，很有意思。

方琴：是的。在供应链端，数据智能也能使制造过程更平顺，效率更高，相应的服装成品也更完美。如果没有数据支撑，服装的"好"具有偶然性，完全是老裁缝模式，靠个体经验摸索；而通过数据的优化，工厂能够保证后续更稳定的发挥。

刚刚我还收到了一条消息，我的朋友给我发来了新定制的服装的上身效果，她说上身后"感觉腿长了三公分，肚子变小了"。这大概就是我最开心的时刻，本质上也是数据智能价值的体现。

章丰：衣邦人的商业价值，相当程度上来自客户数据的积累，但目前数据价值的确认还缺乏一个体系化的支撑。你怎么看这个问题？

方琴：所有企业都有通用的财务衡量指标，数据的价值可能短时间内不能体现，但你积累的能力最终会反映在财务指标上。要有耐心，坚持做有价值的事情，做时间的朋友，with time，最终一切价值都会体现出来。

谈中国新定制｜新客户群 + 新技术 + 新产品 + 新商业模式

章丰：我注意到你多次提到"中国新定制"的概念，如何理解？

方琴："中国新定制"是我们对定制行业的见解，我理解为新客户群、新技术、新产品、新商业模式等。

挖掘新客户群，从消费金字塔的顶端拓展到中腰部。量体裁衣是一门古老的生意，在衣邦人进入市场之前，服装行业量体裁衣，通常是为富人做高级定制，所以大家总是会把"定制"和高定画等号。定制模式真的能走向大众吗？我们采访了很多高定店，发现他们都特别悲观，说年轻人不愿意学习手艺，等"老骨头"退休就没有定制了。

在我看来，传统定制依赖经验培养一个个裁缝，普通消费者往往因为价格高昂、流程烦琐就放弃了，但数字化可以解决这个问题。公司成立那年，我发现已经有工厂能实现单人单版，每件可选不同的面料和款式。如果我们把定制变得更便宜、更方便，是否可以让定制走向更广大的人群？很多人是愿意尝试的，因为消费者端有个性化需求。

章丰：如何把定制变得更便宜、更方便就是关键。

方琴：所以需要新技术。技术方面，我们每年持续投入 IT 建设，公司成立时只有 6 个技术人员，我们笑称为"六小龄童"，现在技术团队已经发展到 40 多人了。

衣邦人的客户分布在各地，无论是在线预约，还是上门服务，我们都思考如何优化线路才能提高效率。生产制造端，衣邦人专注研发新技术，强化工厂的柔性生产能力和管理能力。

新产品，就是通过定制，每个人都有机会定义自己的专属时尚。服装是时尚最重要的类别，我们认为以定制的方式做时尚，比成衣更有效率。因为时尚往往是一段时间内的流行，如果生产成衣，可能造成大量的库存，定制应对变化的空间更大。

新商业模式，就是以衣邦人为代表的"互联网＋上门量体＋工业4.0"的 C2M 模式。线下的服装定制需求密度低，所以衣邦人不像高定那样开设豪华的店铺，而是用互联网连接客户，通过全球面料直采和工业4.0 服装工厂直连模式，省去诸多产业链中间环节，将定制的价格压缩到传统定制的 30%～50%。

章丰：所以我可以把"中国新定制"理解为衣邦人对自己在服装行业中的生态定位？

方琴：对。通过商业智能实践、人工智能创新，以及更柔性的供应链组织方式，衣邦人正在尝试定义新的服装定制方式和美学。

快问快答

创业过程中踩过的最大的"坑"是什么？

困难肯定很多，都不算什么大"坑"。

如何分配工作与休息时间？

我休息时，思维的重心也在工作。

你有特别喜欢的书 / 电影吗？

《影响力》，教给我很多通用的人际法则。

你有特别欣赏的人吗？

埃隆·马斯克。我永远成不了他，所以崇拜。

你认为"数字新浙商"，新在哪里？

更真实。服装产业中有不少年长的企业家，他们在与"80后""90后"的年轻创业者交流时很诧异："你们居然直接把核心数据拿出来分享？"网络时代，虚假很快会被戳穿，不如一开始就真实。

数字浙江公司 CTO 陈鹏宇（上）：

数字化改革的公共数据治理实践

数字浙江技术运营有限公司首席技术官

陈鹏宇（不老）

打通公共数据，是数字化改革最基础的工作，也是其技术内涵所在。

深耕数据领域18年，阿里云数据智能产品化主推手，国内第一代企业数字化转型、数据智能的专家和实践者，数据中台的第一代布道师，浙江省公共数据开放运营和数据要素市场化配置新理念的提倡者。长期致力于政企共建营商环境、企业数字化转型、数字政府、工业互联网等领域的探索研究，同时作为既懂政府也懂企业的跨界数字化转型专家、一线实践者，始终站在数字化变革的最前沿，引领并倡导着先进技术和发展理念。

✚

"大家好，我叫陈鹏以（宇），我系（是）广西壮族寄几七（自治区）的。"陈鹏宇是广西人，上大学前没接受过标准普通话的训练，大学课堂上自我介绍时引得全班哄堂大笑。为了攻克发音，他抱着字典苦练拼音三个月。工作后，需要用到新的编程语言，他揣着一本厚厚的用户手册从头啃起。

2010年加入阿里巴巴时，他取"不老"为花名，勉励自己以"笨小孩"的心态，慢慢啃、步步走，耐心应对困难，探索未知。2018年，陈鹏宇加入了阿里巴巴驻浙江省政府团队（数字浙江公司前身）；次年11月，数字浙江技术运营有限公司成立，服务于政府数字化治理和数字化转型。

作为公共数据生态领军者，数字浙江公司正沿着数字化改革的路径，赋能数字底座建设。陈鹏宇协同政府部门、技术团队开启了一场解开公共数据治理"绳结"的实践。比如在全省建成的"数据高铁"，已"发车"千亿次以上，有效解决了数据不及时、不完整等"老大难"问题。

"脑海里想象一列高铁，运载着数据，让数据从起点站直达终点站"；"数据好比水，蒸发后会变成雨回到海里，下雨的过程称为数据回流"……在90分钟的采访里，陈鹏宇一一解释了数据高铁、数据回流、数据飞地等技术原理。

有区县邀请他前去讲解数字化改革，他准备了几十页PPT，整整讲了

2个小时，举了15个涉及政务服务事项的例子，打了8次比方，摆了10组数据，其间无人离席。"我从在座的人的眼神里，感受到他们确实听懂了。"

万物皆数——古希腊人毕达哥拉斯的预言，正在变成现实，不仅要变数字为生产力，还要从数字中寻求"智治"的新模式和新路径。望向更远的未来，陈鹏宇像鹰一样明澈的眼睛里闪过一道光，"我的终极梦想是建立地球数仓，让全国乃至全球的数据流通起来，创造价值"。

谈"笨小孩"心态|很多事情没有捷径，我选择缓慢而坚定地生长

章丰： 你信奉"笨小孩"文化，这让我联想起刘德华有一首歌叫《笨小孩》。

陈鹏宇： "笨小孩"其实是工作中的态度，是一种慢慢啃、步步走，踏实的、耐心的心态。2003年毕业后，我一直从事大数据、数据库领域的研究。互联网公司讲究快节奏，一个想法从产生到落地非常快。2018年起，我们开始服务于政府数字化转型，政府客户的特性促使我们必须保持谨慎又科学的服务态度，每项落地应用都有可能触碰到各部门间的职责壁垒，权衡解决好这些问题，好比解开一个个复杂的"绳结"。但我发现，就算"绳结"再拧巴，当我以一个"笨小孩"的心态一点一点、一步一步地把难题啃透，"绳结"迟早会解开。

2017年以来，全省上下启动"最多跑一次"改革，以群众办事事项为切入点，聚焦省级100个群众办事高频事项，推进事项标准化和数据共享。

数字浙江的主要任务就是打通"数据孤岛"，实现数据归集共享。为了做好"最多跑一次"改革的技术支持，2018年春节，我打印了政务服务各个申请事项的办事指南，带回家仔细研读。

章丰：真正的聪明人都肯下笨功夫。

陈鹏宇：这种方法对我比较适用。小的时候，我想弄明白收音机里面为什么有人在说话，于是用了笨方法——动手拆，来搞懂原理；上大学的时候，因为我的普通话口音重，我就抱着字典读拼音，苦练了三个月；工作后需要用到全新的编程语言，我就从厚厚的用户手册开始"啃"……很多事情没有捷径，我选择缓慢而坚定地生长。

谈数字化改革｜打造"整体智治"的服务型政府，打通公共数据是核心

章丰：数字化改革大幕拉开，数字浙江公司是改革的重要技术支撑。畅想有一天，数字化改革已经深入到各个领域，会是怎样一番图景？

陈鹏宇：数字化改革着眼于整体，通过跨部门的数据共享、流程再造和业务协同，打通和整合党政机关各项职能，最终转型成"整体智治"的服务型政府。什么是整体智治？未来在数字世界中，政府所有的部门、层级、地区之间的边界都会消融，每个功能板块独立存在，却互相协同。形象地说，政府就像一个完整的人，心、肝、脾、肺、肾、四肢、五官共同工作，

成为协同的整体。

目前，政府内部运行依然是分条分块的。但对群众而言，整体式的政府却是他们心中的朴素要求，他们认为政府天生就是一个服务整体。小孩从出生、落户到上学，能否"一条龙"办理？房屋过户涉及多部门，手续繁杂，能否一次性办完？开办店铺、企业，能否跑一个部门就办结？这些场景都需要我们把政务服务变成综合应用，让群众和企业办事从"找部门"转变为"找政府"。所以数字化改革提出了"综合应用集成"的概念。

章丰：最近读到一篇报道，某地大数据局一位领导感慨："过去改革靠文件，现在改革靠软件；过去办事看脸面，现在办事看界面。"

陈鹏宇：以前老百姓办事得看一些部门的脸色，现在政府的政务服务能力不断提升，政府得看老百姓的"脸"办事——刷脸完成事项办理。刷脸办事理论上不难实现，但真正实现业务通、系统通、数据通，还有很多瓶颈。全省有上千家开发商，做了上万套信息系统，系统之间有巨大的技术壁垒，数据的有效性需要统一认证，业务联动也需要各方联调才能对接成功。

章丰：站在数据技术专家的角度，你认为实现数字化改革最大的痛点在哪？

陈鹏宇：打通公共数据，是数字化改革最基础的工作、最大的改变，也是其技术内涵所在。"数据孤岛"时代，政府部门就像一座座山头，古代打仗靠烽火台传递消息，但我们要靠人（群众）充当"人肉 U 盘"，跑腿传递数据。数字化转型就是要在各山头架设信号塔，接通信号，让数据像水一样在不同部门之间畅通流动。就像以前千岛湖的一千座小岛互不相通，湖水一来，岛和岛连通了，可以开船，可以潜水。

所以锁在机房里的数据，一定要"广播"出去，从私有数据变成公共数据。数据通了，业务流程通了，系统通了，政府部门的服务就能实现螺旋式的优化提升。老百姓也将看到政府的服务从分散、割裂走向整体、高效，这就是改革。

谈"数据高铁" | 数字化改革的一把"手术刀"，浙江的一张"金名片"

章丰：关于公共数据治理，我注意到你在演讲中提到过"数据高铁"，"数据高铁"怎么理解？

陈鹏宇：现在不少地方已经用"数据跑腿"代替"群众跑腿"，老百姓办事不用来回折腾，但如果数据本身"跑"得不够快会发生什么？我举一个实际调研过程中碰到的案例：一对台州的夫妻在民政局办理结婚登记，一周后他们去公积金中心办理公积金贷款，却被告知暂时查不到结婚信息，无法办理贷款。这可能是因为民政系统的数据没有及时传递到公积金系统。

试想，数据翻山越岭地从"娘家"到"婆家"，哪怕是邮差徒步从省民政厅途经省大数据局、政务服务业务系统再到台州市公积金中心，一周也足以送达。所以在数字化时代，数据共享不及时、信息失真，是棘手的技术挑战。

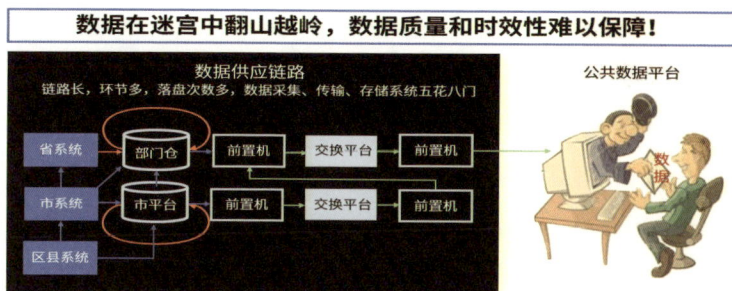

数据归集链路如同"黑盒子"

过去，一条数据从采集单位到使用单位，传输时效就像坐"绿皮火车"一样慢，而且归集过程繁杂，各环节如同"黑盒子"。在这样的链路状况下，每条数据要在其中平均中转好几次，任一环节如果出现故障，都会导致数据遗失、错误。数据一旦丢失，我们无从知晓问题出在哪一环节。

"数据高铁"完全消除了数据供应链的中间环节，让数据从"起点站"直达"终点站"，保障数据供应一条不漏、一条不差，从根本上解决数据"跑得慢""跑丢了"的问题。它的技术原理是直接从数源部门的生产系统日志中读取数据变更，实现秒级、分钟级的数据实时更新。比如，民政系统刚录入婚姻信息，"数据高铁"能在第一时间高效完整归集，并做到全省可用，无缝对接公积金业务办理。

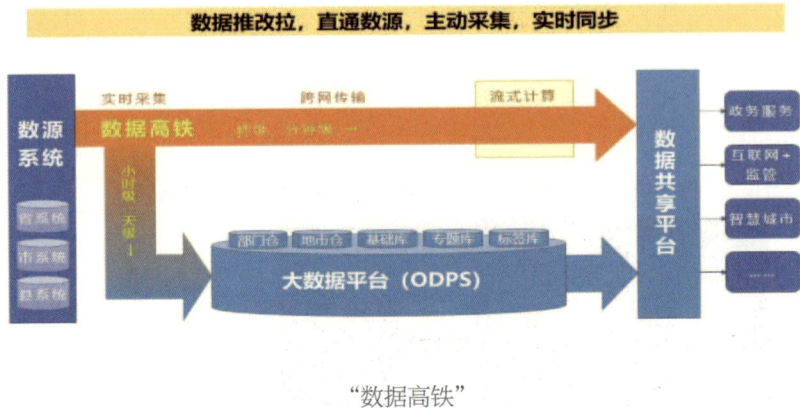

"数据高铁"

章丰：把供需链路拆掉，直接点对中心，这对原有的责任体系也会有所影响吗？

陈鹏宇：原有的数据归集链路是以数源部门为起点，一层层往下游"推"到全省公共数据平台，越到下游把关越难，也越容易松懈，真出现问题容易推诿扯皮。如今，"数据高铁"做到直通数源，需求侧可以直接从源头"拉"数据，责任在谁也变得简单明了。

在解决"数据高铁"的权责关系中，我们沉淀了一个宝贵的经验——"统分"思想。省大数据局来"统"，负责出工具、定规范、提要求、做考核；各部门来"分"，各自使用"数据高铁"工具自主配置采集数据。相当于"车头"和"车厢"是大数据局提供，各设区市各部门自己"发车"。作为整体链路的统一调度中心，大数据局井然有序地监管整个数据供应链体系，实现全链路数据可量化、问题可定位、责任可追溯。

目前，全省 29 个省级部门、11 个地市已开通"数据高铁"，接入超过 250 套系统，实时归集数据超过千亿量级，基本建成了覆盖全省"五跨"（跨业务、跨部门、跨层级、跨地区、跨系统）数据资源实时调度网络，在政务服务、行政执法、金融风防和应急响应等领域都发挥着作用。

章丰：数据的更快连通不仅方便群众，也更能释放出巨大的治理效能。无障碍流动的数据背后，是原有的管理层级和界限的消弭，会带来更为扁平化的结构。

陈鹏宇："数据高铁"是浙江省的一张"金名片"，也是数字化改革过程中打磨出来的、用于政府数字化转型的一把"手术刀"。它就像蚯蚓松土一样，运送全省的数据资源，支持政府业务的在线和连通，从而实现整体智治，为老百姓提供整体的政务服务。

谈数据回流 | 数据好比水，蒸发后通过下雨回到地面

章丰："数据高铁"可以实现高效的数据汇集，但还面临一个问题，数据上传到上级平台后，往往很难再回流基层。

陈鹏宇：这是个好问题。如果把数据比作水，水蒸发上天后，又通过下雨回到地面，我们称下雨的过程为"数据回流"。数据回流有两层含义：从狭义视角看，是数据在政府内部从省级平台回到基层；从广义视角看，是政府通过数据开放把数据反哺给社会各领域各行业。

现阶段数字化改革首先要解决狭义的数据回流，我们采用了迂回的方案。数据汇集后统一存储在省公共数据平台上，市县通过在省公共数据平

台上建数据仓的方式，共享使用全省数据，就像省平台是一个大租主，各地市和区县都可以来这里租一块属于自己的空间，我们形象地称之为"数据飞地"。

章丰：　"飞地"在物理世界我们比较熟悉。"数据飞地"的机制在数字世界是怎么运转的？

陈鹏宇：以衢州市为例。衢州市为了调用省里的数据，可在省级公共数据平台上建设自己的实时数据仓（"数据飞地"），相当于快递中转站，省里把要寄的包裹（数据）批量放到快递网点（衢州市的"数据飞地"），再寄回衢州分发到客户（数据需求侧）。衢州的"数据飞地"与当地的公共数据平台互通，衢州也可以将本地的数据上传到"飞地"里，进行数据采集任务配置、数据加工，以接口的方式传送回省公共数据平台。这样一来，市本级部门的数据又和省级部门的数据做了一次融合。

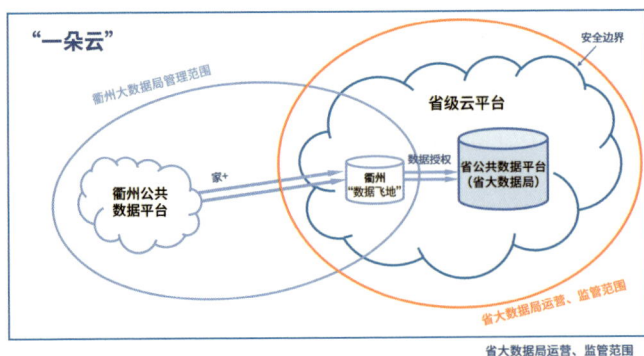

"数据飞地"示意图

同理，柯城、开化、龙游等都可以到衢州市公共数据平台开区县仓，实现市域范围内所有数据的融合。融合的数据可以再分配，"切一刀"给开化，"切一刀"给其他区县，由此形成数据回流体系。"飞地"使用省级数据安全相关的制度和工具，受省大数据局的监管，同时又能够大规模地被市区县使用。

数字浙江公司2019年就专门成立了部门研究数据回流问题，在数字化改革"业务协同、数据共享"理念和要求的推动下，目前省市县三级平台已建有超过500个数据仓，涵盖全部11个地市90个区县。

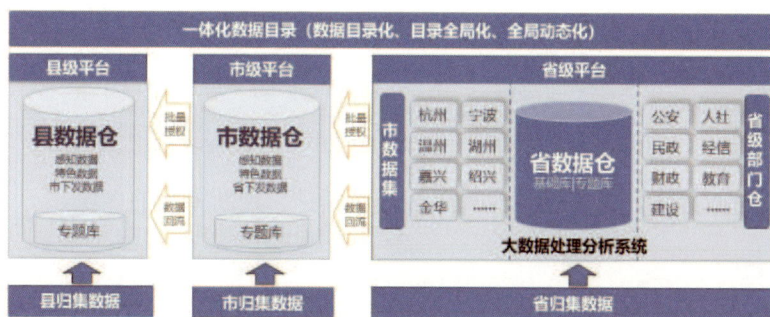

省市县三级平台全链路建设情况

章丰： 打通了数据回流的通路，还面临数据如何使用的问题。在我们的想象中，数据是一堆混沌的状态，如何变成可用的形态？

陈鹏宇： 我用点菜打个比方。假设今天医保局要点"出生医学证明"这道菜，如果数据归集没做好，相当于还要去地里拔菜、去养鸡场杀鸡拔毛。

如果我把这些菜（数据）提前整理切配好（对数据进行归集、治理、编目等处理），炒成不同的菜品（形成基础库、专题库等），数据就从原始状态变成可用状态了。然后点菜方到传菜的窗口（可接入的数据服务接口），就可以享用了。目前我们正在优化数据的查找、申请、审批的过程，把"点菜系统"的体验做到最优。

章丰：非常形象，架构也很巧妙。

陈鹏宇：在数字化改革公共数据平台的架构中，最底层的数字基础设施是政务"一朵云"，往上就是数字资源体系，通过数据归集、数据清洗、"数据高铁"、数据回流、数据挖掘等一系列技术，让全省的数据在其中共享流动。

"数据高铁"、数据回流（数据共享）是其中最核心的部分，它们分别代表了数据的采集和下放，一来一回的双向通路促进了省市县数据充分的互通流动，为数字化改革铺平了技术道路。无论在理念上还是技术上，这种设计都是浙江的首创，也是浙江改革精神、创新精神的体现。

谈数据开放｜除了技术完备，还需要商业、人文、伦理等方面的配套准备

章丰：在数字浙江的架构中，过去、现在、未来，公共数据和市场化数据是一种怎样的关系？

陈鹏宇：这个命题很有意思，它涉及数据开放的概念，也是数据回流的广义视角。所谓数据开放，就是政府将管理的公共数据逐步开放出来，

鼓励企业与社会公众利用数据资源开展创新，从而使数据发挥出更大的价值。

过去数据开放探索了两种模式，都走到了死胡同：一是信息公开，可公开的数据非常有限而且价值不大；二是数据交易，面临权属、定价和衍生使用的问题，目前法律尚无明确界定，所以数据本身很难作为可买卖的商品。

章丰：政府内部产生了大量公共数据，但更巨量的数据来自市场。

陈鹏宇：真正有价值的数据往往是有主体归属的。假设数据权属、定价及可衍生性等问题都解决了，数据开放还面临动力和利益分配的问题。所以我们提出了"还数于民"的方法，首先由政府搭建一个独立的、有公信力的第三方平台，帮助企业和个人储存数据。

章丰：相当于在政府支撑的第三方机构里建立数仓？

陈鹏宇：是的，我们假设它叫"数据宝"。它好比一家数据银行，装着各种证照证明，如纳税情况、社保情况、就医情况等，这些数据可能来自政府，也可能来自别的机构和社会主体。

建立这样一家独立的第三方平台，政府面临两个问题：一是它如何在政府监管范围内以市场化方式运行；二是政府作为独立的数据供给方，如何将数据提供给平台，形成先行示范。

针对这些问题，我们提出了"三解锁"机制，每一次的数据开放都必须经过数据托管方（政府或其他机构）、独立的第三方数据平台、数据拥有主体三方共同解锁，最终才能被数据使用者使用。就像从支付宝里把余额转给别人需要本人授权一样，"数据宝"也需要经过相关方授权后才可使用里面的主体数据。

"数据宝"具备重塑数据流通模式的巨大意义，数据流通不再是机构间交易数据的模式，而是消费者随身携带自己的"数据档案"，在不同场景下享受服务的过程中把数据消费出去，每一次"数据消费"自然而然带动了数据流动。

章丰：你认为像这样的数据开放服务，应该用怎样的商业形态和模式来支撑？

陈鹏宇：近来每年浙江都会举办数据开放创新应用大赛，挖掘优秀应用，推动落地孵化，2021年是第二届。数字浙江公司也在协助政府做一些合理的数据开放尝试，比如将食品经营许可证数据开放给外卖平台，将省内所有停车场的实时空停车位数据开放给导航平台，把家政人员的从业资质和健康数据开放给家政服务平台，等等。

数据在开放过程中，应该由服务提供方来付费，因为服务提供方基于开放数据可以提高服务品质，获得更多客户。比如家政服务平台付费获取可靠的保姆信息；银行发放贷款前评估征信数据以规避风险；保险公司可以设计更多险种来精准匹配不同人群。

章丰：我联想到e签宝的模式，按次数购买电子签名服务，其中有小额的，也有免费的应用先让用户建立信任机制。从技术的角度看，你认为"数据宝"处于怎样的阶段？

陈鹏宇：今天在技术上基本已具备数据开放的初始化运作能力。技术的关键点在于：数据的标准化对接；数据仓的隔离性和安全性；数据以什么形式呈现；数据调用后如何跟踪和限制。所以需要不断发展相应的技术手段，强化风控体系。

章丰：技术往往是在使用过程中进化迭代的。

陈鹏宇：除了技术完备，更需要商业、人文、社会伦理等方面的配套准备。从商业准备度来看，政府、各大机构的数据汇聚后提供给各大服务商，挖掘出多少数据的价值，推动多少业务增值，将影响整体的市场化运作机制。政府作为数据的供给方，本身也可以购买数据来优化其服务。

章丰：改革从"靠文件"到"靠软件"是一步大跨越，要攻克技术难关，要克服制度摩擦力，但是一旦开跑，迭代会特别敏捷。我相信你描述的未来，也会比预想中更快到来。

陈鹏宇：我也相信随着数字化改革走向深处，数据价值将不断放大，且没有"天花板"，将会涌现出更多新的应用场景。

数字浙江公司 CTO 陈鹏宇（下）：

数字化改革的创新探索

怀揣着意犹未尽的期待，和陈鹏宇的第二次采访如约而至。

在初次采访中，陈鹏宇以公共数据治理为主线，将"数据高铁""数据飞地""数据宝"等技术概念一一拆解，为我们徐徐展开了一幅数据共享与开放的美好图景。

把目光拉回到数字化改革的当下，作为既懂政府也懂企业的数据专家，陈鹏宇从最务实的视角出发，给出了基层政府破题数字化改革的"锦囊"，也提出了对数字化改革创新实践的方法建议。

"基层政府的数字化创新试点应围绕具体工作、真实需求、普遍痛点开展，要'贴地飞行'，所有创新点都有真实的业务价值"；"很多人把数字化转型的重点放在'数字化'上，但我认为'转型'才是重点。数字化只是一种工具，重点需考虑通过这种工具达到什么目的、实现什么成效"。

在陈鹏宇看来，基于公共数据的服务和治理领域的独特优势，团队初步具备了一些数字化业务的复合能力，未来可协同政府部门积极探索数据开放的创新应用。在嘉兴市南湖区，该团队打造的政策治理集成应用"企明星"，实现了对营商政策环境的赋能，让"好的政策，给对企业；好的企业，选对环境"。

陈鹏宇判断，数字时代，政府与社会的互动模式正在发生变化，企业、科研机构和个人对公共数据的充分和广泛使用，将助推形成生机勃勃的创新环境。

谈数字化改革的技术支撑丨聚焦一体化智能化公共数据平台建设，充分发挥"1"的作用

章丰： 在数字化改革中，数字浙江公司承担了哪些技术支撑工作？

陈鹏宇： 我们主要聚焦在一体化智能化公共数据平台，也就是数字化改革"1612"体系的"1"。从"最多跑一次"到"政府数字化转型"，浙江已经建立了一套全省的数据共享体系，实现了省市县三级各条线部门的数据可用性和互通互认，这是最核心最宝贵的资产。当数字化改革涵盖党政机关、政府、经济、社会、文化、法治等领域后，充分发挥"1"的作用尤其关键。

另外我们也深度参与到数字化改革综合集成门户和任务管理系统的建设中。其中，任务管理系统是政府所有改革动作的路线图。例如，将 2021 年省政府工作报告中的十二大任务分解到最小颗粒，从省级部门到市区县，每一层任务都设立对应的工作体系、指标体系、政策体系、评价体系，让管理者在各个层面都能清楚地看到所有任务的落实情况。

章丰： 这是一种目标导向非常明确的做法。

陈鹏宇： 任务管理系统是数字化改革顶层设计和具体工作落实的结合。

所有改革任务都需要设立关键目标，比如某领域增长多少数值、某产业提升多少幅度等，围绕目标的实现，各地政府要提出具体的改革清单，提交到系统中。同时，该系统将改革清单、任务清单与信息系统清单关联起来，新建的信息系统都要关联具体某项任务以及改革点才能立项。

章丰：很像互联网公司的 OKR（目标与关键成果）体系。

陈鹏宇：所以通过任务管理系统，能将数字化改革与整体工作推进体系相关联，所有考核的指标数据都会被逐步采集到系统中。我们的远景目标是实现指标数据的自动汇集、智能分析，让整个任务树的管理越来越数字化。

谈数字化改革在基层｜打通"最后一公里"，以合理机制牵引基层自主创新

章丰：数字化改革对浙江的各级政府和干部提出了很大的挑战，你对基层政府的数字化创新有什么建议？

陈鹏宇：基层政府是服务导向最强的，恰恰最需要动手、动脚的能力，但他们没有"眼镜"（看不到数据），也缺乏"扳手"（数字化工具）辅助，数字化改革亟须打通赋能基层的"最后一公里"。区县、乡镇级的数字化改革，可以从三个方面考虑。

第一，要围绕基层的具体工作、真实需求、普遍痛点来开展数字化创

新试点，不必追求大平台、大应用，也不是一味地跟风做大屏。要"贴地飞行"，所有创新点都有真实的业务价值。

第二，数据共享要到位，省平台、市平台要回流数据到基层，充分支持基层业务创新。

第三，基层创新应用试点成功后，可以 SaaS 服务或组件的形式推广到全省，实现一地创新、全省受益。

章丰：我观察到的情况是，基层很多基础的工具没人做，因为这类数字化工具商业属性不强，很难形成规模效应。

陈鹏宇：你说得很对。我们也看到目前有的区县已经探索出了一些优秀的微创新实践案例，星星之火要想燎原，需要解决复制推广的商业模式问题，也就是需要政府侧信息系统及服务的采购机制有创新。比如"统谈分签"模式，由省级政府统一出政策对某地创新成果进行认定和支持，其他各地基层政府根据实际需要采购服务。

谈嘉兴市南湖区"企明星"｜用数字描绘完整的、真实的营商环境，全轨迹记录企业集群的成长

企业在寻找发展空间时，常常碰到这些问题：该选择在哪里落地？当地的产业环境怎么样？政策环境怎么样？可以享受多少政策优惠？2021 年 6 月，"企明星"政策治理集成应用在嘉兴市南湖区正式上线运行，成为统筹涉企平台、涉企政策、涉企服务、涉企资讯、涉企数据等的综合应用载体，为涉企政策提供全周期管理，为企业成长提供一站集成、精准普惠的全周期服务，实现了从"企业找政策"到"政策找企业"的转变。

章丰： 嘉兴市南湖区推出的"企明星"，也是在基层的数字化改革创新实践中的一次探索？

陈鹏宇： 对，"企明星"是我们正在嘉兴南湖探索的数字创新实践的典型案例，主要服务的对象和使用者是企业。我们打造"企明星"有个朴素的初心：好的政策，给对企业；好的企业，选对环境。

真正的服务型政府应该主动运用好手里的资源，为经济和社会赋能。但深入业务后我们发现，目前政府在优化营商环境方面数字化程度并不高。此前的数字化转型主要还是在依法行政的框架内提升运作效率，且仍处于比较传统的决策环境中，宏观层面的资源分配决策缺乏数字化支撑。

章丰： 在现有制度环境中提升的体验称不上改革，最多只能叫优化。

陈鹏宇： 对。影响企业落地和发展的关键因素是法律环境、产业环境和政策环境，其中政策环境是政府能高度发挥主动性的部分，也是政企互动最紧密的部分。所以在数字化改革中，政府如何通过数字化手段，营造与产业环境良好互动、高度匹配、相互促进的政策环境，我认为这是"治大国若烹小鲜"的交汇点。

在构造良好的政策和产业环境时，洞察宏观、中观、微观的营商需求，需要数据的支撑；要驾驭在空间上有跨度、在时间上有延续、政府与市场动态交互的复杂决策，也需要数据的赋能。

章丰："企明星"具体如何通过数据赋能的方式优化营商环境？

陈鹏宇："企明星"包括政策基因（政策画像）、企业数描（企业画像）和推演驱动台三大核心组成部分。政府可以借助政策推演驱动台提前预演政策执行效果，比如一条政策能覆盖多少家企业、政府投入资金多少、带动企业的发展情况如何等。如果预演结果和政策预期效果偏差较大，政策可以及时调整。

在此基础上，我们提出了"市场镜像"的概念，打造一面实时反映市场真实情况的数字化"镜子"，用数据来描绘完整的、真实的市场，刻画市场主体的静态属性和市场活动的动态变化，全轨迹记录企业集群的成长。对政府而言，市场镜像融合了公共数据与社会数据，赋能政府在微观、中观、宏观层面精准分析企业发展全生命周期所需要的资金、土地、人才、技术等要素及相关产业链配套，从而有针对性地帮扶和引导企业，优化产业结构。

政策实施后，市场镜像可以实现企业成长的全周期服务。整个过程并没有用大数据和人工智能来代替人做决策，而是提供了一面镜子，靠人的智慧把要调节的市场与手中的要素资源有效衔接。

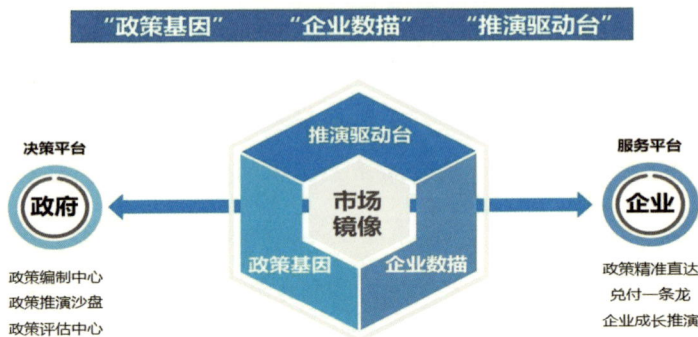

"企明星"优化营商政策环境

章丰： 相当于镜像的两侧是政府和企业，帮助政府优化营商环境、精准施策，赋能企业数字化转型、降本增效。

陈鹏宇： 未来，我们会提供政策分析报告及企业 DIY 分析工具，供企业分析对比不同地区的政策环境。通过微观层面的精确对比、中观和宏观层面的结构性和趋势性分析，让企业能够清楚地了解各地营商环境，选择合适的地方"安家"。

今天整个社会的数字化改革仍然处于早期，各行各业都在沿着这条路径探索，我们希望至少能贡献一个案例，哪怕失败了，起码留下了探索的脚印。

谈创新实践方法论 | 实效目标、复合型人才、数据准备度缺一不可

章丰： 在数字化改革的创新实践中，如何打造好的产品和服务，有没有公共的方法论和规律可循？

陈鹏宇： 一是以实效目标为导向。过去几年，技术高速增长，各种新概念、新玩法层出不穷，包装得极其"高大上"，浓浓的技术导向。很多人把数字化转型的重点放在"数字化"上，但我认为"转型"才是重点。数字化只是一种工具，重要的是需考虑通过这种工具达到什么目的、实现什么成效。无论是政府还是企业，都应从业务实际出发，清晰把握导向和目标：到底哪方面需要转型、转型能否带来实际帮助、中长期的回报如何……像"最多跑一次"就是一次朴实而精准的转型，它从顶层设计就明确了成效指标，让群众办事最多跑一次，类似的导向值得企业借鉴。

二是储备复合型人才。精通某个领域的专家固然重要，但改革更需要复合型人才：要懂业务、具备数字化思维，同时对技术有基本的认知和判断；或者本身是技术专家，愿意深入业务了解情况。阿里做"工业大脑"的算法工程师爬过烟囱，做"农业大脑"的工程师蹲过猪圈……只有真正"泡"在业务环境里，才能回答"数字化如何发挥价值"的问题。复合度低，数字化只能做表面文章；企业和政府同理。这一轮数字化改革深入到了基层，到了区县、乡镇街道，会带动提升全省干部队伍的数字化素养。

三是提升数据准备度。我曾经接手过龙头民营企业的"工业大脑"项目，

即便是千亿级体量的企业，信息化水平仍比想象中要低得多，每个车间用的数据格式不通，很多数据甚至靠手工更新。当我们选择数字化的突破场景时，除了考虑技术和产品功能，还要明确数据的准备度及其价值。数据准备度欠缺，很难走到数字化改革的前台。

章丰： 基于你对政府公共数据的理解和治理能力的沉淀，未来可以探索更多数据开放的创新应用。

陈鹏宇： 数字时代，政府和社会的互动模式正在发生变化，广泛地让企业、科研机构和个人充分利用公共数据，将会形成生机勃勃的创新环境。

章丰： 有时候你会不会觉得有点寂寞？那些曾经在阿里并肩战斗过的"老数据人"，大部分人是在更市场化的环境中自由创业，而你选择的公共数据治理领域，看起来不那么"性感"。

陈鹏宇： 所以"笨小孩"才适合。"笨小孩"身上，始终有一种慢慢啃、步步走，踏实的、耐心的心态。"地球数仓"的梦想，从 2016 年开始在我心里萌发，那时候完全摸不着头脑。我做过行业数据联盟，做过行业数据交换，试过很多方法……今天所做的工作，让我看到了一些机会，真正有可能建立"地球数仓"的机会。我们的每一个想法，一年后的、十年后的，切合实际的、天马行空的，团队都会慢慢找到一条路，一寸一寸往前走。

✚ 快问快答

创业过程中踩过的最大的"坑"是什么？

对于数据流通机制的探索过于乐观和理想化，急于求成，走了弯路。

一天中如何分配工作与休息时间？

时间基本分配给工作、看书、修行。我是一个沉浸式、享受式的工作狂，老板形容我说，"不老工作时，你看不出咬牙切齿的坚持，他是哼着歌带着乐趣去享受工作的"。

你有特别喜欢的书 / 电影吗？

最喜欢的书是埃克哈特·托利的《当下的力量》；有一部喜欢的纪录片叫《人生果实》，"缓慢而坚定地成长"的心态就是从这部纪录片里来的。

你的人生偶像是谁？

我的父亲。他过世十几年了，直到今天，我仍然觉得他在我生命中的影响无处不在。他也是一个彻底的工作狂，直到临终前还拖着一个吊瓶不停地工作。他的世界观、家国情怀、自我奋进的精神始终激励着我。他让我自由生长，自己只做土壤，所以现在我对自己的孩子也是这样。

你认为"数字新浙商",新在哪里?

在数字文明的时代里,基于数字化的能力,重塑新的商业认知。

婚礼纪俞哲：

让一站式结婚服务更有温度

俞 哲

婚礼纪创始人兼首席执行官

婚礼纪要成为更有温度、充满幸福力的结婚文化引领者。

湖畔大学第五期学员，浙江大学 MBA，拥有多年外企管理经验。2013年创立婚礼纪，深耕行业 9 年，目前平台注册用户累计超过 8000 万，每年服务用户占全国注册结婚人口的 80%；入驻品牌和商家超过 20 万家，覆盖全国 600 多个城市和地区。婚礼纪已成为结婚产业领域唯一的独角兽。

✦

走进婚礼纪总部，穿过一条敞亮的过道，两侧的会议室以一个个蜜月圣地命名：巴厘岛、芭提雅、诗巴丹、芽庄……一股浪漫的气息扑面而来。过道的尽头，就是俞哲的办公室。

俞哲过往的经历似乎与"浪漫"一点都不搭边，从电子信息工程专业毕业后，他进入外企工作，一路晋升到亚太区负责人。出生在快递之乡浙江桐庐，父母创业办厂，从小耳濡目染的俞哲觉得要有一份自己的事业。2013 年，他辞职成立婚礼纪，"当时我刚刚经历了婚礼筹备全过程，对于其中的痛点很清楚"。

和俞哲的访谈，在 40 分钟内高效收尾。他脑子转得飞快，思路清晰，表达简洁，一如他对婚礼纪的布局："搭建一个平台，把结婚产业链的各个业态或类目有效打通、合理整合，如同做加法，把单体做成综合体；再在平台上做乘法，利用互联网的数字化商业设施，把总体和各个单体价值最大化。"

本着"满足结婚一切所需"的使命，婚礼纪完成了平台的搭建，打通婚礼一站式服务，在当前国内结婚人群中实现了 80% 以上的覆盖；针对商户的痛点研发了"海草云"SaaS 系统，拓展 B 端服务。

产业互联的时代，在俞哲的蓝图中，未来三年婚礼纪会通过标准化、体系化的数字赋能战略，为10万结婚品牌商家的数字化转型提供"燃料"，推动着结婚产业全面迈入数字化、精细化、智能化的时代。

谈创业初衷 | 如果要给自己写墓志铭，就是三个字——记住我

章丰： 看到公司前台的吉祥物犀牛，我想到了话剧《恋爱的犀牛》。婚礼纪的"犀牛"有什么寓意？

俞哲： 互联网公司都喜欢用动物作品牌标识，所以我们也想找一种动物体现婚礼纪的形象。结婚行业的用户群体中80%是女性消费者，通过交流，我们发现女性更喜欢憨萌的暖男形象，犀牛的体态能给人安全感，所以我们设计了白白胖胖的犀牛形象，就像电影《超能陆战队》里的大白，抱着很温暖。

犀牛还有很多寓意，比如"心有灵犀"；还有刚才提到的话剧。因为犀牛是高度近视的动物，象征爱情有时会"盲目"，但也因此体现了互相包容。综合各方面因素，就有了"纪小犀"。

俞哲的办公室摆着婚礼纪吉祥物"纪小犀"手办

章丰：你之前在外企工作，辞职创业而且选择了结婚行业，这些决定都不太常见。

俞哲：我出生在浙江桐庐，家里都是创业办厂的，从小耳濡目染，觉得要有一份自己的事业，最好通过这份事业能获得自我成就的满足感。公司内部新人培训时，我就说过："如果要给自己写墓志铭，就是三个字——记住我。"所以我希望这份事业能与人们的生活息息相关。2012 年移动互联网兴起，我预感移动互联网可能会重现"互联网的黄金十年"，创业的时机来了。

章丰：但是结婚市场是相当低频的，意味着创业前期要面临更大的压力。

俞哲：正因为低频，消费者没有经验，商家比较分散，B 端和 C 端的信息严重不对称，适合搭建平台，提升双方黏性，撮合双方交易。当时我自己刚刚经历了婚礼筹备全过程，对于其中的痛点很清楚。婚礼纪的诞生可以解决消费者的两大痛点：一是为用户提供更多商家信息，助力婚礼筹备；二是用户可以保存平台上喜欢的内容，作为婚礼策划交流时的参考。

结婚也是一个消费者基数庞大的刚需市场，拥有 1.5 万亿元的市场规模。市场很大，但是小 B 端商家繁多，整个行业小、散、乱，如何高效匹配成为关键。婚礼纪的策略是，一方面让更多的商家入驻；另一方面，通过算法分析用户喜好和消费档次，进行精准的推荐和展示。通过打通商家、看攻略、挑婚品等一系列环节，形成"一站式服务"平台，如今婚礼纪在 C 端市场的绝对优势已经显现。

谈 SaaS 产品 | 婚礼纪比任何人甚至商家更懂这个行业

以 C 端为切入口，婚礼纪逐渐丰富产品矩阵，上线行业首个内容社区型产品板块"新娘说"，涉足婚品电商交易，更好地串联起商家服务和新人需求。2016 年，婚礼纪向 B 端拓展服务，针对商户的痛点研发 SaaS 系统，同时也将服务交易延伸至线下，落地了体验中心，打通了"数据—体验—交易—数据"的服务闭环。

章丰：我之前采访了酷家乐的陈航，因为酷家乐涉及的装修也是低频场景，他认为要从低频场景中找到高频的角色。可以说婚礼纪做 SaaS 也是找准了 B 端的高频角色？

俞哲： 婚礼纪从 2016 年就开始准备 SaaS 产品"海草云"，为商家提供智慧服务。为什么要往 B 端拓展？最终目的还是在于通过 B 端更好地去服务 C 端消费者。结婚行业的传统经营活动中，商家们常常会遇到各种问题。比如疫情期间，我们就推出了视频远程关单的产品，让用户不用到门店，就能模拟现场进行商务洽谈，实打实地携手商家共克难关。

章丰： 结婚行业集聚了众多小商家，他们对 SaaS 服务的使用成本、学习成本相较大的厂商可能更高。在 SaaS 服务推广过程中，婚礼纪是否也会遇到这些问题？

俞哲： 这确实是一个挑战，中小商家对数字化的接受度和接受能力都相对初级，但我们能感受到他们的需求很强烈，如果婚礼纪不做，谁来给他们提供产品？只要是有价值的事情，哪怕起步再难一点，运营团队做得再痛苦一点，我觉得都是值得的。

2020 年我们举办"金犀奖"峰会时，一位来自江苏三线城市的商家找到我们，说他在婚礼纪的平台上推广获客、扩展业务，使用我们的 SaaS 产品，获得了很强的信心支撑。现在他们的规模不大，但他觉得哪怕团队后期发展到六七十人，在管理上也不会遇到太多障碍。我们在"海草云"系统中结合了商家最佳实践的流程管理体系，用户可以根据自己的业务实际情况，安排不同角色和人力，定义自己的流程管理，清晰地展现和分析经营数据。让技术能真正服务于人，才是技术最大的价值。

章丰： 如果以商业的维度看，SaaS 业务是否达到你们的预期？

俞哲：目前婚礼纪的主要收入都来源于 B 端，包括推广和购买 SaaS 产品。SaaS 服务的黏性比 C 端更强，结婚行业又是相对比较垂直的赛道，商家总是倾向于选择最好用的、最有帮助的 SaaS 产品，我相信"海草云"会成为主流的选择。海草是一种常见且生命力顽强的生物，我们希望"海草云"能触达结婚行业的每一个商家，最终形成一个繁荣的生态。

章丰：强大的信心来源于团队的产品能力吗？

俞哲：一方面来源于我们团队做产品的专业能力；另一方面，婚礼纪已经扎根行业 8 年了，比任何一个人甚至比商家都更懂这个行业，更了解从业者到底需要什么，所以我们可以为用户建立一套真正解决需求的产品体系。

谈产业互联网 | 婚礼纪为品牌商家提供必要的"燃料"

俞哲曾经用"三个阶段"概括婚礼纪的战略路径：第一阶段，解决"人找服务"问题，打磨真正满足用户需求的产品和体验；第二阶段，实现"服务找人"，全力投入商业服务体系，让百万各类目的结婚商家高效精准链接用户；第三阶段，用数字化携手行业，共创规范、优质、秩序良好的发展环境。在2020年"金犀奖"全球结婚产业潮流峰会上，婚礼纪正式提出"帮助10万结婚品牌商家实现数字化转型"的新目标。

章丰："金犀奖"是婚礼纪推动整个行业生态标准化建设的行动吗？

俞哲：创立"金犀奖"，如同打造结婚行业的"米其林宝典"，通过规范商家评级，希望真正打造一个行业的金标准。婚礼纪从 2018 年开始，每年举办 WMTC"金犀奖"全球结婚产业潮流峰会，邀请领域内具有影响力的国际"大咖"、行业领袖、业界专家分享经验。连续几年下来，我们发现大家学习的热情很高，听课的人都已经站到了门口，有些人没凳子就坐在地上听。金犀奖每年 7 月份举办，正好是婚礼淡季，"天晴的时候修屋顶"，商家有时间可以参与峰会交流"充电"。平台搭起来了，大家在交流的过程中能推动行业变得更好。

章丰：在产业互联网的背景下，婚礼纪"帮助 10 万结婚品牌商家实现数字化转型"有哪些实践或打算？

俞哲：结婚行业是一个蚂蚁市场，80% 都是中小微企业，而三四线城市数字化普及率更低。目前中小结婚行业商家数字化转型面临三大痛点：第一，数字化能力不够，不会转；第二，数字化人才不足，不敢转；第三，数字化转型战略不清，不善转。对此，婚礼纪提出将推动结婚产业标准化升级，从产业数字化、产品规范化、商家品牌化、服务标准化、人员职业化五个方面，帮助整个结婚产业规范市场，帮助商家提升竞争力，创造高效有序的行业市场环境，让用户消费者获得更好的服务。

结婚产业数字化　五大标准化方向

产业数字化
全面数字化，非局部数字化。结婚产业新基建，要包含产品创新、品牌建设、渠道管理、供应链运营、消费者运营等全面的数字化解决方案。

产品规范化
大力推动结婚产业服务标准化规范化建设，优化服务流程、规范服务行为、强化运营管理，为消费者提供更加优质、高效、规范、便捷的结婚服务。

商家品牌化
在消费升级的浪潮中，品牌成为年轻一代新人决策的重要因素，而数字化平台对于结婚品牌和商家显得不可或缺，是触达年轻消费者的最佳渠道。

服务标准化
通过平台用户大数据，研发有效的结婚行业人员服务标准的培训课程，规范结婚服务流程，提高行业服务水平。

人员职业化
助力数字化人才储备和培养，未来的结婚行业从业人才，既了解结婚行业专业知识，又具备线上数据化运营分析能力，满足不断升级的消费需求。

标准化

由婚礼纪发布的《2020 结婚产业数字化发展报告》

　　章丰：疫情给结婚行业的观念、需求都带来了冲击，在多大程度上会带动行业的数字化步伐?

　　俞哲：疫情不但没有改变时代发展的方向，反而加速了数字化的变革。数字生活已不再是人类的"高阶需求"，而是"基本需求"。未来，结婚行业的商家面临着更为复杂的经营管理以及更剧烈的同行竞争，转型数字化门店、全面提升线上线下运营能力是商家立足行业的必经之路。目前进行数字化转型的结婚行业商家数仅占总数的20%，仍有巨大的上升空间，这个数据有望在 2025 年达到 80%。

　　从线上开店到线下经营、从流量补给到营销扶持、从联合研发到能力培训，婚礼纪帮助商家不断提升全生命周期的数字化能力，为其在未来的竞争市场突围并发展提供必要的"燃料"，推动着结婚产业全面迈入数字化、精细化、智能化的时代。

谈数据智能｜促进结婚产业在宏观决策上的巨大进步

章丰： 在拓展全产业链业务的过程中，婚礼纪积累了庞大的数据资产，目前数据智能已经能达到怎样的程度？

俞哲： 我们完成了超过 7000 万用户大数据的积累，这些数据一方面来源于交易端，通过科学分析和模型构建，为商家和市场提供更准确、更接近消费需求的决策依据，从而帮助商家研发更受欢迎的产品，制定更符合规律的市场价格；另一方面来源于内容端，比如，分析在互联网平台路径下的旅拍趋势、用户、产品服务等大数据表现，通过数据判断城市的经济发展与居民的消费能力的变化趋势等。

章丰： 有没有考虑掌握这些行业数据后，未来与政府的公共数据和公共服务结合？

俞哲： 如果政府需要行业数据，我们非常乐意合作。婚礼纪目前对接了民政局，正在积极推动婚礼纪的数据反馈。婚姻是一个家庭的入口，与民政、教育、医疗等很多服务关联，这些数据的价值巨大。婚礼纪还在探索全样本、全实时的数据分析，一旦实现，将会促进结婚产业在宏观决策上的巨大进步。

同时从产业互联网的布局出发，结婚行业是一条很长的产业链，涉及的供应链产品多、商家也多，未来我们期待与政府加强互动，运用线上的数据支撑和线下的流量导入能力，通过产业园区等方式进行合作，引进产业生态，带动地方发展。另外，婚礼涉及的环节众多，在旅拍、酒店等业务方面，和地方建立区域品牌、发展文旅产业等都有契合点。未来互联网只有深入到产业，才能真正服务好用户。

章丰：扎根行业这么多年，未来婚礼纪有没有考虑业务模式的延展？

俞哲：做专业的事情更有价值。我们还有很长的一段路要走，先把这段路走好，其他的事情不用急。目前，婚礼纪以服务交易为核心，把内容社交、线下体验、智能工具、婚品电商等业务链接起来，打造结婚行业垂直生态化的平台，做好一站式服务。随着平台化效应逐步显现，垂直行业的头部企业优势将越来越明显，未来结婚行业头部企业可能会占据七八成的市场份额。做好规模 1.5 万亿元的结婚市场，就足够让婚礼纪成为市值千亿规模的公司。

谈价值主张 | 婚礼纪要成为更有温度、充满幸福力的结婚文化引领者

2021 年 3 月 20 日，"国际幸福日"之际，婚礼纪发布创立以来首支品牌态度片。西装式婚纱，极限漂流的婚礼，深海潜水中的仪式，天空翱翔或漫天飞雪……或浪漫温暖，或天马行空的景象，都出现在看似不常规的婚礼中，与当下年轻人崇尚的自由婚恋观和多元幸福观不谋而合。"没有什么幸福是同一副模样，也没有哪种幸福要活在别人口中，能自己选择，就是幸福"，婚礼纪希望借此向外界传递一种充满"幸福力"的品牌形象以及独特的价值主张。

章丰：我注意到婚礼纪这两年有很多新的主张，像"幸福力""新结婚时代"，为什么会有这些发声？

俞哲：其实是对结婚行业的服务、产品、趋势的一种新的判断和引领。洞察整个婚礼消费市场，消费观念、消费场景等都在发生变化。消费者也是喜新的，我们需要不断地去了解他们的新喜好和审美偏好的转移。比如每年新发布的潘通色卡、流行的国潮元素，都可以结合到婚礼现场的布置中；未来因为家庭人数变少，年轻人可能在婚宴中玩更多元素，婚礼的场地可以是旷野、海岸和天空，婚礼的流程可以是 party、跳伞和漂流。

章丰：其实在产品和服务之外，婚礼纪也希望从文化和观念的角度做些引领？

俞哲：对，婚礼纪不只是一个提供一站式服务的结婚服务平台，它还应该成为更有温度、充满幸福力的结婚文化引领者。我们希望年轻人在选择结婚或者其他人生大事上，不是盲从茫然的，而是遵循真我。每个人对幸福都有自己的答案，每个人都可以定义自己的幸福时刻。婚礼纪把婚礼的指挥棒交到新人手中，我们要做的就是成为记录"结婚"这一人生幸福时刻的陪伴者。

我们的使命是"满足结婚一切所需"，只要是结婚相关的事情，就一定要把它做好；愿景是"服务好两代人的婚礼"，我们希望婚礼纪能够赢得用户的口碑，让用户在孩子结婚时也能首先想到并选择婚礼纪的服务，这可能是我们最大的价值体现。

章丰：我觉得两代人还不够长。

俞哲：两代人其实是一种虚指，婚礼纪的产品、品牌应该拥有更强、更长久的生命力。我希望婚礼纪能不只服务好这代人，还能经得住时间和时代的考验，口碑代代相传，服务好一代又一代的备婚用户。道阻且长，行则将至。

✚ 快问快答

创业过程中踩过的最大的"坑"是什么？

没有太大的"坑"。我们前期思考得比较透彻，发现问题就快速调整。

一天中如何分配工作与休息时间？

每天很规律，早上 8 点起床，9 点到公司，处理工作直到晚上 2 点睡觉。

你有特别喜欢的书 / 电影吗？

最近在读《不拘一格》，讲的是网飞（Netflix，美国知名流媒体播放平台）强势增长背后的管理原则。婚礼纪正处于从 1 到 10 的阶段，需要构建更好的管理体系。

你的人生偶像是谁？

乔布斯和马斯克，他们是真正改变人类命运的人。

你认为"数字新浙商"，新在哪里？

浙商底层的精神没有变，诚信做人、扎实做事；因为掌握了新的手段、新的技术能力，从而带给未来更多新的可能性。

宇泛苏亮亮：

我看见了全场景 AIoT 的未来

苏亮亮

宇泛联合创始人兼首席运营官

用有思想的技术，创造无处不在的美好。

2014 年作为联合创始人加入宇泛任 COO，伴随宇泛共同成长至今，主要负责制定公司发展战略及运营方向。现任未来科技鲲鹏企业联盟理事，曾获"2020 中国青年科技创新者 30 人""2020 年度最具潜力浙商青年创业领袖 TOP10""2021 福布斯中国 30 Under 30""2021 胡润 U30 中国创业领袖"等荣誉称号。2011 年考入浙江大学，主修心理学。大学期间发起晨读协会，作为跆拳道校队成员多次代表浙大参加比赛。2013 年开始创业，成立杭州旋木科技，创立了 iPrint 远程打印平台，并获得浙大"蒲公英"大学生创业大赛二等奖。

✚

"我的经历很简单，2011年考入浙大心理学专业，前两年一心想出国，后来对创业产生了兴趣。"苏亮亮一坐下就打开了话匣子，面露标志性笑容，仿佛相识已久的老友。

2014年，国家提出"大众创业、万众创新"，在浙大创业氛围的感召下，苏亮亮从"线上打印平台"开启了他的创业之路。项目最终没能成功，但机缘巧合，他因此结识了同在创业的赵弘毅（宇泛创始人兼CEO）。

得知赵弘毅的机器人计划，苏亮亮十分感兴趣，"我俩一拍即合，喝了个酒，聊技术发展，聊未来憧憬，聊创业思路，聊了一夜"。两个少年产生了共鸣：希望通过技术手段把人从"3D"（dirty、difficult、dangerous，脏、累、险）工作中解放出来。

2014年，宇泛正式成立。蛰伏两年研发产品、跑遍20多个城市的电子市场游说商家、住过95元一晚的快捷酒店……蹚过最艰难的时期，团队最终瞄准泛安防民用市场，形成了AI+硬件设备+PaaS开放平台的解决方案。

"工地、园区、商超、社区……宇泛所覆盖的民用场景，是社会治理的最小单元。在数字化改革的进程中，我们希望打通不同空间的数字底座，为智慧城市的细胞单元数字化建设贡献力量。"

宇泛二字，寓意宇宙（universal）无处不在的泛在（ubiquitous）计算。"Hello，UNIUBI"，羽翼渐丰的宇泛向全场景智慧城市 AIoT 的未来，发出了坚定的信号。

谈转型之路｜跑了全国 20 多个省会城市的电子市场，总算入门了

章丰：宇泛从智能机器人起步，转型出于怎样的考虑？

苏亮亮：我们一开始希望做机器人，机器人涉及三个技术栈——图像识别、语音交互、运动控制，每一项都是难以逾越的大山，以当时我们团队的能力，突破这些难点不太现实，所幸我们在智能机器人的图像识别上取得了技术突破。2015 年 3 月，宇泛获得了人脸识别公开测试集 LFW 世界第二和权威人像检测评测平台 FDDB 世界第三。

同年我们拿到了一笔天使融资，心高气傲地觉得公司还可以更值钱，但是产品迟迟没有进展，意向的投资也落空了，不转型，公司就难以为继。我们想了三条出路：卖算法，但算法的核心在于数据，最终会演变成买方市场，不是长久之计；做安防，传统安防领域重经验、重资源、重渠道，我们没有任何积累；所以我们选择了第三条路——民用市场的人像识别设备，这是第一个转折点。

章丰：为什么最终决定切入民用市场？

苏亮亮：当时我们判断：新一代基于深度学习的人像识别是比指纹更

加自然的生物识别方式，未来在线下的应用场景广阔，而在线下场景落地需要计算载体。这个载体不会是电脑、服务器、手机、平板，我们认为需要专用的、普惠的一体化设备，实现 7×24 小时不停工作，并且能通过输出控制其他硬件。2015 年 10 月，我们开始研发设备，埋头做了两年多，终于研发出第一代人像识别门禁设备 Uface，成功将深度学习算法移植到嵌入式平台。

章丰：这两年里你们都靠这笔天使融资维持?

苏亮亮：这期间还融了一笔 Pre-A 轮，不过这个阶段确实是初创团队最煎熬的时期。为什么还是坚持下来了呢? Demo 试用的反馈体验非常好，我们对自己的产品很有信心。

2017 年我们量产了 1500 台设备，卖了一年都没有卖完。2017 年 6 月 30 日，团队开了"遵义会议"，这是第二个转折点。我们决定背着产品，去跑全国的电子市场。如果我们跑 1000 家商户，有 100 家愿意做代理商，一个月给我们 30 万元，就有 3000 万元了。这样一个非常天真的想法，支撑我们跑了四个月，跑遍了全国 20 多个省会城市的电子市场，但一个代理商都没有签。

章丰：我听说你们内部把这段经历称为"万里长征"。

苏亮亮："万里长征"没有白跑，市场里的这帮人真正带我们入行了。原来我们做的设备和后台是相对封闭的系统，只能在办公 OA 考勤的系统里用。通过和他们打交道，我们了解到细分市场包含集成商、供应商，有做硬件的，有做解决方案的；同时也有不少 SaaS 厂商找到我们，希望把我们的图像识别技术集成到他们的方案中，给他们定制固件，但我们始终觉得这不是出路。

宇泛面对的长尾市场客户与大项目或 KA（重点客户）不同，他们的需求更碎片化，定制要求高。所以要在产品设计、操作系统和应用上，把很多功能作为独立模块，像搭乐高一样响应客户碎片化的需求。

综合考虑后，我们自主研发了 PaaS 平台——WO（沃土）平台，提供开发套件和一站式解决方案，链接承载了宇泛所有智能设备，同时也逐步开放给其他物联网硬件和 SaaS 接入，提供物联网设备通信、管理的各类能力，SaaS 厂商对接宇泛的 WO 平台，公司给他们提供技术支撑。

谈竞争壁垒｜一家公司要想在 AI 长尾市场站稳脚跟，必须掌握三大武器

在平安城市、智能交通等安防市场的大工程之外，宇泛瞄准了广泛的民用市场，各行各业的个性化需求构成了一个成规模的增量市场。苏亮亮分析，"公司早期平均的合同单价是 3 万元，单价不高，但反映了长尾市场真实存在"。以通行类、认证类、分析类作划分，宇泛研发了人像识别门禁、测温机、身份核验一体机、人像支付终端等硬件设备。同时，宇泛研发的微内核操作系统 Uface OS 成功在多款量产的产品中使用。

章丰：长尾市场有一个很大的悖论——单价低而定制化需求高，所以如何控制交付效率和运营成本是摆在很多创业公司面前的难题。宇泛是如何解决的？

苏亮亮：一家公司要想在 AI 长尾市场站稳脚跟，必须掌握三大核心技术积累——设备能力、AI 能力、物联网能力，总结下来就是 AIoT 能力。

一是设备能力，包括对核心器件的把控，比如传感器、摄像头等；也包括对操作系统的优化，当设备出货量成倍增长时，操作系统关系到设备的稳定。民用安防设备和传统监控最大的不同是什么？传统监控的使用者通常只有监控室里的人，其实是"监而不控"。宇泛的设备每天都与人进行交互，比如人像识别的门禁，一旦设备损坏或者识别失败，就进不了门了，对硬件的稳定性要求极其高。

我们的产品应用到工地时，发现了很多问题，逆光、不防水、设备干扰……这是过去设备用在办公室没有遇到过的，也绝不是一支只研究 AI 的团队就能解决的。就中国目前的环境而言，硬件在市场上的接受度更高。未来五年在 AIoT 领域如果出现一家伟大的公司，它的硬件能力一定过硬。

章丰：如果只是搭建 AI 平台，没有硬件支撑的话，其实很难有利润来源，所以硬件这个环节必须抓在自己的手里。

苏亮亮：二是 AI 能力。AI 的应用场景很丰富，算法的长尾也是客观存在的，长尾的客户存在多样化的定制需求，没有一家公司能独揽所有子系统，生态级训练推理平台是必然。除了人像识别和图像识别，宇泛也在积累大数据分析和语音识别等能力，不断完善 AI 能力，宇泛也将上线自动化训练推理平台。

三是物联网能力。光有设备能力和 AI 能力，无法真正结合场景。我们曾经拿着设备找到物业公司，对方说，"你走吧，我需要的是一套完整的解决方案"。什么是解决方案？包含硬件设备、后台软件，最好能和他们现有的系统打通。在未来万物互联的时代，来源于物联网设备的数据会占据相当比例，物联网的能力很关键。它包含平台和应用的能力，一方面实现设备的整体连接，另一方面为客户提供拓展应用。

只有具备以上三种能力，才能真正把客户服务做好。这三种能力，也是数字时代的基础要求。

谈应用场景 | 从工地到园区、社区、校园，打造社会治理最小单元的数字底座

以人像识别门禁机为起点，宇泛构筑了涵盖智能设备集成能力、云 AI 服务、IoT 服务、商业服务、系统集成方案和服务的 PaaS 平台，在社区、园区、校园、工地等社会治理最小单元的细分场景落地。凭借先发优势，宇泛在智慧工地场景人脸识别实名制产品的市场占有率达到 60% 以上。

章丰：在宇泛的业务场景探索中，智慧工地是比较有特色的。为什么

会想到切入工地场景？

苏亮亮：2017 年，智慧工地的 SaaS 服务商找上门来，想要引进我们的设备。宇泛一贯的打法就是公司迭代的速度快，一切围绕着为客户创造价值。所以那一年我跑得最多的就是工地，经常半夜里出发，天不亮就出现在现场。凭着这股劲，我们把工地场景"磕"下来了，那年生产的 1500 台设备中近 1000 台都装到了工地。

在工地，我们遇到了很多未曾想到的状况：工人上班早，天都还没亮，光线导致识别率受影响；工人进入工地时脸是干净的，从工地出来可能满脸泥灰，导致误识别出现……最诡异的是在金华的一个工地，一旦某台大型设备启动，摄像头的识别功能就失效了。经过排查发现是设备干扰，在排线上裹一层锡箔纸就可以解决了，后续提高了排线的屏蔽要求。

四年来，宇泛针对工地场景不断打磨产品细节，对逆光识别、活体判断、识别率等功能实现了专项突破，并且在 2019 年推出了工地场景专用的算法模型。我们通过"人像识别设备 +PaaS 平台"的方式赋能工地管理，Uface 设备除了刷脸考勤外，还具有多种功能：提醒工人佩戴安全帽，拒绝黑名单或有不良记录的工人进入工地，统计工时便于核算工资，等等。

智慧工地是一个强政策需求的场景，如何保障农民工合法权益一直是国家政府高度关注的问题。当我们用技术来解决问题，可以有效应对农民工欠薪等现实难题。2019 年底，国家开始立法保障农民工权益，在推动政策落地的过程中，宇泛被广泛集成到智慧工地的解决方案里，完成了全国住建平台等 200 余个建筑平台的对接，在 30 多个省市应用实施。

章丰：除了工地，宇泛正在拓展办公园区、校园和社区的场景。未来对于集成和被集成这两种策略如何把握？

苏亮亮：依据市场发展的阶段而定。当市场发展相对平稳的时候，如果我们继续坚持被集成的方式，企业的增长就无法保障，所以宇泛选择提升自身的集成能力，通过开放平台吸引更多细分场景服务商加入，增强公司提供一体化解决方案的能力。

比如智慧工地场景，宇泛已经开始自己做解决方案，包括实名制、扬尘检测，以及塔吊、升降机上使用的智能物联设备。在智慧社区场景，我们也与电瓶车充电桩的几家公司探讨生态性合作，把它们的方案和 SaaS 产品直接集成到宇泛的 WO 平台上，为已安装硬件设备的小区提供可勾选的增值服务。

工地、园区、社区、商超……这些民用场景都是社会治理的最小单元，宇泛其实是在打造不同空间的数字底座，实现互联互通。底座之下是物联网平台，其中连接了各类设备；底座之上，宇泛联合生态合作伙伴推出 SaaS 应用。

单一场景或者单个系统的推广面临诸多问题，未来一定是通过生态化的平台来实现的，有人搭台，有人唱戏。今天放眼望去，具备搭台能力的企业并不多。未来，平台一定会释放出更大的能级。

谈格局演变｜从最小单元出发，宇泛正向着全场景智慧城市 AIoT 探索

章丰：安防产品不断渗透更多场景，各领域的企业之间竞争加剧，你预测未来泛安防行业的格局会如何变化？

苏亮亮：国内安防领域正在发生变化，"海大宇"（海康威视、大华、宇视）摸索出来的大 B 和大 G 模式，是面向存量市场的，是强政策、强资源支撑的；而宇泛目前做的智慧社区、智慧校园等，是增量市场。增量市场与需求有关，它的整体格局应该是由政府侧主导，建立监管平台，明确数据传输的标准和设备所需的基础功能，以市场化方式运作，鼓励多家厂商入围，这种模式会更加健康。

章丰：你希望行业有更公平的规则和更充分的竞争，同时能够确保监管底线。

苏亮亮：当前政府内部"数据孤岛"的现象造成了很多困扰，比如某个工地，公安装个摄像头管控流动人口，住建装个摄像头做农民工实名制……各自独立，数据不通，甲方需要多方对接。宇泛目前正在智慧城市建设上探索，提出了"场景定义数据"的概念，未来将以一套账号体系、一套协议、一套数据标准给甲方提供整个方案，避免重复建设，提升效率，我认为这是未来 5～10 年的一个发展趋势。

章丰：这是数字化改革想要解决的问题，实现数据的互联互通，并在

基础设施上共建共享。

苏亮亮：对，我办公桌上放着一本数字化改革的方案，最近也在学习。我们真切地体会到，"泛安防"中"泛"字的含义，已经从过去的安防需求变成了体验和效率提升的需求。从社会治理的最小单元出发，宇泛正向着管理和服务场景探索，希望未来在智慧城市毛细血管／细胞建设、城市数字治理、全城市识别通行／金融支付／身份认证等大型数字基础设施上得以应用，贡献我们的力量。

章丰：谈到数据，人像识别、视觉智能实际上触及了非常敏感的数据，这些数据又是 C 端可以感受到的。对于数据隐私和服务便利的问题，每个人都有不同的态度，这也是社会上争论比较多的话题，宇泛如何看待这个问题？

苏亮亮：可以从两方面来看。一是技术方面的问题，目前对于一些场景，宇泛并不把原始数据保留在设备中，而是直接提取数据的特征，把特征放在设备中，趋向于对数据最小限度的使用。类似现有的机房托管、服务器托管，未来结合区块链技术，大概率会出现数据托管的服务。二是企业管理方面的问题，我认为一个企业的高层不想"作恶"，那么在管理中肯定能够找到方法。

章丰：对于隐私保护和数据利用的平衡，你对政策和行业有什么样的期待？

苏亮亮：我希望法律尽快厘清数据使用的界限，避免模棱两可，给市场主体造成困扰。法律条文从制定到真正落地会经过较长的时间，需要完善很多配套的制度和设施，这就需要行业自身也逐渐完善生态。宇泛已经开始进行一些有意义的探讨，包括加密技术的应用、对有算力的设备进行安全防护等，但我们希望在界限清晰前，出现数据托管类公司来解决相关问题。

谈企业价值观｜用有思想的技术，创造无处不在的美好

章丰：宇泛的团队非常年轻，创始团队都是"90后"，有什么方法和经验可以分享给和你们一样年轻的管理者？

苏亮亮：年轻意味着更多的可能，也意味着更大的挑战。我们经历过急速扩张，也经历过一些挫折，一边走，一边想清楚我们要往哪儿去。如果说从0到1的阶段，考验的是创业者对机会的把握、团队的拼劲；那么从1到100，就需要成体系的方法，无论是管理、技术，还是供应链，都需要有经验的专业人士。去年我们就意识到这个问题，开始花大量的时间交朋友，向前辈请教咨询。我们吸纳了"牛人"加入团队，聘请了专业顾问作为公司的"外脑"。创业者如果容不下比自己更强的人，他的事业一定做不大。

章丰：宇泛的企业文化也很有特点，你们的使命很文艺范儿，"用有思想的技术，创造无处不在的美好"，不太像工科生的表达。

苏亮亮：这是公司成立之初，公司 CEO 弘毅定下来的使命。我现在都记得，2014 年的时候，我们到处找投资，天使湾创投的子皮说了一句话，他说：我要投一个能看着星星流眼泪的人。这句话我一直记着，我们最初就是希望通过机器人把人类从 3D（脏、累、险）的工作中解放出来。

"宇泛"二字，寓意宇宙无处不在的泛在计算。我们相信科技向善，好的技术一定会把人类带向更美好的未来。这是我们出发时的初心，也是我们内心一直坚持的理想。用有思想的技术，创造无处不在的美好，翻译成英文就是"Save time, Enjoy life"。

快问快答

创业过程中踩过的最大的"坑"是什么?

用错人。

一天中如何分配工作与休息时间?

我每时每刻都在想公司的事情,一有点子就写下来,所以大脑不太有休息的时间。最神奇的是做梦时也会有老师和我说话。

你有特别喜欢的书 / 电影吗?

安·兰德的《源泉》,它塑造了从创业到现在的我。电视剧《天道》也很不错。

你的人生偶像是谁?

李小龙。我曾是浙大跆拳道队的,现在武功已经"退化"了(笑)。

你认为"数字新浙商",新在哪里?

一是新人,年轻人进行创业;二是数据成为新的生产要素。

小麦助教陈玮：

从教育实践者到产业服务商

陈 玮

小麦助教联合创始人兼执行总裁

小麦要做教育路上的助力者，以数据和技术为引擎，为教育产业赋能。

毕业于浙江大学计算机系，曾为美国虹软（杭州）高级研发经理、拼好货 / 拼多多核心创始员工。2015 年，陈玮创办"小麦助教"，带领团队从 0 到 1 不断突破，从技术创新、科学管理、人才梯队培养等多维度入手，指导企业实现转型升级和持续发展，立志以数据驱动教育信息化发展，链接产业上下游，构建智慧教育新生态。小麦助教系国家高新技术企业，通过 ISO27001 信息安全管理体系认证，拥有教育行业软件著作权、专利、商标等知识产权 100 余项，于 2020 年 6 月获得华映微盟领投的数千万元 A+ 轮融资。

✚

陈玮的工位就在研发团队中间，初次造访公司，他正对着双屏快速敲击键盘，如果不是员工介绍，很难将他从一堆"码农"中"分拣"出来。

2006年，从浙江大学计算机学院毕业后，他曾担任美国虹软（杭州）高级研发经理，曾是拼好货/拼多多核心创始员工。在技术一线打磨了12年后，陈玮终于把人生切换到创业模式。

生长在小商品经济发达的义乌，父辈"鸡毛换糖"的故事，早早地在陈玮心头埋下了创业的种子。在浙大创新创业的氛围中，这颗种子悄然萌芽。"上大学时，我们同学跑回来说注册了公司，大家都很激动。"

小麦助教（以下简称"小麦"）的前身是一家有着10年历史的K12教育机构（K12是学前教育至高中教育的缩写，现在普遍被用来代指基础教育）。自2015年从线下教培机构转型教育信息化全场景服务商以来，小麦厚积薄发，把数字化的基因"播种"进超10万家教培机构，服务教育从业者超115万，连接学员和家长超4500万。从教育实践者到产业服务商，小麦的探索，正是当下中国产业互联网勃兴的写照。

陈玮把网球天王费德勒视为人生偶像，因其高度自律。他保持着每周长跑的习惯，"创业就是一场马拉松，我希望小麦如快步向前的少年，一路驰骋"。

谈转型 | 创业是在合适的时间点解决相应的需求

章丰： 你是计算机科班毕业，十多年的技术岗转型 CEO，感觉如何？

陈玮： 技术工作更专注，CEO 的角色容易被碎片化。以前我大多数时间都和计算机语言打交道，对工作节奏的掌控性更高；管理工作与人和事打交道更多，时间分配琐碎，常常会被紧急情况打断手头的工作。我摸索出的方法是设立优先级，每月、每周、每天尽量让自己聚焦在最重要的两件事上，其他事务抽空处理。

单纯的技术工作确实是我最快乐的时光，但转型是必要的。如何让企业有持续性的创新能力？需要企业内部人员不断发展，一专多能，增强个人和团队能力，用个人的转型带动企业的成长。

章丰： 我们在小麦的产品里看到一些机制和玩法设计，早期就切入微信生态营销。这是过去在拼多多做产品对你的启发吗？

陈玮： 我在 2015 年加入了拼多多早期的团队（"拼好货"），我和团队开玩笑说"那时候我在卖水果（生鲜电商）"。"拼好货"已经将社交和游戏机制渗透到产品理念中，今天我们在做产品时，思路和经验可以复用。

这段经历让我意识到中短期目标管理、个人职业规划的重要性，也开始触发自己对商业逻辑的思考。杭州和上海两座城市的气质和氛围也有差异，上海的环境更高压，创业节奏更快。

章丰：从拼多多出来后你选择进入教育行业？跨度有点大。

陈玮：也是机缘巧合。小麦的前身是一家 K12 线下教育机构，做到了亿级规模，几个合伙人都是大学校友，当时考虑将教育和互联网结合，做教育培训行业的数字化转型。起初我们尝试切入线上内容服务，以录播课做内容分发，但很快发现内容服务的通用性差，教育培训内容多样，个性化需求强，难以形成标准化平台。

章丰：此时你们已经把视角从一家培训机构转到了教培行业。

陈玮：我们想走 2B2C 模式（同时服务于教育机构及学生个人），后来转型 2B 是观察到培训机构在教务教学管理上的痛点。过去我们经营机构，到了月底要发五百多人的工资，财务和人事忙得不可开交，同时也面临着解决课时课消等数据统计难题。大部分教育培训机构信息化程度不高，纸质数据易丢失、管理效率低，影响了服务水平。即使有着强烈的数字化诉求，也不具备数字化的能力。

考虑到市面上缺乏适合中小型教培机构的产品，我们及时调整，从内容服务转换到工具服务，同步布局了 PC 端和移动端。我认为，真正的产品总是从需求中产生的，创业始终是在合适的时间点解决相应的需求，小麦也是在这个阶段初具雏形。

谈业务逻辑 | 从单点突破到教育信息化全场景

转型后的 6 年里，小麦的合作教育品牌突破 10 万家，覆盖全国 200 多个城市和地区。跆拳道、声乐、舞蹈……各类教育机构都被网罗进小麦服务的名单中。从早期教务管理系统的单点突破开始，小麦逐渐打通全产业链，致力于提供教育信息化全场景服务。

章丰：教培行业门类细分，SaaS 服务包含丰富的应用场景。小麦如何从一套工具，形成全域的产品矩阵，最终形成一整套解决方案？

陈玮：从行业来看，教育品类具有高度细分的特点，比如书法、美术、舞蹈，不同的机构差异性较大。但他们服务的用户群体和服务模式是固定的，业务流程也相似。早期，我们以教务管理功能为核心切入市场，解决管理端的基础需求，比如招生引流、私域运营、教务管理、在线教学、课后督学、家校服务……提炼出 9 类共性场景，基本覆盖了教育机构 95% 的线下真实场景。

横向上打通了全流程后，随着客户体量的增大和工具服务的积累，小麦的平台属性逐渐凸显，我们开始向垂直领域挖掘，针对不同类型的机构，提供匹配业务场景的功能模块，把颗粒度做得更细。

信息化升级9步走，覆盖教育机构线上线下全场景

招生营销	01	私域运营	02	教务管理	03
线索获取、分配、跟进、转化全链路解决方案，取胜3km竞争		精准营销&精细运营，深度打通企业微信，建立私域运营体系		学员/课程/班级管理有章可循，校区全面信息化，提升办学效率	

在线教学	04	课后督学	05	家校服务	06
支持1v1、小班课、大班课等多种班型，轻松开启直播授课		配备个性化的督学打卡工具，让学习更有温度，更有效率		学员成长实时记录，家长满意度持续提升，树口碑，促续费	

财务分析	07	品牌传播	08	经营进阶	09
校区收支情况清晰透明，工资结算高效准确，机构的"智慧大脑"		微信官网、内容分享等激活家长社交圈，全面提升品牌质感		校长学习交流平台，海量办学知识助力进阶成长	

小麦助教覆盖的业务场景

章丰： 比如基于客户个性化的需求，进行功能模块的定制开发？

陈玮： 尤其是大体量的连锁型机构，业务场景复杂，不仅要实现单店的数字化，还需要多个校区之间协同。我们把这个过程称为"共创"，和客户深入沟通探讨，一起完善。此类客户的需求往往代表着某一垂直品类KA（重点客户）的需求，完成共创后，再将通用功能加入产品模块中，提供给垂直领域的KA。

相应地，也有些机构在试用过程中发现与系统匹配性存在一定差异，需要相互磨合的过程，一方面我们要根据实际应用场景完善系统功能，另一方面教育机构也会意识到自身流程存在的不规范或者薄弱环节，需要我们进一步协助改进业务流程、规范管理。

SaaS服务是一面镜子，对于使用者而言，可以窥探业务发展的阶段和问题；对于产品设计者来说，则反映出产品和使用者需求的契合度。产品一定是从客户中来，到客户中去。

章丰：很多 SaaS 服务商都在拓展增值服务，小麦在这方面有布局吗？

陈玮：工具始终要为客户创造价值，打个通俗的比方，帮客户节省了5000 元和帮他赚了 10000 元，哪个更让他有付费意愿？所以在增值服务上，我们希望不仅解决教学教务管理的问题，更能助力机构实现盈利和成长。比如针对机构普遍面临招生引流的痛点，我们推出了"小麦秀"等工具；疫情期间在线教学产品"云课堂"反响良好，可以实现大班直播、小班互动，这是我们 2019 年就开始部署的产品；此外，我们还为连锁机构打通不同平台之间的教学和教务数据，实现教学教务数据层的统一生态。

章丰：针对垂直领域的增值服务怎么做？

陈玮：内容增值服务是典型的一类，比如大型机构自身有较好的内容沉淀，他们希望有更多的机构能够加入课程体系；同时中小型的培训机构也有购买诉求，我们可以做优质教研内容的本地化改造和精准分发推荐。

谈 SaaS 服务难点 | 产品背后是对行业的认知

2020 年 10 月，小麦正式开启直营城市战略，在陈玮看来，"电销是空军部队，大面积覆盖全国市场；同时还要组建地面部队，分区域建立分公司，单点突破空军打不透的地方"。

章丰： 以你的观察，目前国内教育行业的 SaaS 服务处于什么水平？

陈玮： 近年来总有人提"SaaS 元年"，疫情算是一个转折点。但我认为国内的 SaaS 服务行业还处于较低水平的发展阶段，我们也是一路摸着石头过来的。起初调研阶段我们将产品给客户免费试用，收到了种种担忧和质疑："万一你们公司活不下去了怎么办？""你们是不是想偷学员数据卖给隔壁机构？"

章丰： SaaS 服务的两个难点你都讲了，一是"你'挂'了我怎么办"，二是"偷我的数据怎么办"。

陈玮： SaaS 的决策比较"重"，只有在产品和服务中真正让客户理解功能和价值，才能打消顾虑。在我看来，SaaS 服务提供的价值远超其价格。保守估算，SaaS 服务能为机构节省至少一个人力成本，但目前的客单价完全不是一个量级。原因在于市场认知水平的制约。

章丰： 教培行业还有一个典型特征——用户与客户不是同一群体，这也是大部分 SaaS 服务面临的共性问题。小麦怎么解决这个问题？

陈玮： 日常生活中，像健身卡、理发卡，我充值、我消费，消费享受者和决策者是一体的。教培行业确实存在这个问题，家长是买单的客户，但用户是学生；教育 SaaS 同理，购买产品的是校长，实际使用的是老师和员工。大家的诉求不同，校长希望让管理更数据化、规范化，但用户端看重产品简单易用。在这个过程中，产品的易用性非常重要，即为用户提供最简单的操作模式，甚至不需要培训就可以使用。

我们认为，SaaS 服务要兼顾产品全面性和易用性的平衡，不仅操作简单易上手，同时要照顾到多方，将机构、老师、学员、家长连接起来，形成一张即时高效的信息网。家校满意度是机构经营中非常重要的一环，家长的需求能否及时反馈？机构的教学效果家长是否能及时感知？就像选择补习班，家长要了解机构资质、教师水平从而做出个人判断，同时也要询问孩子的感受，用户和客户双方都满意。

章丰：你们曾经做过线下机构，对客户和业务有深入的理解，既是产品开发者，也是使用者。

陈玮：产品不是简单的代码组合，而是对行业认知的外化。科技公司往往过度追求产品的功能，忽视了用户思维；因此，小麦助教在产品研发之初就会考虑产品功能全面性和易用性的平衡。一群懂教育的小伙伴在做一款贴合用户的产品，这是小麦最大的优势。

谈教育 OMO ｜核心在于关键技术的突破

章丰：疫情推进了教育行业的线上线下融合，业内都在热议 OMO（线上线下深度融合），你有什么见解？

陈玮：互联网时代，有时候造词也是一种生产力（笑）。我认为，目前教育行业的 OMO 还处于比较初级的阶段。移动互联网和移动支付的出现，带来了整个社会的巨大变化，出现了在线打车这种颠覆式的创新。而教育行业是互联网化相对慢的一个行业，至今科技还未对教育行业的效率带来颠覆性的提升，只是从数字化手段进行改造。

OMO 突破的核心在于新技术的驱动，未来可能出现一个公认的技术变量，带来重大突破。线下教育最难被替代的是教学互动的场景，在线教学并不是简单地将线下的课搬到线上。线上课的互动怎么办？如何关联课消？如何打通作业环节？如何与家长产生紧密协同……这些都需要专业工具支持以及一整套完善的服务支撑。

试想一种极端情况，如果脑机结合技术成熟，直接向人脑输送资料，甚至教学都会被重塑。假设 VR 技术发展到一定阶段，人与人的虚拟聊天可以完全模拟线下，教学就能从固定的场所中解放出来。今天所有的尝试甚至还不是中长期的解决方案，小麦也是在产品和技术上摸索，才能在变革真正来临时跟上潮流。真正的颠覆会出现在什么时候，谁也不知道，可能蒙昧期就是重大场景突破的前夕。

章丰：疫情促使人们形成了在线的习惯，是否会成为 OMO 的重要突破口？

陈玮：我们发现一个很有意思的互搏现象：疫情期间，传统机构面对课消停滞、场地成本、教师工资等压力，不得不转型在线教学，宣传线上课程带来效率的提升；疫情缓和后，机构又强调线下体验和服务的优异性，鼓励学生重回线下课堂。这个现象反映出，疫情被动改变了行业认知，但是在线化转型对机构的技术支持、产品形态都提出了更高要求。线上线下融合教学模式是未来的趋势，疫情起到了催化的效果。

章丰：你最期待OMO为教育行业带来怎样的变化？

陈玮：教育产业在线化，关键要看把某个环节搬到线上，它本身的效率有没有提升。我希望在OMO模式下，科技手段能提升在线教育的体验效果，更真实地还原线下教学场景，同时又保证学习效果，提高学习的整体效率，减轻家长及学生在教育上的投入，包括金钱和时间上的投入。

对于教育产业服务商而言，利用技术工具整合产业链资源，并通过多元化、立体化的方式对教育行业赋能，这是未来的发展方向，也是小麦的长期愿景。小麦助教希望能做教育路上的助力者，以数据和技术为引擎，最终真正实现为教育产业赋能。

✚ 快问快答

创业过程中踩过的最大的"坑"是什么？

不够专注，创业应该专注于自己最擅长的领域。

一天中如何分配工作与休息时间？

基本处于全天工作模式，周末会借陪伴家人、长跑来调节。

你有特别喜欢的书 / 电影吗？

办公桌上放着《瓦尔登湖》，闲下来时我会翻几页，静下来思考。

你的人生偶像是谁？

罗杰·费德勒。作为一个运动员，他维持了很久的巅峰状态，这需要高度自律。

你认为"数字新浙商"，新在哪里？

一是新技术，带动行业整体效率的有效提升；二是新环境，面对百年未有之大变局，企业家需要快速调整；三是新意识，我们的父辈多是迫于生计，被动创业，而新浙商们是主动创业，创造个人和社会价值。

"躺平青年"沈爱翔：

我看到了那张"连而不锁"的住宿产业互联网

订单来了创始人

沈爱翔

我们瞄准住宿产业互联网，提供「连而不锁」的赋能，为商家实现「订单来了」。

入选"2017 福布斯中国 30 Under 30"榜单。2015 年毕业于浙江大学竺可桢学院化学系。2014 年曾作为大学生创业代表参加了李克强总理的"双创"会谈。2014 年 3 月，创立"易露营"，获得徐小平、IDG 和华旦天使的投资，在起步 1 个月内交易额突破 10 万元。2019 年 6 月 13 日，于杭州"双创"周再次与李克强总理"同框"，沈爱翔已然从一个大学生"蜕变"成为"订单来了"这家创业公司的创始人，通过互联网服务切入民宿产业，找准了个人的奋斗目标。2020 年疫情期间，"订单来了"开设了多种免费在线营销课程，帮助民宿主实现自我增值，受到了民宿主们的追捧。目前"订单来了"共有 200+ 员工，服务国内外 200+ 地区，合作客户超过 62000，2021 年系统累计交易额超过 150 亿元。

✚

"你是旅游爱好者吗？"

"我更喜欢度假，换个地方躺平。"

沈爱翔是一个热衷"躺平"的"90后"，他的两段创业经历都和"躺平"密不可分。

在浙大就读大二期间，沈爱翔在一次露营中发现了商机，从户外露营用品租赁起步，做起了用户与营地的撮合服务。他带着"易露营"项目参加学校的创业论坛，在6000人的场地路演。路演后，徐小平邀请他去家里吃早饭，无偿提供了10万元启动金；他也曾手握大厂offer，在论坛上发帖找创业合伙人，"我更想看看舍命奔跑能跑多快，而不是按照大厂告诉我的节奏，匀速前进"。二次创业，沈爱翔瞄准了民宿产业数字化。"既然是服务商家，大家都需要订单，就叫'订单来了'吧。"

作为PMS（酒店管理系统）领域的"后起之秀"，"订单来了"2017年才开始聚焦民宿市场，截止到2021年7月底，服务的商户数已超过5万家，总交易额突破120亿元，并于2019年11月开始实现单月盈利。西坡、听花堂、大乐之野……耳熟能详的头部民宿都是"订单来了"的客户。从精品酒店、乡村度假到特色营地甚至海外市场，"订单来了"也崭露头角。

"我在团队里的定位，用当下最流行的表情包来形容，就是'格局打开'。当团队迈出一步后，我会稳住局面去看更远的前方；当团队同事们遇到困惑的时候，我会和他们沟通交流，陪他们打开格局看到更大的世界。"

采访当天，他穿着一件纯色 T 恤，胸前赫然四个大字："问题不大。"在同事的印象里，每一次产品迭代面临棘手的问题，沈爱翔就会穿着这件 T 恤在公司里"晃悠"。

这位"打开格局"的"90 后"创业者，看到了在赋能商家的生态里，PMS、SCRM（社会化客户关系管理）、营销工具和生态开放……绿水青山间，一张"连而不锁"的住宿产业互联网正在徐徐铺开。

谈二次创业 | 蓝海可能是死海，不是别人没发现，而是根本赚不到钱

2014 年 6 月，沈爱翔带着"易露营"项目参加了浙大创业论坛。"无心插柳"的他，却吸引了现场嘉宾徐小平的注意，论坛结束后，徐小平约沈爱翔去北京家中共进早餐。"这绝对是我吃过最难忘的一顿早餐了。两个煎饼、两个鸡蛋和一杯牛奶，外加一张 10 万元的支票。"

章丰：听说你选择建立初创团队的时候，蹲在大厂门口，说服那些拿到 offer 的年轻人共事？

沈爱翔：其实我"蹲"的是浙大。当时我拿到了宝洁的 offer，正在寻

找创业伙伴，就考虑找拿到其他大厂 offer 的同学合伙。我在人人网上发帖，当时吴浩南、肖斯昆（"订单来了"联合创始人）分别在阿里、网易实习，他们和我同级同学院，之前相互不认识。我就这样"挖"到了被阿里巴巴、网易、欧莱雅和万科认可的优秀人才。

章丰： 你怎么说服他们一起创业？

沈爱翔： 我们几个有点像"先结婚后恋爱"。我们聊了下创业思路和方向、合伙人的权益和发展，第二天他们就加入了。当然，也因为时代浪潮的驱使，2015 年的时候我们浙大的学生创业氛围非常浓厚。创业只是职业规划的 hard 模式，也不失为一种选择。

章丰： 但是"易露营"的模式最终没有跑通？

沈爱翔： 是的。但从 2020 年来看，露营市场一路走高，我们前段时间还开玩笑说自己创业早了。而 2015 年的时候，露营在国内市场小、ROI（投资回报率）低，垂直品类的复购频次和客单价都不高，在线旅游的获客成本却在上升。所以我们开始向 to B 转型，我定了几个原则。

第一，做有复利的生意。to C 的模式有很强的不确定性，往往这个月做多少和下个月没关系，难以形成复利。

第二，做红海市场，而不是蓝海市场。蓝海可能就是死海，不是别人没发现，而是根本赚不到钱。当时"90 后"创业非常热，我同期的很多创业者投入了 to C 大赛道，真正跑出来的只有 FaceU 和 B 站。盲目杀入蓝海，很可能会遇到比你更聪明、更年轻的对手。

第三，做一个低成本获得数据的数据入口级的产品。当时我看了吴军的《智能时代》，这本书是我的大数据启蒙读物，让学化学的我很快地理解了数据的价值和变现的路径。

所以，结合之前在旅游行业积累的认知综合判断，我们觉得要做 to B，要做有复利效益的 SaaS 模式，要做最底层的产品。虽然做最底层的产品可能又苦又累、回报又慢，但底层拥有最丰富的数据来源，而我们愿意吃苦，有的是时间。

谈流量格局变化 | 我们决定聚焦民宿赛道，并定下了"细分垄断战略"

章丰： 决定转型 to B，你们当时怎么定位目标客户?

沈爱翔： 2017 年上半年，一位合伙人签了莫干山的头部民宿——大乐之野后，我开始关注民宿行业。我发现，那个时候民宿市场有超百亿的规模，但市场上没有从产品到服务都特别适配的 PMS。于是，2017 年下半年我们决定聚焦民宿赛道，并定下了"细分垄断战略"——在一段时间之内只专注于某个细分领域，做到头部后，再切入下一个细分市场。

当时市场上已有 OTA（在线旅游）投资或全资的民宿服务商提供的免费产品，但是国内民宿已经出现品牌化、连锁化的趋势，头部商家和常规客栈、农家乐使用的却还是同一套系统。所以我们的突破口就是从头部用户切入，听客户的意见和建议，为他们提供定制化的服务，再把产品功能通用化，并且确立了一个重要的品牌定位，叫"赚钱的民宿，都在订单来了"。

章丰： 头部用户有标杆效应，也是一种背书。

沈爱翔： 对，我们特别感谢这些客户的信任和陪伴。他们让我们迅速打开了市场，带来了越来越多的客户和渠道。2018 年，订单来了成为 Airbnb（爱彼迎）中国区第一家直连 PMS 公司；此后，我们又成为抖音、小红书首家直连的 PMS 公司。利用好这三年的窗口期，我们逐渐超越了跑在前面的竞争对手，做到了行业头部。当然，一开始就选择我们的客户也在飞速成长。大乐之野在全国已经有接近 20 家店，西坡也有近 10 家店……

时代机遇很重要，如果我们切入早一点，完全没机会。今天国内头部的民宿品牌，在 2017 年之前尚未崭露头角。如果没有 2018 年后流量格局的变化，也不可能通过流量去撬动更多的客户。

章丰： 流量格局对住宿行业的影响在哪？

沈爱翔： 近几年在携程、飞猪等 OTA 平台之外，以微信、抖音、小红书为代表的去中心化渠道崛起，流量格局越来越去中心化。

OTA 平台解决用户"去哪玩"的问题，有了明确的出行目的再搜索、浏览、比价。流量平台解决用户"买什么"的问题，用户在刷抖音、快手、小红书的过程中被动"种草"，产生出行目的和购买决策。底层最大的变化，是推荐机制的变化。以前我们选产品、选酒店、网购，是"人找货"，现在，基于流量平台的智能推荐机制，实现了"货找人"。

曝光量取决于内容，而内容取决于产品。比如大乐之野莫干山的小镇姑娘店，一共15间房的民宿，在小红书上能有几千万的曝光量，订单量也非常可观。所以在新的流量格局之下，像民宿这类非标的个性化的产品就会凸显出新优势。

章丰：你自己是旅游爱好者吗？

沈爱翔：我是一个度假爱好者，我喜欢"躺平"。

谈产品策略｜to B产品不一定要单点突破，可以协同业务，形成飞轮式的闭环

从"赚钱的民宿，都在订单来了"，到"生意增长就在订单来了"，slogan变化的背后，是订单来了在商家服务上的精耕细作和深入洞察。在工具端，"订单来了"云PMS为商家提供后台管理功能，方便商家管理房态、查看报表、管理客户等，并通过直连赋能营销获客。工具之外，"订单来了"借助直播、沙龙、社群等方式建立交流平台，助力商家业务增长。

章丰：我注意到，在抖音、小红书、马蜂窝这些平台上，"订单来了"都是国内首家直连的PMS。直连是怎样的概念？

沈爱翔：商家使用了"订单来了"云PMS，在后台可以直接批量设置房型房量，直连后可以一键同步到各流量渠道。举个例子，你在刷小红书、抖音的时候"种草"了一家民宿，不知道这家民宿叫什么、怎么预订。直连后，用户可以直达预订页面，所见即所得。

抖音直连 PMS

过去你在 OTA 平台预订，可能要等一两个小时才收到确认短信，因为平台要和酒店确认房间库存，会面临撞单、爆单等预订失败的情况。直连后，下单后立即确认，且不会出错。本质上我们解决的是交付的保障，解决房间的"物流"和"仓储"，确保用户入住时有房。

章丰： PMS 是否具有唯一性？商家只需要一套管理系统。

沈爱翔： PMS 最让我着迷的，就是它的商家独占性。每个商家有且只有一套 PMS 系统，这套系统拥有绝对的数据全面性。任何一个流量平台，都只能获取自己为商家带来的订单、客户，但在"订单来了"的系统里，有全量商家的订单数据和客户来源。

章丰： 庞大的数据积累，反过来也是提供深度服务的基础。"订单来了"最近上线的 SCRM 系统，就是对数据的打通应用？

沈爱翔： 对。解释一下，CRM 是客户关系管理，S 是社交，SCRM 就相当于一个带有社交属性的客户关系管理系统。SCRM 不是新概念了，电商、新零售都在用，但酒旅行业还未出现适配的 SCRM，所以我们定位为酒旅行业的"私域流量管家"。运营私域流量的企业的抗风险能力、复购率、客户忠诚度都远高于不去运营私域流量的企业。

比如客户对桃子过敏，可以在客户的标签栏进行备注，在服务中避免供应与桃子相关的食物及产品。当客人离店时，管家录入完整的客户信息，比如区位信息、生日信息、喜好和需求等，可以提前在客人生日之前发送祝福和优惠券，在客人再次入住时可依据客人喜好进行沟通和安排。

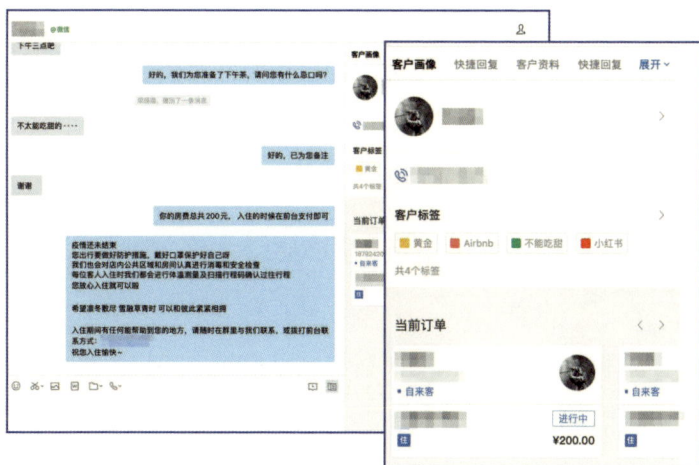

客户画像、订单详情打通

这只是其中的一个场景。SCRM 可以运用到营销前期的投放、线上一键订房、线下服务升级、离店社群营销等不同场景，搭建客户资源池，实现精细化运营。

章丰： 所以我可以这么理解，"订单来了"把 PMS 作为载体，同时打通数据、营销等服务来赋能商家？

沈爱翔： 很多传统的 PMS 厂商只干这一件事，客户量积累得很慢。我们把 PMS、营销、SCRM 等产品兼容且并行，商家基数越大，连接的渠道越多，订单就越多，又会吸引更多商家，就形成了飞轮式的闭环。

有段时间创业圈特别强调创业早期要单点突破，把一个点做深、做大，积累足量的客户，再去寻找变现模式或扩张业务。当时我看了斯莱沃斯基的《发现利润区》，如果你服务 to B 行业，想把客户壁垒做高、做厚，可以在主干业务线之外，同步开展能帮助拉新或留存的其他业务，通过协同促进业务增长。

谈市场拓展逻辑 | 找相似的市场，让产品版本化、模块化、平台化

章丰： "订单来了"在精品民宿领域已形成了"护城河"，下一步为什么把精品酒店作为拓展方向？

沈爱翔： 海外民宿和国内精品酒店都是下一步的主攻方向，我们市场拓展的逻辑是根据客户画像，找相似的市场。海外民宿主要是亚太地区，

当地民宿多，数字化程度不高，且大部分游客来自中国。国内的精品酒店，主要是房间数 100 间以内、平均房价在 800 元以上的酒店。

章丰： 向不同的细分市场拓展，对产品提出了更高的挑战。

沈爱翔： 是的，你永远不可能用一套产品满足不同类型的客户的需求。目前"订单来了"产品分为基础版和专业版，今年我们集中精力做产品的底层重构，目的就是让产品实现版本化、模块化和平台化。

版本化，让不同类型的商家用不同的版本。我们尝试过在一个版本上迭代需求，但最终只能做共性环节。头部商家发展迅速，对功能迭代要求高；大多数腰部商家的诉求只是希望系统更简单、更好用，需要差异化的产品。

模块化，让所有功能都可以进行模块化付费。让商家用最低的成本买到最需要的功能，可以用几百块买一个直连功能，也能用一千多块买一个小红书自建站。

平台化，是携手更多合作伙伴共同赋能商家。我们会整合行业内的更多服务商，以及供应链的提供者，甚至产品开发者进行共创，为服务商家提供充足的"弹药"。

章丰： 未来行业格局会寡头化吗？

沈爱翔： to B 市场马太效应很明显，服务的商家越多，品牌信任背书会越强。客户的决策总是谨慎的，不会有人去寻求个性化、差异化。企业的客户基数越大，边际成本递减，成本优势就会比竞品强，寡头化是必然的。

谈产业互联网｜为商家提供"连而不锁"的赋能

章丰：你所说的平台化，可以理解成产业互联网吗？我发现住宿行业好像很少提产业互联网。

沈爱翔：过去 20 年，中国在高速发展消费互联网。消费互联网的模式，简单概括就是 B2C，B 端商家直连 C 端消费者，去掉各种中间商环节。随着 B2C 平台越来越多，需要一个更大的产业互联网平台，帮助商家一键对接、管理所有平台。

从住宿行业来看，主要的决策方有三类：品牌公司、流量平台和技术服务商。今天，品牌正变得越来越个性化、非标化，出现了大量非标的酒店住宿产品；流量格局越来越分散化、多元化、去中心化；技术从本地化部署到上云，需要以新技术连接新供给、新流量，打通产业链的所有环节。

所以产业互联网是必然的趋势，可以把它理解成一个新型的商家经营的入口，商家在上面经营商品、管理订单、获客、借钱还钱，就像我们个人在微信上聊天、买卖、借钱还钱一样。

章丰：什么样的角色会来牵头产业互联网的建设？

沈爱翔：最适合做好产业互联网的，一定是 PMS 厂商。因为 PMS 厂商直接掌握客户，直接掌握数据，具备营销能力，能够帮助民宿商家在新流量平台上实现"冷启动"，打开交易。

产业互联网并非一切亲力亲为，而是开放生态，团结产业链上下游的合作伙伴，让专业的服务商以更低的边际成本，更好地服务商家。比如"订单来了"联合小鹏汽车，免费为乡村民宿商家安装充电桩。打通 PMS 和充电桩，这是一个很小的切口，但也是一种尝试。"订单来了"直营的产品只有管理、营销、客户、金融、支付，其他会交给合作伙伴来做。

"订单来了"希望对标的是华住集团。华住用连锁加盟的方式，在信息化、人才、营销及供应链集采等方面赋能标准化酒店。"订单来了"提供的产业互联网，核心就是给商家提供"连而不锁"的赋能，让酒店在平台上连成一张网络，又使其在流量、供应链和人才等方面获得集采的优势。

章丰： "订单来了"的未来图景是什么？

沈爱翔： 我们希望成为线下商业的基础设施，让线下商业的商家通过使用"订单来了"的系统，经营自己的生意，连接所需要的服务。

我们最初取名字就没给自己限定行业，不想像"易露营"，局限在某个行业。我的合伙人吴浩南说，既然是服务商家，大家都需要订单，就叫"订单来了"吧。我们觉得这个名字很好，后面的一系列产品的名字都取名为各种"来了"，"佣金来了""美宿来了""资金来了"等等，公司全称就叫"全都来了"。

谈政府角色｜政府的根本需求在于监测监管，数据源是关键

2020 年，"订单来了"联合莫干山国际旅游度假区打造了民宿数字化营销小程序和管理平台，为游客提供预订房间及景区门票、查询实时交通等多功能场景服务；并与流量平台合作，推动商家全渠道营销。此后，"订单来了"相继与象山、安吉、溧阳、湖州等地达成合作，助力当地民宿酒店实现数字化升级发展，帮助当地政府搭建旅游在线集成平台，统筹全域优质酒旅资源。

章丰： 你觉得政府在住宿产业互联网的建设中扮演着怎样的角色？

沈爱翔： 任何一个行业都会面临行业数据与政务数据打通的问题，政府在其中的核心需求，就是监管和监测。住宿行业涉及公民的身份证信息的录入，监管是基本要求，所以把订单链打通是很重要的。一个订单从用户预订到落至系统，再到公安，流程应该是完整的。

监测层面，很多旅游目的地都需要振兴市场，需要对市场动态有一定了解。很多地方的数字文旅服务商都是云数据或运营商公司，一般通过电子地理围栏做实时数据采集，但数据的精细度和预测性不够，每个商家的平均入住率、未来到访人数乃至整个市场的经营情况无法测判。这些关键性数据都在 PMS 里。

所以回归到政府的核心需求，获取数据、辅助决策才是关键。政府可以购买数据服务，而不是自己开发工具。政府更应该提升平台开放度，连接市场上的各种应用，促进市场良性发展。

快问快答

创业过程中踩过的最大的"坑"是什么？

在产品转型时期，对原有 to C 的团队不够信任，集中招聘了一帮懂 SaaS 的高管，导致了内部矛盾和企业亏损。

一天中如何分配工作与休息时间？

工作时间差不多 12 个小时，晚上回家后收拾收拾，浇浇花，吃点夜宵，再躺平。

你有特别喜欢的书 / 电影吗？

《发现利润区》，这本书对我启发很大，我觉得它奠定了"订单来了"模式的基础。

你的人生偶像是谁？

我崇拜的是钢铁侠，不是一个现实具体的人。因为他有先进动力装甲，他是发明家，也是冒险家。

你认为"数字新浙商",新在哪里?

耐心。to B 是一条漫长的赛道,它不会爆发式地增长。虽然大家认为数据很有价值,但数据离变现还有很长的路要走。

力石科技陈海江：

我们卖的不再是软件，而是服务

陈海江

力石科技创始人兼董事长

力石以运营作为切入口，构建数智文旅生态体系，为行业高质量发展做出贡献。

浙江省青年企业家协会副会长、浙江省大数据科技协会副会长、景宁新生代企业家联合会名誉会长、余杭区工商联（总商会）执行委员。拥有多年海内外创业背景，曾荣获信息化影响中国·2018智慧旅游行业领军人物、2017中国企业创新优秀人物、中国数字生态英雄榜SaaS精英、2020年度新锐杭商等荣誉。获得并发表了"基于大数据的景区客流量统计评估系统及方法"等关于大数据分析存储、文旅数字化技术系统、物联网、行业管理等方向近50余项发明专利及行业专著。

✚

　　这是一家从公司商号到初创团队的花名都以"石"为名的公司。力石科技，寓意力可拔山，坚如磐石。陈海江的花名"顽石"，取自女娲补天所用的五彩灵石，期望自己坚韧，同时也警醒自己不要成为最顽固的石头，时刻拥抱变化。

　　回顾陈海江的创业经历，会发现他早已把对花名的辩证思考，作为行走江湖的信条。

　　中文系毕业的他，只当了一个月老师，就转行建材销售，将生意拓展至迪拜。2010 年，陈海江抓住科技行业兴起的时机，回国成立力石科技。做过软件研发、大数据平台开发，蹚过智慧政务、智慧交通等行业，最终，他找准了数智文旅的切口。

　　"文旅行业的痛点在于，懂 IT（信息技术）的人不懂 OT（运营技术），懂 OT 的人不懂 IT 和 DT（数据技术），三端是完全割裂的。"从"3T"融合的理念出发，力石科技围绕文旅产业互联网运营，触达浙江、重庆、吉林等省市的 150+ 文旅目的地，在浙江省内落地服务了西溪湿地、余杭永安稻香村、普陀山景区、桐庐莪山畲族乡等，助力文旅行业转型。

　　2020 年，力石承接了浙江省"百县千碗"数字化平台的建设工作，推动全省建立"百县千碗"大数据中心。通过 SaaS 化的方式，力石实现了地市、区县、景区、乡镇、行政村数据贯通，打通政府、景区、文旅集团、涉旅小微企业，让文旅数据真正产生价值。

谈创业选择 | 进入文旅行业的那天起，我们就把自己定位为新兵

章丰： 你有十几年在传统行业的销售经历，为何在创业时选择大数据行业，并确定了文旅的方向？

陈海江： 创立力石之前，我在迪拜从事建材销售生意。中国制造的产品被卖到欧洲，再分销至中东，经过层层分剥，中国企业拿到的利润少之又少。所以我意识到，自主的知识产权是关键。2010 年，科技行业开始兴起，我回国成立了力石科技，从软件研发、系统集成起步。

2013 年，我们开始大数据平台的研发业务，一上来就做了 PaaS（平台即服务）层。"初生牛犊不怕虎"，因为自己不了解技术，不懂行业，才敢去做 PaaS 业务。花了两年时间，投入了几千万元，最终发现初创公司几乎不可能在 PaaS 层做出成绩，所以我们转向了 SaaS（软件即服务），同时探索了智慧政务、智慧交通和智慧旅游（当时的提法）。

章丰： 最终在智慧旅游跑出来了？

陈海江： 观察这三个领域，政务和交通行业以承接 to G 业务为主，而旅游行业面向 G 端和 B 端，最终服务 C 端的游客，具备全域性的行业特点。当时智慧政务、智慧交通行业都有龙头企业，智慧旅游领域只有区

域性的公司，说明行业发展还处于早期。

2016 年，力石聚焦文旅赛道后，抓住了三波行业机遇：2016 年下半年，国家推行全域旅游，要求建立全域旅游的数据中心、智慧旅游的公共服务平台、线上线下的游客服务中心；2018 年，文旅部正式成立，旅游成为文化的载体，重要性越发凸显；2020 年，疫情对文旅行业造成了灾难性的打击，但也加速了行业对数字化的需求。

章丰：你踩准了行业快速发展的节点，其中有机遇，也有前瞻的能力。我采访的数字新浙商中，技术出身的居多。你认为自己的这种前瞻能力来源于哪儿？

陈海江：我把互联网创业的大佬分为"神"和"人"两类。"神"一般是技术出身，技术过硬，每一段故事都可以被写成传奇，比如马化腾、李彦宏；"人"不擅长技术，却敬畏技术，能在技术的基础上高瞻远瞩，比如马云。我更喜欢"人"的故事。在数字文旅中，完全靠"神"来驱动一件事情很难，难在跨界、试错和学习。

要跨界。因为数字文旅涉及 200 多个行业，业务场景太复杂，绝对不是靠某一种技术就能驱动的。

要试错。试错是创业公司最重要的精神，任何一件事都不是一蹴而就的，"憋大招"永远没有一步一步脚踏实地来得有效。"神"更难接受自己犯错，对试错机会和试错成本的理解与"人"不同。

要学习。保持团队的学习诉求和能力。"神"习惯以专家的视角去看行业，"人"更能保持学习的心态。无论是我还是公司，进入文旅行业的那天起，我们就把自己定位为新兵，不管是竞争对手、竞品、专家还是同行，以及传统旅行社，都是我们的老师。

谈 3T 融合 | 运营是文旅行业的切入口，也是力石的机会

章丰： 3T 融合中，OT 是亮点也是重点。力石在运营能力的建设上有哪些经验可以分享？

陈海江： 我们发现行业的痛点在于，懂 IT 的人不懂 OT，懂 OT 的人不懂 IT 和 DT，三端是完全割裂的。力石一直致力于在数智文旅领域做 3T 融合的方案，但是缺乏复合型的人才，人才很难短时间内培养和复制，所以我们寻求用技术的能力去做 3T 融合。

根据项目需求及现实情况，我们提供云 SaaS 平台服务和 OTS（在线文旅服务）平台的规划部署及运维。客户无须出资建设平台，而是在力石建设的平台上针对性地购买服务。这种方式，消除了客户出资建设平台而"不懂 3T"的顾虑，又能不断提高我们自身的服务能力。

章丰： 那就意味着，在工具的交付能力上，要能够做到比较"轻"。

陈海江： 近几年，行业客户的需求发生了变化，运营成为数字文旅重要的切入口。客户都有这样的疑问：我投了那么多钱，到底产生了什么效益？以传统 IT 公司的方式，软件卖到客户手中就是交付。以 OT 为切入口，

出售的不再是软件，而是服务。工具交到客户手中，服务才刚刚开始。以运营为切入口进入文旅行业，这是力石的机会。

章丰：工具的交付只是服务的起点，如何让客户掌握在地化的运营能力，是一项考验。力石如何降低客户的运营门槛？

陈海江：首先明确运营服务的边界。我们初入运营领域时，曾以为自己无所不能，可以颠覆行业。我们在服务了 B 端涉旅企业、G 端政府客户的同时，甚至有意向开展面向 C 端游客的业务。但后来发现，直接服务于 C 端用户，会与我们原有客户形成竞争关系。我们不应是行业的取代者，而是赋能者。所以，力石输出 S2B2C 的模式——从 S 端即供应链端开始，开放云 SaaS 工具为 B 端和小 B 赋能，进而服务 C 端游客。

2021 年，我们确定了从目的地运营转向做文旅产业互联网运营，潜心打磨产业运营 SaaS 工具：为 B 端搭建产品销售管理中台，高效管理各类分销渠道，同时也为 B 端搭建采购管理中心，服务商家优化自身供应链体系，利用多种工具、系统更好地服务和赋能 B 端客户。

明确了核心模式后，运营如何赋能？我们绝不碰线下业务，只聚焦于线上业务。在线上业务的板块里，目前力石做了三件事：数字化服务、数字化管理和数字化营销。以普陀山景区为例，数字化服务通过大数据和算法能力，服务于目的地客户；在微信生态内打造了普陀山全域旅游官方服务平台，整合交通、住宿、玩乐、演出等攻略，开发智能客服；同时我们将内容的交付标准化，如景区定制 vlog 等，为游客生成个性化短视频内容。

据我们测算，使用大数据解决方案的景区，线下到线上转化率大概是20%。普陀山全年接待千万级上岛游客，使用了力石科技的解决方案，意味着一年有两百多万线下游客转为线上用户，实现了流量转换。

谈文旅知识库｜实现 600 多万次游客智能问答，命中率高达 95.7%

章丰：力石在数据能力上经过了 5 年沉淀，能够给 C 端用户带来哪些感受？

陈海江：从游客的角度，直接能感受到的是我们为景区提供的智能问答服务。游客到达普陀后会遇到各种问题：最后一班轮渡的时间，洗手间的位置，求子线路的规划，烧香拜佛的注意事项，等等。如果每天上岛的几万游客都去寻求工作人员的帮助，以景区的人力和人员经验储备，很难及时、充分地响应需求。

智能问答系统运行一年多来，在后台形成了 600 多万次游客问答的数据。自游助手的问答命中率高达 95.7%，其中关于厕所、餐饮、医疗救助和住宿等游中问答次数高达 381 万次，门票、出行、天气等常见游前问答次数达 200 多万次。这种能力来源于我们自主打造的知识库"力石小知"的积累。

"力石小知"目前拥有 100+ 文旅行业通用知识库、景区专有知识库、城市文旅生活专有知识库。近期我们决定把"力石小知"的基础能力免费开放，所有景区都可以用，开源是一种能力共建的方法。

"力石小知"AI 机器人部分产品形态

章丰： 数据积累得越多，回答也会越聪明。

陈海江： 没错。举个实例。数据显示，亲子游家庭在到达普陀后发现尿不湿不够，询问智能客服哪里可以买到，我们就会建议管委会引入两家母婴店。过去景区商业动线是设计出来的，现在的商业动线是游客"问"出来的。

在普陀山景区，我们基于智能客服的算法推荐模型，定制了文创商品"佛脚杯"。因为普陀山有深厚的佛教文化背景，"与其临时抱佛脚，不如买个佛脚杯天天捧着"。利用场景引导消费，自然而有效地带动佛脚杯文创产品的销量。

谈数智文旅与数字乡村 | 不能走农产品上行和乡村旅游的老路子，应发展"体验式经济"

章丰： 普陀山属于景区里的"头部流量"，中国还有庞大的乡镇建制下的小 IP 文旅，他们也有发展文旅的需求。

陈海江： 数智文旅跟数字乡村一定是相互赋能的。数智乡村主要有三个板块：综合治理，通过数字化提升治理能力；数智民生，通过数字化的能力改善老百姓的生活、医疗、文化体验；产业发展，这是乡村振兴最重要的一环。

乡村的产业发展包含农产品上行与乡村旅游，两者都不能简单按照"老路子"。农产品上行不能遵循农业的模式，大批量、大批发、大流通、大商贸，以乡村的体量实现不了。即使成功推行，卖 2 块钱的农副产品还是 2 块，不利于老百姓增收和共同富裕。乡村旅游，如果套用传统旅游的方式也不行，若村里来了几百上千个人，承接不了。

所以对于数字乡村的产业发展，我们更倡导"体验式经济"。城市的游客去乡村旅游，吃了农家院子里长的柿子、老母鸡生的鸡蛋、农家乐的菜，建立了信任关系，回城后持续采购。体验式经济避开了游客频繁的实地游访，除去了农产品的流通环节，实现了"去中间化"。单价 2 块的农副产品，通过批发商卖到城里老百姓的手上要 10 块。现在我 6 块卖给你，你少付了 4 块，我也多赚了 4 块。买家卖家都得到了实惠，同时链接产生了价值。

章丰：对于有需求的乡村，投入数字化建设的成本需要多少？

陈海江：一些头部乡镇在数字乡村上投入巨大，动辄一两千万元的项目投入。但是大部分乡镇没有这个能力，所以我们提出了 SaaS 化。一个乡镇一年投入数万元，就可以使用我们的 SaaS 工具，如有更多需求，可以模块化地采购服务。

谈数据贯通 | 解决横向数据获取与纵向数据汇集，产业数据是关键

章丰：文旅行业具备全域特点，存在横向数据获取和纵向数据汇集难的痛点，力石在这方面有什么策略？

陈海江：无论是数智文旅还是数字乡村，最难的就是数据汇集。经过近几年数字化发展，公域数据打通，横向数据的采集有了基础。但公域以静态管理统计的数据为主，对运营帮助不大，更重要的是产业链的数据。

过去政务项目，往往是省、地市、区县分别建平台，导致了"数据孤岛"现象。力石以省级平台为起点，通过 SaaS 化层层部署到地市、区、县、景区、乡镇、行政村，目前形成了七级覆盖，实现了纵向的数据贯通。"诗画浙江·百县千碗"项目就是典型的省级平台集中化应用，下属基层政府不用再另建地市级、区县级的平台。通过七级覆盖，农家乐、民宿等涉旅涉农的小 B 的数据都被采集进来了。

"百县千碗"数字化大屏

章丰：本质上，就是通过优质服务换取数据。

陈海江：市场为什么要把数据给你？这要解决三个问题：工具是否好用？能否为客户带来流量和订单？对生意是否有帮助？

举一个具体的场景例子。民宿的老板通常用微信做生意，没有能力做新客老客管理、积分管理、供应链管理。我们提供给他免费的 SaaS 工具，解决了管理端的问题，包括 PMS 系统，便于房态与库存的管理、与 OTA 平台的连接。原来民宿老板只卖房间，现在力石形成了区域的产品中心，哪户人家的产品好，都可以放到产品中心，他可以卖门票、卖周边，也可以卖农副产品。

这就是 S2B2C 的模式，我们向涉旅涉农的小 B 开放 SaaS 工具，开放供应链，让他们更好地服务于 C 端游客。在服务的过程中，全域的数据打通了，不仅仅是政府的数据，小 B、C 端的数据也都采集到了。

谈 SaaS 化丨SaaS 工具最大的挑战就是"好用"，好工具一定是用出来的

章丰： 力石在参与政府的行业管理过程中，共同开发和形成了数据的获取方式，政府提供的更多的是业务管理的资源，力石提供的是技术的能力和运营的赋能。

陈海江： 政府往往是站在监管的角度，通过这样的模式，政府更多的是先服务再监管。例如政府把原来发的消费券放到平台上了，就相当于把给涉旅小 B 企业的补助放到平台上了。只有把这些服务做好，企业才会用这套系统，从而形成良性循环，在治理侧有更精准的治理效果，在服务侧对小 B 有更多的赋能，形成闭环后，平台将催生更大的价值。

章丰： 政务应用还很少有跑通 SaaS 模式的案例。统建以后，如何形成良好的 SaaS 服务，适配本地化的需求，是一大挑战。

陈海江： 像"百县千碗"就是很好的例子。由省级统建，基层政府可以免费使用基础模块，本地有个性化的需求可以再做增量，既有逻辑清晰的数据底座，又满足了本地化的创新需求。"百县千碗"推行后，应该会成为较早覆盖浙江全省的 SaaS 化平台。

力石将这种 SaaS 的方式也推行到重庆、黑龙江和吉林等省市。尤其是在经济欠发达地区，以采购服务的方式，既可以降低政府部门的建设成本，也利于后续运营。

章丰： 行业内会涌现更多玩家，他们可能会学习力石的商业模式，力石如何成为行业的长期引领者？

陈海江： 我认为力石的"护城河"在于三方面。第一，知识库是我们最核心的竞争力。知识库的构建，最需要的不是技术，而是通过时间积累的真实使用数据。

第二，SaaS 工具。随着力石的用户数量不断增多，工具的标准化程度也会越来越高。SaaS 工具最大的挑战就是"好用"，好工具一定是用出来的。

第三，未来我们一定会构建开放的生态，不能关起门来自己玩。力石将持续创新、奋进，构建更完善的数智文旅生态体系，为行业高质量发展做出更多贡献。

✚ 快问快答

创业过程中踩过的最大的"坑"是什么？

踩了两次"坑"：做 PaaS；试图包揽线上线下的运营业务，做行业的颠覆者。

如何分配工作与休息时间？

工作也变成了生活的一部分。

你有特别喜欢的书 / 电影吗？

我通常会碎片化地阅读商业方法。

你有特别欣赏的人吗？

马云。

你认为"数字新浙商"，新在哪里？

跨界、试错、学习。

"破冰之鱼"余斌：

我听见了来自乡村的呼唤

闻远科技创始人兼首席执行官

蒋海滨（余斌）

农业数字化也许是一条最难走的路，闻远一直在探索如何做、怎么做、做得好。

现任政协第十届杭州市临安区委员会常务委员、浙江省现代农业促进会副会长等职务。2013年创办闻远科技，打造中国农村电商"临安模式"，为全国60多个县提供农村电商服务，培育提升了临安山核桃、百色芒果等100多个区域特色产业，荣获"2018中国农村电商致富带头人"、乡村振兴"2018中国杰出新农人"等荣誉。研发国内首个农业全产业链数字化应用——"临安山核桃特色产业云平台"，获得农业农村部2021数字农业农村新技术新产品新模式优秀案例和浙江省农业农村数字化改革优秀应用等荣誉。创新提出"5+1"农业产业数字化解决方案：建设1个"产业大脑"，推动营销、品牌、农旅、工厂、基地5个领域数字化升级。

◆

2002 年，蒋海滨从杭州电子工程学院（现杭州电子科技大学）毕业，以"鱼冰"为花名入职阿里 B2B 事业部。"北极有种鱼，会攻破冰层出来透气觅食。我从农村闯到城市，就是要做一条破冰之鱼，在社会上捣腾捣腾。"创业后，蒋海滨将花名改为同音的"余斌"。他让团队叫得亲近些，"老余"也行，"鱼头"也行，后来员工都称他"鱼老大"。

谈及创业经历，余斌笑称"快人一步很难，半步就不错了"。浪潮更迭间，他确实数次抢占先机，游入未知的海域。2004 年，余斌带着对电商的嗅觉开始创业，先后做过电商相关的咨询培训和代运营业务。

2013 年，余斌受邀回到家乡成立闻远科技（下称"闻远"），致力于"让农村创业更简单"。从临安出发，闻远助力广西、云南等地的农产品"触网"；从山核桃基地到白牛电商小镇，闻远培育乡村产业发展新业态、新模式；围绕一颗山核桃，闻远打造"产业大脑"，为乡村产业振兴和乡村治理提供数字化整体解决方案。

"闻远"，寓意"听闻远方有你"。临安，是出生于昌化镇的余斌走向广阔世界的起点，也是他带着闻远深耕数字乡村的起跑线。"我听见了远方更多的呼唤。农业数字化也许是我们选择的最难走的路，但闻远人还是要闹中取静，做好自己，深耕数字乡村建设，探索可落地可复制的发展道路。"

谈创业往事 | 团队从杭州到临安，到了年底，搬来的人全都离开了

章丰： 刚创业时你一直在做电商相关的咨询培训和代运营业务，什么契机让你聚焦到农业领域？

余斌： 2009—2011 年，我通过代运营赚到了第一桶金。但是随着涌入这个行业的逐利者越来越多，我判断这行做不久。当时，专注笋制品的香港上市企业福建亚达集团公司高层多次到杭州找我洽谈电商合作业务，我由此关注到了农产品市场。

相较于快消品，农产品行业交易体量不大，增长缓慢，原因有很多：产品标准化程度低、农村电商起步弱、偏远地区流通难等。所以我一边帮他们做代运营，一边自己谋划从哪几个品类切入。

章丰： 农村电商那会儿刚启蒙，你已经有定类别的意识了？

余斌： 我想可以先从杭州周边开始，寻找优质的农产品开展业务，因为电商集中在江浙沪，双向物流无阻碍。有了想法后，我第一时间就跑回老家临安，当地的特产山核桃单价高，有认知度，加工后容易储存。我们找到了临安的龙头企业东升颂越，其线下年销售额 3000 万元。我们介入后，当年线上销售额达到了 1000 万元。这件事在当地造成了轰动，科技局、商务局领导亲自带队来闻远交流。

农产品必须通过互联网走出去，过去所谓的特产只在特定范围内，互联网时代，在全国有知名度才是特产。外来的电商代运营公司只能解决燃

眉之急，如果不培育内生动力，提高本地企业和老百姓的意识，会受到运营公司的制约，无法长久发展。

2013 年底，临安科技局、商务局邀请我们回临安，为企业、个体户提供专业的农产品电商运营服务。我提了一个需求，希望政府支持建立园区，由闻远面向合作伙伴进行招商，共同服务当地。那时候有种家乡情怀，连经费都没有详谈。2014 年 4 月，我带团队从杭州城西正式入驻临安，到了年底，搬来的人全都离开了。

章丰：你做了一个很"重"的抉择，团队连根拔起沉到临安。除了情怀，你当时最大的动力是什么？

余斌：一是临安的区位优势，毗邻省会城市；二是临安模式放诸全国的共通性，中国有 2800 多个县都像临安一样，至少有一种特色产品；三是农村电商将是改变农产品销售的重要通道。每年政府投入很大，我们希望真正让投入产生价值。

以临安为样本，闻远希望跑通模式，复制到更多乡村。当时很多企业在做相关业务，大家对机会的判断不会间隔太久，能领先半步就很难得。所以我带领整个团队扎根当地，这有利于让模式尽快在县域内形成。

到临安后，我们注册了闻远。临安只是我的起点，"听闻远方有你"，我听到了远方更多人的呼唤，全国有这么多的地方需要我们。

谈农村电商到数字乡村 | "产业在山上，生活在村庄，致富在网上，治理在云上"，这就是未来村庄

2013年，临安山核桃网销额4亿元，2018年已近20亿元。但其背后的生态环境、病虫害、低价竞争等问题，给了余斌一个信号——要想产业兴旺，一定要把好源头。2019年，闻远打造数字产业大脑平台，全面覆盖临安地区山核桃种植、加工与流通环节。2021年4月2日，临安山核桃特色产业云平台通过项目验收，这也是全国首个正式上线运营的农业全产业链数字应用平台。

章丰：山核桃"产业大脑"是一个典型的产业数字化应用案例，是怎么找到切入点的？

余斌：2013年到2018年，闻远先后服务了30多个国家级电子商务进农村示范县，50多个国家级贫困县，直接或间接带动农产品销售总额超10亿元。我们发现，带货的平台和方式可以千变万化，但核心在于东西值得买，产业才是根本。闻远在第三产业方面积累了丰富经验，知道用户、渠道和平台需要什么，所以我们能从供给侧突破，从消费者角度倒逼，将经验推导到第一产业上。产业兴旺不是把已有产业推倒重来，而是在已有产业上加以提升。

山核桃产业是临安的传统支柱产业之一。闻远搭建山核桃特色产业云平台，一是为了实现数据的互联互通，为生态化治理、林农生产、金融服

务、企业加工销售与品牌推广赋能；二是为了把传统经验转变为科学算法，建立模型，用数据指导产业。

章丰：围绕一颗小小的山核桃，从种植、加工到流通，都有了数据大脑的决策支撑。

余斌：我举几个典型的场景。种植方面，当平台监测到山核桃雌花到了授粉的最佳时间，可以结合气象预测数据科学选择时间进行授粉，无人机辅助山核桃授粉作业，半天可以完成近 200 亩山核桃林的授粉作业，降低了人力、时间成本与操作安全隐患。

生态治理方面，平台基于土壤、气候、地形 3 个指标构建生态适宜性评价模型，分析出哪些区域适宜或不适宜种植山核桃，并绘制到村的分布图斑，为山核桃"退果还林"和林地规模流转提供科学依据。目前山核桃"退果还林"已完成 2.15 万亩。

山核桃种植适宜性评价模型页面

加工销售方面，平台对山核桃的热销区域、热销口味、购买人群等指标进行分析，为当地新品开发、营销和品牌推广提供精准的数据参照。比如我们通过消费数据分析，发现消费者更偏好椒盐口味的山核桃。目前在临安山核桃加工中，椒盐口味占比已提高至 50% 以上。

章丰：云平台目前以政府买单为主，未来是否有可能形成更市场化的造血功能？

余斌：数字产业化是产业数字化发展到一定阶段后，将数字能力进行产业化经营的过程，数字产业化离不开长期的平台运营和产业运营。经过持续的平台运营、数据采集和挖掘分析，未来数字化能力可以输出给第三方，形成多元化的收费模式。比如掌握了某个产业的种植分布和种植适宜性、风险性评价以及基地的产量预估等数据，我们可以为计划林地流转、规模化运营的主体提供评估报告，让经营主体来选择合适的基地。

评估报告还可以帮助经营主体与银行信贷进行无缝对接，快速获得信用贷款。我们可以对经营主体的生产管理过程进行风险预警，监控主体有没有将贷款资金真正用于生产经营。

平台已联合临安农商银行推出"农证贷"。山核桃种植户们在小程序上提交个人与农业资产基本信息，就可完成山核桃土地资产认证，生成数字证书及评估分，获得授信额度。

数字"农证贷"

谈运营方法｜一支懂农业、懂农村、懂农民的团队，是闻远的基因和优势

章丰： 农业领域数字化和标准化基础薄弱，面向生产主体的实施难度高，开发成本难把控，运营很"重"。在运营方面，闻远有什么心得？

余斌： 三分建设七分运营。要实现数字赋能产业升级，平台的建成只是第一步，平台的持续运营至关重要。这些年我们一直在"三农"领域打拼，磨炼了一支懂农业、懂农村、懂农民的团队，尤其是在农业产业方面，积累了大量的产业运营经验，这也是我们做产业数字化的基因和优势所在。

章丰： 闻远的人才策略是什么？

余斌： 技术团队，招精兵强将；运营团队，我会优先考虑农村长大的人，他们了解农村、接地气、稳定性高，适合长期驻扎在当地。如果招在城市 CBD 里待惯了的人，到了乡村，他们可能连厕所都不能适应。当然，临安现在生活配套优化了，公共交通覆盖了，买房租房还比市区便宜，对我们招聘人才很有利。在内部管理上，我不建议团队去听"高大上"的培训课，不接地气，闻远内部形成了一套适用于业务场景的培训体系。

章丰：闻远面向农村的客户有三类，G 端政府，B 端涉农企业、组织，C 端就是农民，和不同角色打交道有什么"秘诀"？

余斌：服务农民，记住"用心交利，用利换心"，用心去交换他的利益，用利益换他的心。不要觉得我们得到政府授意，人家就一定听我们的。

面对 B 端，无论是组织者、企业还是合作社，都要保持专业性与权威性，恪守契约精神。我们必须以客观的标准要求他们，否则我要的十万斤货，掺杂了一万斤的次品，口碑就倒了。他保质保量，我按承诺兑现，合作才会稳固。

面对政府，拿着合同讲实效，建立长期合作关系，既要有眼前的亮点，更要有长期的效果。我们有合伙人团队与政府打交道。我的三位合伙人都是"70 后"，年纪比我大，比较稳重，能镇得住场，又能给我"踩刹车"，补我的短板。

谈数字乡村与数字化改革 | 让更多农民参与进来，数字化改革才有生命力

章丰： 当前各地都在开展数字乡村建设，尤其是在乡村振兴、数字化改革的背景下。作为一线实践者，你有什么建议？

余斌： 一是政府主导。数字化的核心在于重塑乡村治理、产业、生活等方面的制度、流程，改变以往粗放的、落后的生产生活方式，而制度与流程的重塑离不开政府的主导，离不开各个部门的主动参与。

二是产业聚焦。数字乡村首先要聚焦到产业发展上，激活旧产业，引进新产业，增加村民收入。只有村民生活水平不断提高，公共服务不断完善，乡村治理才有更好的保障，才有可能吸引更多年轻人回到乡村。

三是建设与运营并重。以前农业农村方面建设过很多信息化系统，基本上只建不用，主要原因是缺乏主体去推动应用，老百姓的获得感不强。只有坚持基层运营，让更多农民参与进来，数字化改革才有生命力。

章丰： 闻远在业内的长跑已经积累了一定"里程"，大部分企业都是近两年"拐弯"入场的。

余斌： 我们是从乡村道路跑到了县级道路，慢慢跑到了国道，还在向高速努力。今年以来，我们的心情是既兴奋又焦虑，可能焦虑更多一点。每一轮的变道，每一轮的升级，其实都是由焦虑推动的。闻远从 2019 年开始在数字乡村的赛道上行驶，道路很宽，车也不多。现在路变宽了，车更

多了，央企、上市公司不断涌入，哪里有空白就填，但后续还有很多问题需要考虑。

农业数字经济与其他行业相比，还是一片未开发的森林。乡村的历史数据积累薄弱，农村新基建尚未铺开，数字乡村建设缺乏重要支撑。数字乡村不是智慧城市的复制版。目前数字乡村领域的应用大多基于城市的基础设施，数据交换模式、采集方式、算法借用城市的思路，难免水土不服。

章丰： 很多入场者不是业务驱动，而是文件驱动。如果文件和业务不匹配，就会产生节奏和资源的错配。

余斌： 我觉得大家进来热闹挺好的，但闻远还是闹中取静，做好自己，继续深耕数字乡村建设，探索可落地可复制的发展道路。对于企业而言，如何真正地走进乡村、扎根乡村，为农民带来真正的实惠并非易事。如何做，怎么做，做得好，这正是闻远科技一直在探索的。

✚ 快问快答

创业过程中踩过的最大的"坑"是什么？

我们在政府项目上踩过"坑"。到西部某地做了项目，款项没拿到；还在外省遭遇过暴力威胁。

一天中如何分配工作与休息时间？

每周平均出差1～2天，打1～2场高尔夫球，不像个苦哈哈的创业者。

你有特别喜欢的书/电影吗？

我读书比较杂，喜欢爱国主题影片。

你的人生偶像是谁？

我崇拜中国共产党的开创团队。

你认为"数字新浙商"，新在哪里？

站在新兴事物的潮流上，同时具备坚韧的精神。不要做风口上的猪，要做浪里的定海神针。

"拓荒者"柳遵梁：

把数字化转型建立在数据安全的基石上

柳遵梁

美创助力数据资产在流动中释放价值，用数据安全夯实数字化转型的基础。

毕业于中国人民解放军信息工程大学，现任全国工商联大数据运维（网络安全）委员会委员，中国网络安全产业联盟理事，中国（中关村）网络安全与信息化产业联盟理事，浙江省网络空间安全协会数据安全治理专委会主任兼秘书长。拥有二十年数据管理和信息安全从业经验，在通信、社保、医疗、金融等民生行业积累了大量实践经验。具备长远战略眼光，准确把握技术发展趋势，持续创新，带领公司完成运维、服务、产品多次转型，均获得成功。目前公司已经完成全国布局，成为国内重要的数据安全管理综合供应商。个人著有《Oracle 数据库性能优化方法论和最佳实践》一书，多次发表学术文章。

　　2021 年 9 月 1 日，《中华人民共和国数据安全法》（下文称《数据安全法》）正式施行，立法强化了大众对数据价值的认知，也进一步稳固了数字化转型的安全底座。轰轰烈烈的数字化浪潮中，杭州美创科技有限公司（下文简称"美创"）已在数据安全赛道上，深耕了十余年。

　　"'美创'的含义就是'美美地创业'，简单却不失情怀。美，甘也，至善则大美；创，始也，以创则制天下。"2005 年，柳遵梁从浙江鸿程计算机系统有限公司离职，带着对数据的信仰，与三位志同道合的伙伴成立美创。

　　2008 年，数据安全还是鲜有人问津的领域，美创团队投身其中；2010 年，公司找准医疗行业作为突破口，拓荒敏感数据保护市场（DCAP，以数据为中心的审计与保护）。时代大潮奔涌向前，今天的美创将数字化转型确立为新的业务线，"数字化转型的成功，受到两大基本因素的制约：一是安全，二是成本，都是美创的业务重点"。如今，美创的解决方案广泛应用于政府机构、国有银行、国家电网、大型港口、百强医院、世界五百强企业等。十七年，从"拓荒者"到"领军者"，美创持续助力数据资产在流动中释放价值，为数字经济的高楼大厦夯实地基。

谈"美美地创业" | 我们创始团队四个人，一起走过了 17 年

章丰：什么原因促使你走出了创业这一步？

柳遵梁：我从解放军信息工程大学毕业后，在部队服务了 6 年。回到杭州后，1999 年我进入浙江鸿程计算机系统有限公司。2005 年，在公司内部变动的助推下，我和我的合伙人（两位同事、一位同事的同学）决定共同创业。

章丰："美创"的寓意是"美美地创业"，这么 hard 的模式，很难和"美"联系到一起吧？

柳遵梁：确实是。美创一路走来还算顺利，可以说虽没有"大富大贵"，但也没有"大灾大难"。公司成立的第一年就实现了盈利，整体运营情况良好，没有生存压力影响战略布局，这也是可以"美美地创业"的前提和保障。

我们的合伙人团队一直很稳定，四个人一起走过了 17 年。我见过很多创业团队分崩离析，像我们这么稳定的确实少见。一方面因为我们性格匹配、合作默契，另一方面也得益于公司发展顺利。但创业确实辛苦，为政府"打工"，为银行"打工"，为员工"打工"，什么时候能够为自己"打工"就差不多了（笑）。

章丰：从美创的发展历程看，从数据库运维起家，2008 年转型产品研发，进军数据安全领域；2010 年拓荒敏感数据保护市场，进入医疗等民生领域；

2021 年涉足数字化转型业务……几次转型升级中，推动你做重大业务决策的逻辑是什么？

柳遵梁：一是美创成立时就明确的价值观——给客户以价值，这推动了我们从服务转型产品。考虑到美创是以技术为主的团队，我个人又擅长技术和商业的结合，最终选择了深入数据安全领域。

二是对数据的认知，我们懂得数据的价值，坚信数据是未来值得发掘的重要领域。创业前我们团队就在数据上有了积累，但"懂数据库"的人很多，"懂数据"的人不多。美创所有的转型和业务拓展，从来没有脱离过数据。

章丰：怎么理解"懂数据"？

柳遵梁：懂数据就是认知数据，最重要的是懂得数据的价值，懂得数据产生、收集、流转、应用的全流程。如果说数据安全领域是有一定门槛的，那这个门槛就是数据认知。

过去，国内数据安全业务主要是"合规"驱动，并没有从意识层面加深对数据安全的理解。未来，数据安全领域应该是业务驱动的，安全是业务的一部分，企业主动保护自身的数据，这样才正常。"合规"很重要，但只是企业数据安全的基础保证。

谈"零信任"理念 | 数据安全的出发点，也是目前数据安全的唯一解

章丰： 2010 年国外学者约翰·金德维格提出了"零信任"，美创的做法与其不谋而合？

柳遵梁： "零信任"是数据安全的出发点，它是一种认知或者说工作机制。随着数字化时代的到来，网络边界不断消失，数据流动属性释放，我们需要重新审视"安全"，面对动态变化的威胁，定义新一代的安全理念。在这种情况下，美创提出了"零信任"数据安全架构 1.0 版本。

"零信任"的核心思想是在不确定性网络中寻找确定性的支撑点，重塑信任。在默认没有安全的前提下，网络中的每个用户、设备、服务或应用程序都是不可信任的。世界上没有安全的网络，网络总会有漏洞；我们也不可以相信任何人，网络中总会有坏人，无论内部还是外部。

基于这样的"怀疑"准则，必须通过持续认证才能获得最低级别的信任和关联访问特权，实现更安全的对资源的访问，不遗漏任何可疑因素。

从"零信任"的数据安全防护思路出发，美创以数据资产为核心，从资产、入侵和风险三个视角出发，通过以人为中心的身份管理、动态访问控制、持续的信任评估，让数据时刻处于保护之中。

章丰： 所以"零信任"本质上是行业达成的一种方法论上的共识？

柳遵梁： 我认为从业者只要认可数据是一种高价值对象，从数据出发看问题、部署安全，必然会走向"零信任"。就像一瓶矿泉水，为它加上

保护套，藏到某处妥善保存，没有意义；但如果这是一瓶黄金，你就会想尽办法保护它。"零信任"的概念从 2010 年被提出，直到 2018 年，以数据为核心的数字化转型在全球展开，数据作为资产的价值才真正被重视。

章丰：2020 年初，数据首次被正式纳入生产要素范围，成为"第五要素"，也是一个强信号。

柳遵梁：在数据价值不断被发掘的今天，在数字化转型浪潮下，高价值数据资产安全驱动和"零信任"架构的内在处于完全一致的诉求上，"零信任"已成为数据安全领域最主流的措施。

伴随数据使用程度的加深、互联网业务的普及和现实世界的数字孪生，数据面临更多更复杂的风险，也许未来会出现新的技术，但我们认为"零信任"理念是目前数据安全的唯一解。

谈数据安全实践 | 让数据真正作为资产，在流动中释放价值

"从碎片化的经验到理论和概念，到架构和框架，再到技术，最终形成产品进入市场"，柳遵梁认为，只有跨越了这四道鸿沟才能获得成功。在经过 5 年的成熟实践后，美创将"零信任"架构 1.0 升级为 2.0 版本，以更好地满足数据安全和网络安全的诉求。

章丰：过去信息化部署可能以本地为主，随着技术发展出现了云端环境、泛在网络，这对数据安全行业带来了怎样的挑战？

柳遵梁：最初，我们关注的是数据中心内部的数据，2014年"云"的概念真正走上大舞台，越来越多的企业上云，原本静态的、固定的安全边界模式被打破，大量数据、交易场景迁移至云端，数据流动属性释放，使数据面临的安全威胁呈现动态变化的特征，这将持续推动以"零信任"架构为代表的新理念、新技术的发展与落地。

以医疗数据为例，这些大量、精准且特定的信息具有很高的价值。近年来随着医疗信息化建设，医疗数据在更开放的网络和机构间共享，当我们从数据资产的视角出发，就会发现每个环节都存在隐患和风险。

数据存储在数据中心时，要考虑访问和操作权限的问题，存在黑客入侵、勒索病毒等风险。数据在内外部流转以及在终端落地时，暴露在更加不可控的环境中，需要进行加密、脱敏等操作，确保数据安全。

美创强调"数据在哪里，安全就在哪里"，关注数据全生命周期的立体化防护，通过数据库防水坝、数据库审计、诺亚防勒索、数据水印溯源等产品，多措并举，给数据资产上"保险"。

章丰：基于你对趋势的洞察，美创未来在数据安全业务上有哪些侧重点？

柳遵梁：未来，数字化转型加速推进，"云"已经成为承载企业数字化转型升级的核心基础设施之一。美创的数据安全业务有两大发展方向：一是往设备终端走，数据安全需要更可靠的支撑点，美创致力于给"云"、互联网以及工业互联网提供可靠的终端保护；二是往平台走，因为管理的对象越来越多，达到上千上万，甚至上几十万的时候，人脑无法管理，笔记本也无法管理，需要平台进行统筹。

回到数据本身，最终我们要让数据真正作为资产，在流动中释放价值。

美创的数据安全产品体系

谈数字化转型浪潮丨安全和成本是转型成功与否的两大制约因素

章丰： 2018 年前后，企业端的数字化转型大规模到来，背后的驱动力是什么？

柳遵梁： 数字化转型的大浪潮起始于 2007 年 iPhone 的发布，那是消费端数字化转型的开始，直到 2018 年小米和美团上市，是标志性的结束点。结束的核心原因是，移动互联网的覆盖程度和用户渗透率接近饱和。

消费端的高潮过去后，移动互联网释放出来的大量的资本、技术、人才无处可去，自然而然就流向了产业端。数字化从消费互联网到产业互联网的衔接过渡，最终在 2018 年前后催生了大规模的企业数字化转型。

章丰： 数字化转型成为必答题，美创在这方面有怎样的部署？

柳遵梁： 美创目前通过数据治理三件套——数据资产管理平台、暗数据发现和分类工具、数据支撑平台，服务于客户的数字化转型。但未来我们更深层次的动力，是服务于业内的大数据厂商，帮助他们降低数字化转型的交付成本，从而惠及广大企业。

章丰： 你是希望为前端做项目的厂家提供数据治理能力？有点像 SaaS 化的能力？

柳遵梁： 目前我们以私有化部署的方式交付较多，SaaS 服务是美创走向平台化的基本目标，是我们努力的方向。

章丰： 我发现不少数据治理的公司有"纵横"的特点，横向提供一系列业务数据化和数据业务化的通用能力和工具，同时选择垂直方向打造标杆客户。在数字化转型业务上，美创目前在纵向上的拓展进行得如何？

柳遵梁： 深入垂直领域是赋能企业必须做的，只有在垂直领域中才能更好地验证和打磨产品，提升说服力。但垂直领域的深入会牵扯公司大量的资源，容易使公司陷入项目，所以我们一直控制着拓展的欲望。

横向平台化的能力是我们当前想做的，因为数字化转型要想取得成功，受到两个基本因素的制约。一是安全，数据安全是数字化转型顺利进行的基础。数字化转型背景下，数据不再只存在于内部网络，还会在内外部进行交换共享，因此面临更多安全问题。如果安全不到位，轰轰烈烈的数字化转型就会在中途夭折，走不到终点。

二是成本，数字化转型是不断探索、不断迭代的过程，需要消耗巨大的资金成本和机会成本，这限制了它的成功率。我们把转型称为"九死一生"，假设每次转型需要消耗一亿元，那么企业投入一亿元，一次失败就over了；如果我们把成本降到每次一千万元，企业就有更多试错的机会。

谈认知与觉醒 | 每家企业都把自己变成了数字化转型的"作坊"

章丰:《数据安全法》正式出台施行，作为从业者，你如何看待其意义？

柳遵梁:《数据安全法》《个人信息保护法》《关键信息基础设施安全保护条例》密集出台，顶层设计密集布局和加码，促使数据安全合规性、规范性要求不断提高，数据安全市场迎来重大政策性红利。传统的网络安全没有明确的保护对象，更多是用攻击行为来分析，进行宽泛的保护。《数据安全法》定义了明确的保护对象——数据，所以相应的保护手段也将更明确。

随着《数据安全法》的出台，整个市场将加速迎来快速成长的"黄金时代"。当然，数据安全市场的爆发对数据安全行业的专业化程度提出了更高要求。数据安全行业需要站得更高、走得更前，亟须国家监管部门、行业主管单位、用户单位和数据安全企业等共同探索，多方角色参与，共同建设产业合作生态，推动数据分类分级、安全评估、重要数据识别等标准的制定和落地，实现我国数据安全治理水平的持续提升。

章丰：其中有三类主要的角色：政府、企业和资本。以你的观察，各角色对数据安全和数字化转型的认知分别处于什么阶段？

柳遵梁：数字化转型是第四次工业革命的核心，无论哪个国家有意识地追逐了浪潮，或是无意识地踩准了节拍，都将打下今后八十年强盛的基础。在数字化转型上，我国政府体现出了积极性和主动性。

浙江省经过"最多跑一次"改革、政府数字化转型的成功探索和实践后，在2021年提出了数字化改革，这是政府数字化转型的再一次拓展升级。加之疫情对全球数字经济的提速作用，本来三五年内完成的工作，现在可能两三年就会完成。随之而来的，是对数据安全认知的升级。值得一提的是，数据安全领域的重大变革都是由政府牵头的，政府前所未有的重视，让企事业单位也会更有意愿、更有动力去维护数据安全。

章丰：企业层面呢？企业对数据安全和数字化转型的认知存在一个过程。

柳遵梁：企业分两类。一类是国企和央企，数字化转型是一道必答题，他们愿意为之投入资金。就像数字化改革，政府投入的资金只是以另一种形式进入社会，形成流转。另一类是广大的民营企业，对数字化保持高度关注，但是会权衡利弊和成本，更加谨慎，因为他们的投入可能会转嫁到他人手中。

章丰：其实从短期看，数字化转型是一个成本项，但从长远看，数字化转型一定是投资项。

柳遵梁：数据是企业的核心资产，长远看数字化转型是投资视角，但目前很多企业受到成本的制约。我有句玩笑话，"数字化转型对民企而言，不做等死，做了找死"。所以一方面需要寻找成功的商业模式，只要有相对确定的回报率存在，民企都会勇敢投入；另一方面，政府的鼓励和推动作用十分重要，比如出台相应的政策、提供启动资金等。

章丰：再看资本。消费互联网时代，大量的资本集中在头部玩家，这种局面会在产业互联网重现吗？

柳遵梁：我认为会重现资本聚集的局面。任何一个时代的大浪潮，从历史上看都要持续 30 到 50 年。以消费互联网来看，数字化转型才走过了十余年，道路还很长，需要相当数量的资本和技术推动产业发展。

to B 的业务天生带有个性化，但个性化对于企业的商业模式并不友好。巨头的成功，就在于能摆脱个性化。比如芯片难以个性化，就会走向垄断，最终只有几家企业能够存活。

未来数字化转型服务的市场里，资本的焦点将是可复制的商业模式，成本更低，标准化更高。目前市场的困境在于，每一家企业都把自己变成了数字化转型的"作坊"，都有独特的工艺、创新流程，成本非常高，产品质量也不稳定。更低的成本，更高的标准化，将是广大 to B 企业努力的方向。

快问快答

创业过程中踩过的最大的"坑"是什么？

没有踩过大"坑"。

一天中如何分配工作与休息时间？

追求平衡。日常 20：00 处理完工作，晚上的时间独处复盘，这算是
休息吧？

你有特别喜欢的书 / 电影吗？

《鲜活的故事》。

你的人生偶像是谁？

杰夫·贝佐斯（亚马逊创始人）。他有远见，能面向未来思考。

你认为"数字新浙商"，新在哪里？

在数字化转型的大潮中，数字新浙商扮演着推动浪潮的作用。

卖好车李研珠：

当时代来临时，你所准备的东西就是未来

卖好车创始人兼首席执行官

李研珠（胡斐）

让汽车行业的流通更高效，
让卖车变得更简单。

本名李研珠，本科毕业于哈尔滨工业大学热能与动力工程专业，硕士毕业于香港大学。胡斐是中国最早的一批电商从业者之一，电商理论专家，畅销书《玩法变了》的作者。在创建"卖好车"前，胡斐曾参与淘宝、蘑菇街等多个知名电商平台的创建过程，是淘宝162号员工、淘宝商城创始团队负责人、蘑菇街联合创始人，主要负责市场营销工作，创造了淘品牌、"秒杀"等对中国电商行业影响深远的销售形式。

✦

"我是不务正业的选手。"

胡斐出生在军工世家，祖籍东北，生于陕西，长在四川，成长轨迹与国家军工产业布局的走向一致。大学时胡斐回到东北，在哈尔滨工业大学学习热能与动力工程。30 个同班同学中，有 23 人至今还在各军工研究所，而胡斐选择了一条截然不同的道路。

2005 年，胡斐误打误撞进入阿里，"进来后发现太适合我了"。在阿里，他做过线上广告投放，做过活动营销策划，又参与打造了淘宝商城和口碑网。2011 年，胡斐离开阿里，联合创立了蘑菇街。

不久，"不务正业"的他又琢磨起如何把电商经验与自己的兴趣结合。胡斐爱车，拥有过多辆车，"一看车尾灯，一听引擎响，我就能猜出型号"。

2014 年，胡斐创立了 B2C 汽车电商平台"买好车"，以平行进口切入市场，两年后公司以"卖好车"转型 B2B。艾媒咨询市场调研显示，"卖好车"年服务新车交易量达 50 万台，全国每 100 台新车中，就有 2 台通过"卖好车"卖出。"卖好车"开创了"三网一端"商业模式，通过仓网、运网、店网和资金端赋能服务广大车商，提升行业效率。

通往胡斐办公室的楼梯上，挂着沾满了泥点的牛仔裤和靴子，真实记录着公司的艰难岁月，冰雹、暴雨、台风……分散在全国各地的员工曾奋力抵抗自然灾害，转移库中车辆，确保供应链的稳定。"遇见困难，那又如何"，传统汽车行业的数字化转型道阻且长，胡斐和"卖好车"将迎着风雨继续前行。

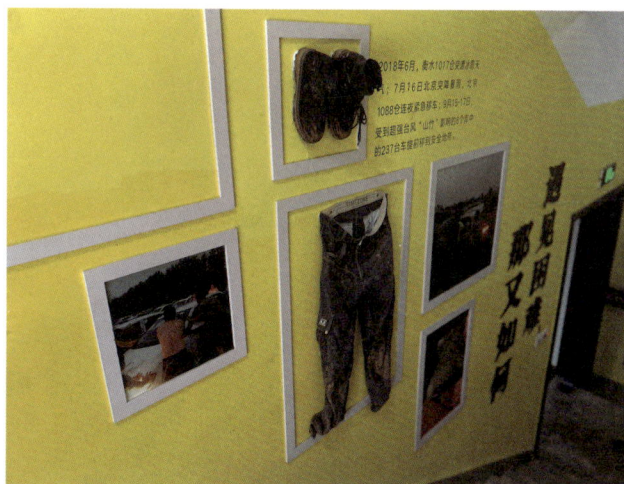

"卖好车"楼梯一角

谈转型逻辑 | 世界上不差我们一个经销商，我们只是会写代码的经销商罢了

章丰：从 2014 年成立时的"买好车"，到 2016 年转型"卖好车"，你经历了怎样的决策过程？为什么没有直接选择 to B 业务，而是先走 to C 这条路？

胡斐：对我而言，to C 是必经之路。2014 年，一支阿里背景的创业团队进入汽车行业，能做什么？我们自然地选择了面向 to C 的卖车业务。但是如果觉得这件事很容易，那就错了。

汽车行业有两个特征：一是非常传统，数字化程度低；二是利润结构与其他行业不同，利润集中在车前车后市场，零售环节几乎没有利润，甚至是负毛利。所以"买好车"想通过 B2C，扩大零售规模并实现商业化，并不现实。

中国有着全世界最大的汽车经销网络，有 10 万多家中小经销商，他们的销售渠道往往在传统厂家授权体系之外，主要车辆来源是本地 4S 店、二级市场、供应链平台等，这就导致了中小经销商面临资金不足、车源少、抗风险能力弱等问题。如何让经销商更有效地卖车，才是汽车流通行业基础设施建设的关键。

世界上也不差我们一个经销商，我们只是会写代码、有网站的经销商罢了。要想为汽车行业带来变化，不是冲到前线和经销商竞争，而是通过服务，把经销商、资金方、物流等环节都串起来，让整个行业的流通变得更快，让卖车变得更加简单。所以，我们从面向消费者的零售平台"买好车"，转型为服务中小汽车经销商的服务型平台"卖好车"。

章丰：相比你当初的预期，"卖好车"在 to B 方面的能力积累是更慢还是更快？

胡斐：更快。我们抱着"必须做 to B"的想法转型时，对业务完全没有认知，也没有相关行业经验，只有逼着自己更快地学习，更快地积累，才能"活着"。

对平台而言，不同品类交易的达成需要关注不同的维度。普货性质的淘宝，只需关注卖家和买家两个维度；数码家电则强调物流这一维度，京东通过自建物流，在数码家电交易方面筑成"护城河"。而汽车领域还需要第四维度——金融，因为资产贯穿汽车全生命周期。

我们在奔跑过程中，有时不得不先做出选择，再总结经验。回头看，"卖好车"恰好选对了路，从金融切入 to B 业务，逐渐积累形成包含仓网、运网、店网和资金端的"三网一端"交付网络。

谈"三网一端" | "卖好车"帮助小 B 解决了车源、资金、物流等问题，节约了 60% 以上的成本

"老王在县城开了一家门店，朋友亲戚都来找他买车。客户选好车了，老王的问题是：车呢？客户交 3000 元定金，他要交 30 万元采购，钱呢？客户要办贷款，怎样更省事、赚钱更多？"从 B2C 转型 B2B，"卖好车"瞄准中小经销商的痛点，从车源和资金入手，通过车源交易、金融科技、仓储物流等服务，提高商家经营效率，降低经营成本。

章丰："卖好车"以仓网、运网、店网为基础，搭建流通行业基础设施，这三网的建设都很"重"。

胡斐：是的。仓网的建设最"重"，而且没有现成模式，需要自己探索。

传统观点里仓储是存货的空间，但汽车仓储坪效特别低。坪效高的生鲜仓储可以叠放一百层，每日收入高达几千元；汽车仓储无法堆叠，单位空间只能放一台车，每日收入可能只有十几元。

所以如何从低坪效的荒地中挖掘价值，就是我们面临的问题。"卖好车"将仓储的价值开发为三层：

第一层是基础的存货功能；

第二层是资产化，"卖好车"通过 RFID（射频识别）等物联网技术，把精细化的库存管理转变成实时的资产监管，并将数字化仓储系统与银行的系统打通，证明在库车辆都是合格资产；

第三层是规范化，以前在库车辆管理混乱，几百台新车在空地上，我们甚至提着一麻袋的钥匙，一台车一台车地试钥匙。仓储数字化以后，在"卖好车"的系统里，每一辆在库车就生成了一张数字化表格，车架号、详细配置、高精度车位、资产评估等参数一一展示，方便后续的交易和运输。

"卖好车"全国仓储监控中心

章丰：仓储建设看似简单，实际做起来很难。

胡斐：是的，无论是客户认知还是能力建设，都不容易，目前"卖好车"已经拥有 342 个仓，数十万真实车源，覆盖 300 多个城市。

在运网端，我们在全国覆盖的物流线路有 18000 多条，物流信息、车辆信息实时更新在系统里，清晰的列表会通过在线小程序推送给附近的小 B 车商，通过生态合作伙伴形成高效连接的运输网络。

为什么要做店网？我们认为，汽车必须有一个线下服务网点。网点除了实现交付，还要提供车辆整车、零配件、客户服务等。以前，这个网点是 4S 店，但如今一个明显的趋势是，大量的车不是在 4S 店被销售的，而是在下沉渠道由中小经销商（小 B）销售出去的。

章丰：资金端是门槛最高的？

胡斐：资金端最难，但是必须碰。汽车在全生命周期都是金融资产，行业所有环节都是由金融驱动的。"卖好车"是一家轻资产民营企业，我们面临的难点是如何撬动资金。刚开始涉足资金端时，我们尝试代采购业务，但是业务规模扩大后，需要寻求金融机构的支持。当时我们在第一家银行就碰了壁，对方直接质疑："你从我这拿钱去放贷？"

章丰：银行对这类业务的认知不一样。

胡斐：我们应该把自己摆在系统提供方的角色上，不干涉银行业务本身，而是为资金方和经销商双向赋能。基于"卖好车"积累的真实客源、车源，以及一对一真实关联交易，我们可为银行提供交易平台的数据，作为监管的有效依据。如今，"卖好车"在资金端的授信规模超过了50亿元。这其中，最为典型的是在2020年4月，获得中国建设银行的20亿元额度授信。

章丰： 通过"三网一端"，产业链效率提升可以达到怎样的程度？

胡斐： 以前小B为供应链付出的成本相当于车价的1%~2%，"卖好车"帮助小B解决了车源、资金、物流运输等一系列的问题，节约了60%以上的成本，还提高了效率。

谈客户群体 | 中小汽车经销商数字化程度低，在客户面前必须"说人话"

章丰： 基于"三网一端"的底层架构，"卖好车"具体如何服务客户？

胡斐： "卖好车"提供的服务采用会员制，面向上游和面向下游的产品策略不同。

面向上游的4S店、大型贸易商、品牌商等，我们帮助他们更好地完成to B销售，实现渠道下沉。我们提供的服务包括对接银行资金、定制仓储、提供数据建议等，在收取年费的同时按效果收费。

下游经销商的主要行为是采购车辆并出售给C端，"卖好车"只收取产品年费，把门槛降到足够低。大量的中小经销商通过"卖好车"的交易平台，可以精准地获取车源信息，支付少量定金就可线上采购车源。

根据中国汽车流通协会公布的数据，包括二网在内的中小汽车经销商数量已达到 10 万家。他们大多位于县乡一级的下沉市场，销售形式更加灵活，转化率也更高。相比 4S 店等"重"型渠道形式，他们是更加匹配下沉市场的渠道。"卖好车"累计服务了超过 4 万家中小汽车经销商，帮助他们更好地卖车。

章丰：据你们观察，这个群体的数字化程度如何？

胡斐：大概处于七八年前家电经销商的水平。我们刚进入汽车行业时，下沉渠道的很多小车商还在用三星翻盖手机。客户数字化程度低，反过来会对数字化服务提出更高要求，我们的产品必须做到足够简单。比如之前我们的程序中有个按钮叫"释放物权"，这是金融术语，客户看不懂，实际上是"同意出库"的意思。要在客户面前"说人话"。

谈模式创新｜从供应链底端切入，要耐得住寂寞、忍得住穷

章丰：如果让公众更好地理解"卖好车"的模式，可以类比"贝壳"吗？两者有哪些可以互相借鉴或印证的方法？

胡斐：就像"贝壳找房"的"全网真房源"一样，"卖好车"提供的是全国真车源，通过自建仓储和数字化管理，确定了车源的稳定性；通过运网和店网，保证了线下交付的及时性和后期服务的落地性。

在房产市场中，消费者极度分散，中介极度分散且质量参差不齐，贝壳通过门店网络和 ACN 机制（经纪人合作网络），重新分配房产交易过

程中的利益所得，打破了房产经纪人、门店和房源的边界。汽车市场也很分散，中小 B 销售服务水平参差不齐。

章丰：在你们的平台服务机制中，有没有形成类似贝壳这样小 B 之间的协作？

胡斐：我们在黑龙江等地都做了试点，小 B 采购了车之后，不光是他自己能卖，别人都可以卖。远在牡丹江一家汽车修理厂的小工，一个月能卖出 50 台车，因为他车修得好，在当地形成了口碑。参与交易环节的角色，相应地可以分配交易中的利益所得。

未来，汽车行业的协作机制会逐渐成熟。与房产行业不同的是，汽车在交易链下游的交付服务更"重"，所以汽车行业的协作机制在侧重点上会有所区别。

章丰："卖好车"自建仓储，专注供应链建设，这种模式在汽车行业中比较独特。

胡斐：从供应链底端切入，必须耐得住寂寞、忍得住穷。资本往往青睐那些能迅速爆发的赛道，创业者会因此迷失方向。"卖好车"从底层的基础设施开始建设，前期会很难熬，需要时间和成本摸索前路，但是如果我们活下来了，未来会引来供应链的爆发。

章丰：作为公司一号位，多多少少会感受到来自投资人的压力吧？

胡斐：肯定有压力，但是"卖好车"在投资人的选择上很正确，我们选择了非常长线的投资人，他们更理解从底层切入的发展路径。比如，李开复老师（创新工场 CEO）支持"卖好车"七年了，上次他见到我说"没关系，你慢慢做，时间还很长"。开复老师还举例鼓励我，他很早就关注 AI，至今还在投资 AI 领域，坚持了几十年。

谈产业互联网｜你看到未来是什么样子，就把需要的东西准备好

胡斐曾提出汽车行业的"三大变化"：一是产品本身的变化，汽车的"汽"变化了；二是销售渠道的变化，从卖产品到卖服务；三是使用方式的变化，消费者对使用权的关注度超过所有权。

章丰： 经销商、消费者、工具变了，汽车这个产品本身也在变化。近年来出现了不少新能源车。你如何看待"汽"字变化对汽车销售服务市场的影响？

胡斐： 当红的"蔚小理"（蔚来、小鹏和理想）我都开过。蔚来是通过品牌直营与粉丝维护，创造了汽车市场一种全新的消费者关系。理想创造了一套全直营的新销售模式。理想成功的重要原因之一是把产品投放到了"无人之境"，过去我们以为汽车销售市场已经没有空地了，理想将客户精准定位为"家里没有充电桩的二胎奶爸"。

电动车的零件比燃油车少一个数量级，而且所有问题能通过软件解决就通过软件解决，所以新能源和智能化汽车让售后的产值迅速降低了，导

致车辆的售价没有多少下降空间，为了保证整体利润，品牌就需要采用价格直营和消费者关系直营，整个销售体系因此发生变化，未来可能会广泛流行代理制。

新车要寻找新打法。"卖好车"作为汽车整车厂的一个新渠道，目前也与新能源、新品牌、新车型有合作。

章丰： 新能源和智能化汽车带来更标准化的服务和价格，中小经销商会面临哪些变化？

胡斐： 新能源和智能化汽车带来的关键变化在于，品牌商会变成用户运营方，以前车卖掉了，交付就完成了。现在车卖掉，消费者把自己的 ID 在车辆上登录的那一刻，不是销售的终结，而是服务的开始。这件事，线上必须做，线下也必须做。品牌要向运营商转变，经销商要向服务商转变。

但是目前购车环节复杂，中国又是个大市场，所有汽车新品牌都面临的现实情况是"一线城市不得不直营，二三线城市谁爱卖谁卖"。只有一线城市直营，就不可能实现生产规模化，为了接触到更多下沉市场中的消费者，经销商必不可少。未来，经销商不仅是汽车销售者，还是落地服务的提供者，将与消费者产生深度联系。

随着新能源和智能化汽车的推广，中小经销商离消费者更近了。以前燃油车只有出了故障，消费者才来修理；现在电动车用户遇到按键使用、系统更新等问题，都会找到经销商咨询。所以中小经销商与客户交互的频次会更高，自身的价值也会更加凸显。

章丰：未来新能源和智能化汽车普及，对"卖好车"汽车产业互联网的打法有什么影响？

胡斐：新能源和智能化汽车把经销商环节拧碎，变成更小的颗粒。品牌有发展下沉市场的需求，但不是所有品牌都能在县域安排人手，最佳模式是每个县有一两个综合性网点，什么车都卖，什么车都修，什么车都可以服务。我们打造的汽车产业互联网，正好契合这个趋势。

借助"三网一端"的支撑，"卖好车"在县域中建立大量的细颗粒网点，也就是中小 B 端经销商，未来他们会逐渐成为标准化承接服务的节点，每个县里有几家效率高、形象好的超级经销商，他们都 powered by（接受技术支持）"卖好车"。厂商无论是直营类还是渠道类，都可以在这些网点承接交付，就可以把车卖到任何地方。

更远一些，从中筛选出拥有更好消费者关系、更快响应速度的网点，我们称之为"超级服务商"，服务商负责社区用户的车辆运营，满足用户的各类需求。这将是一个强大的网络，拥有极强的客户消化能力和服务能力。

这就是"产业互联网"，不是赶走经销商或者变成经销商，而是为他们赋能，做好服务。对于产业互联网，你看到未来是什么样子，就把需要的东西准备好。当时代来临时，你所准备的东西就是未来。

✚ 快问快答

创业过程中踩过的最大的"坑"是什么?

2017 年没有果断地坚持自建仓储,导致出现了风险。

如何分配工作与休息时间?

每个礼拜有一天陪女儿,带她飙车(笑)。

你有特别喜欢的书 / 电影吗?

《红楼梦》,烦躁时翻开看一会儿就会平静下来。

你有特别欣赏的人吗?

乔布斯。我觉得自己对产品的偏执、现实扭曲力场等,和他有共同点。

你认为"数字新浙商",新在哪里?

数字化排头兵,耐得住寂寞。

妙聚网络陈博：

狂奔在游戏行业的兔子

妙聚董事长，乐港创始人

陈 博

游戏是中国文化出海的排头兵。妙聚要输出中国文化，影响全球更多人。

浙江省民盟青年委员会副主任、浙江省游戏行业协会会长、杭州市浙江大学校友会副会长。乐港创始人、游侠汇创始合伙人。中国著名的游戏制作人，主创的《热血三国》系列游戏是中国网页游戏的开山之作，同时也是中国策略游戏的代表作品，远销全球 20 多个国家和地区，总用户超 2 亿，总流水超 30 亿元，14 年来经久不衰。

　　过去 5 年，陈博领导的游侠汇创投积极布局文化产业，先后投资绝地科技、圣剑网络、众策文化、达趣科技等知名企业，单项目回报最高超过 100 倍，整体实现 5 年 10 倍回报。企业发展过程中，他积极组织公司同浙江省血液中心联合开展志愿献血活动，为推动浙江省无偿献血事业做出贡献。疫情期间积极建言献策并有幸得到了民盟中央的认可和采纳。

◆

　　"之所以选择游戏，还是因为热爱。"2004年，刚踏上创业征程的陈博怀着满腔热血，在QQ签名中写下"为中国游戏行业工作30年"。十多载已过，他始终坚持年少誓言，经历了手游—页游—手游的轮回，成功缔造了庞大的游戏王国。

　　2008年乐港科技成立，陈博一举开创国产页游新局面，打造的现象级产品《热血三国》已持续运营14年，活跃用户突破700万，全系列累计2.1亿玩家注册，联动"影音游文"不断拓展衍生作品。

　　2013年，陈博选择从游戏研发商转型运营发行商，成立妙聚网络（下文简称"妙聚"），以"点滴快乐，妙聚于心"为理念，专注于高品质全球化互动娱乐产品。妙聚就像它的吉祥物兔子一样，竖着耳朵保持高度警觉，动作敏捷，在千变万化的游戏行业中不断奔跑。

　　陈博被很多人熟知，是因为个人公众号。2018年起，他开设了个人公众号"陈博每日观察"，分享对每日时事的观察与点评。"我可能是计算机专业里语文学得最好的。"

　　2020年，他新任浙江省游戏行业协会会长、浙大校友会副会长、浙江省民盟青年委员会副主任。创业之余，他举办创投会，参与社会及公益事业，一边打趣忙到"想找哆啦A梦变出个Tony(陈博的英文名)2.0"，一边乐在其中。

回望 17 年创业生涯 | 如果让我自己总结，就是顺势而为

章丰： 你是游戏行业的老兵和开拓者，回看自己 17 年的创业生涯，最大的感触是什么？

陈博： 如果让我自己总结，就是顺势而为。我进入游戏行业是 2004 年，那会儿还是 PC 游戏时代，我们上来就做了手游，也是初生牛犊不怕虎。当时彩屏手机刚开始流行，没成功也是必然。2007 年第一代 iPhone 问世，中国手机行业迎来第一轮大洗牌，转型之后，我们推出了页游《热血三国》。这款游戏也成为国内策略性游戏扛鼎之作，刚推出就一炮而红，我也赚到了第一桶金。策略游戏趣味性高，再加上市场同品类作品的空白，《热血三国》的爆火也算是"天时地利人和"。

《热血三国》系列成绩

游戏研发有很大的不确定性，2013 年，我们又一次转型，开始深入产

业链的核心环节——运营和发行。此时智能手机普及，手游爆发式发展，随着公司越来越多，互相之间信息不对称，自研自发模式已经落后，行业分工越来越细。

所以对于创业者来说，机会永远是存在的，关键在于是否有抓住机会的能力。顺势而为，才能长久地走下去。

章丰： 2013 年这一次转型，意味着你的角色发生了转变，从游戏制造商变成了运营商和发行商。当时是怎么考虑的？

陈博： 做游戏就像拍电影，一个人的精力在一段时间内只能放到一部作品上，导演没法同时拍两部电影，而游戏的制作周期往往比电影更长，回报周期也更长。所以当时我面临一个抉择：未来是继续扮演导演的角色，两年拍一部电影，还是变成电影平台公司，培养更多导演，出品更多电影？经过思考，我觉得要从导演的轮回中出来，尝试在这个行业里扮演平台的角色。

章丰： 具体怎么理解"平台"的作用？

陈博： 妙聚一端连着用户，一端连着研发，是一个贯穿全链路的角色。我们主导游戏的立项，然后交给合作的研发公司生产；游戏研发出来后，再依托妙聚的渠道能力将游戏推向市场。我过去只做研发，我就是张艺谋，天天想着下一部拍什么片、故事怎么讲、电影怎么拍；现在相当于电影公司，我是王中军（华谊兄弟传媒公司董事长），要考虑如何选剧本、和哪个导演合作，还要考虑市场有没有需求、后期如何投放。

章丰： 在整个环节中，妙聚最重要的能力是什么？

陈博： 我们最看重的是游戏立项，包括选品，确定产品的定位、用户群、推广方式、市场规模、盈利预测等各方要素。跑渠道、买量这些只是发行公司的基本功，产品本身才是决定成败的。我们对项目的参与比较深入，这也是因为我们基于自己做产品的积累，才有能力担起这个角色。

谈游戏 IP 化 | 用户群达到 5000 万以上才能称为 IP

章丰： 文创领域言必称"IP"，游戏 IP 化也是大势所趋。有些词说多了容易充满误解，你觉得当人们在谈论 IP 的时候，是否存在似是而非的理解？

陈博： 谈到 IP，我自认为还是很有发言权的。2006 年，大家对手游都没有概念的时候，我们就拿到了韩剧《大长今》的正版手游授权。当时我们还获得了日本 Hello Kitty 的游戏授权，我们很早就有这样的意识。妙聚成立后，也与很多顶级 IP 有合作，比如《斗罗大陆》《莽荒纪》等。所以对于 IP 我有一些自己的思考，借此机会分享一下。

大众提到的 IP 往往是一个宽泛的概念，是对知名文创，包括文学、影视、动漫、游戏等作品的统称。我认为成为 IP 首先要满足最基本的条件——有广泛的用户群，达到 5000 万以上才能称为 IP。一个作品，你放马路上一看，10 个人里 9 个人都不知道，怎么能叫 IP？就是普通作品。如果 10 个人里

9个人都知道，才是很牛的IP。IP首先要有广泛的影响力。

章丰：以这个标准衡量，大量所谓的IP都是伪概念。

陈博：围绕一个好的创意，不断丰富产品形态，推出系列作品，不断强化用户观感，才能让IP立体起来。单纯一款游戏，可能大部分人的认识还是不够的，要让游戏的故事背景等被更多人知晓，"影音游文"联动。比如，妙聚对《热血三国》这个IP的设定，就是以游戏本身为起点，汇聚文学、动漫、影视。《观海策》是以动画为起点，接下来我们将推出相应的手游和页游，丰富IP产品形态。

在IP的打造上，我们也走过误区。刚开始想对知名IP进行整合和转化，看似商业想象空间很大，但开发衍生品这条路非常难走，你会发现各个角色的理念难以统一。所以近几年妙聚转变方向，全部培育自主IP。

章丰：你觉得与知名IP合作和自主孵化IP两条路线有高下之分吗？还是不同阶段的公司会有不同选择？

陈博：不存在高下之分。如果看重短期利益，或是一些年轻的创业公司，可以选择一个成熟的、有影响力的IP获得授权，借力合作。如果是长期抱着种树的心态，那就选择自己孵化IP。

不可否认，原创IP一定是游戏公司最强的护城河。IP就是我们在复杂多变的环境里可以抓住的那点确定性，全世界范围内最成功的就是迪士尼，IP成为它整个战略中最重要的一环。

章丰：自主IP打造也会面临产业链延伸的问题，你是倾向于找专业的合作伙伴,还是自己成立专业团队进行多元化布局?

陈博: 两种方式都会有。最关键的是对 IP 的整体规划,肯定是由妙聚自己完成。在具体的环节上,我们倾向于让专业的人做专业的事,比如"热血三国"的小说《热血三国之水龙吟》就是请起点白金作家庚新创作的。未来妙聚的核心战略,也是要把我们的拳头产品 IP 化,这样才能经久不衰。

谈游戏出海｜游戏是中国文化出海的排头兵

章丰: 根据《2020 年中国游戏产业报告》,2020 年中国厂商自主研发游戏海外市场实际销售收入达 154.5 亿美元,首破千亿人民币。中国游戏在国际上的竞争力处于什么态势?

陈博: 目前全球游戏产业最大的单一市场和单体最大的游戏公司(腾讯)都在中国。未来随着中国游戏厂商的自研能力增强、出海经验积累,一定有一批精品游戏可以满足全球玩家的需求。我基本可以预判,未来十年世界上超过 70% 的主流游戏产品都是中国公司出品。

章丰: 妙聚是游戏大军里较早出海的一员,对于中国游戏出海的现状,你怎么看?

陈博: 一方面,中国游戏市场竞争激烈,海外市场的增量空间可观,估计可达上千亿美元;另一方面,国内游戏行业的政策收紧,资本市场存在隐形门槛,也正是游戏公司走出国门的好机会。

中国高速发展至今，过去主要是物质文明的输出，未来我们需要向海外大量输出精神文明，包括电影、文学、动漫、游戏等。来看一组数据，2019 年中国国产电影国内总票房 411.75 亿元，海外份额十分有限；但同年，中国游戏在海外的发行收入近 1000 亿元，国内规模更大。中国游戏的出口额基本上占了中国所有文化产品出口额的 95% 以上，是中国文化出海当之无愧的排头兵。所以我非常鼓励国内游戏公司出海，希望让国外的小朋友也玩我们的游戏长大，看我们的动画片长大，真正输出中国文化，影响全球更多人。

章丰：妙聚也在布局从产品到资本层面的出海，接连收购了两家韩国的上市公司。为什么瞄准韩国？

陈博：因为韩国市场环境友好，游戏业是韩国大力支持的战略性产业。韩国本土游戏公司在证券市场表现很好，市盈率很高；而且，韩国没有大体量的"巨无霸"（除三星之外），虽然市场体量不大，但交易活跃，对中小股东友好。更有意思的是，韩国投资者近年来对中国概念股十分看好。韩国市场是游戏公司最好的市场，没有之一。

章丰：产业发展总是和国家政策、市场环境休戚相关。把目光放到国内，你怎么看版号政策给行业带来的影响？

陈博：过去国内游戏市场非常混乱，版号泛滥，抄袭等问题层出不穷，行业规范度不高。国家出台版号政策，让一批小型创业公司彻底失去了机会，它们或死亡或转型，或采取合作并购的方式进入头部大厂的体系。但不可否认，加强版号管理，适时拉高了行业门槛，规范了行业的经营，总体上利大于弊。

未来能够在市场的残酷厮杀中活下来的，一定都是产品能力非常强的公司。在供给侧改革背景下，我们要坚持做精品游戏，坚持做长线游戏，把每一款游戏都做精、做强、做大、做久。

谈未来游戏 | 我非常看好 VR/AR 游戏和云游戏

近些年来，VR、AR 的概念火爆，人类对于游戏的畅想从未止步，在小说和电影中常常出现这样的描述：在未来，人们只需要戴上特制的眼镜或头盔，就能进入虚拟的游戏世界，在其中可以全方位刺激感官，获得几近真实的体验。在探索未来游戏的路上，妙聚也走在前列，目前已在杭州多地落地了妙娱 VR 空间站，给玩家带来全新体验。

章丰： 从技术的角度看，未来游戏的变量会在哪里？

陈博： 游戏行业一直与尖端科技相伴，和最先进的基础平台嫁接，从游戏行业的发展路径来看，经历了游戏机、PC 游戏、页游再到手游的迭代，那么手游后面会是什么？我们认为最主要的变量就在于下一个大型计算平台。从早期的主机、街机，到电脑、手机，计算平台的每一次大变革，游戏都冲在应用的前端，毫无疑问会成为下一代计算平台的率先应用者。我比较看好两个方向：VR（虚拟现实）/AR（增强现实）以及云游戏方向。

妙娱 VR 空间站

VR 可以提供给用户关于视觉、听觉等感官的模拟，达到以假乱真的沉浸感。AR 则是通过摄像机影像的位置及角度精算并加上图像分析技术，让屏幕上的虚拟世界可以和现实世界场景进行结合与互动。我相信 VR 和 AR 带来的体验是颠覆式的，一旦体验过 VR 的交互，传统的屏幕式体验就变得索然无味了。

妙聚的线下空间站就是 VR 游戏和新零售结合的探索，这是比较初级的阶段，借助共享设备获得体验。在未来五年内，VR 共享设备将基本普及，联网的 VR 游戏开始出现，很多人都开始购买自己专属的 VR 设备。我预计到 2025 年后，VR 将迎来真正的大爆发，人手一个 VR 设备，就像今天的手机一样，百花齐放，值得期待。新兴的 VR 和 AR 游戏平台，将会开辟新的细分行业，也带来大量新的市场机会，我相信中国游戏企业也必然是其中的生力军。

谈社会身份 | 按自己喜欢的方式生活

章丰： 企业家群体中，你是一个罕见的、高产的观察者，作为一个老媒体人，要向你表示敬意。愿意发声、能够发声，在这个时代是一种稀缺的勇气。写公众号有没有给你惹过麻烦？

陈博： 目前没惹过大麻烦。前两年我评论的范围比较广，经济、社会、科技、国际关系等等话题都会写，最近逐渐把话题聚焦到科技公司上，还是会收到某巨头互联网公司的投诉，可能引起了对方公关部的关注吧（笑）。去年我写了一篇文章《千亿市值芯片公司恐怕要成了"韭菜"收割机》，犀利地抨击了一家上市公司，我是通过客观数据分析，认为这是一家投机取巧的骗子公司。今年我也会加强对科技领域的关注。强科技，才能兴国家，这也是我如此关注科技发展、坚持写科技评论的原因。

章丰： 是什么契机让你选择开公众号？

陈博： 因为我每天都会冒出大量想法，最开始是在朋友圈发小短文，反响还不错，后来就开了公众号，一直坚持下来了。我一直挺喜欢写作，当年高中会考，我是南京市语文第一名。从学校的 BBS 到后来的博客，只是写作的载体发生了变化。

章丰：所以你是同时掌握着文字和代码两种话语体系，挺难得的。你还分出了一部分精力参与社会性工作。你怎么看待企业家、创业者处理公司事务和承担社会责任之间的关系？

陈博：我天生就是个热心肠，在学校时就热衷于社会活动，在浙大成立了计算机协会，帮助同学解决与电脑有关的问题。那时的计算机协会是浙大最大的学生社团。所以创业过程中，如果有机会为社会服务，我自然而然地就去做了。我自认为不是一个特别优秀的企业家，而且现在越来越随心所欲，按自己喜欢的方式去生活就好。我很喜欢这些社会活动，那我就参与和组织，不必纠结所谓的得失，更多是为了获得心理上的快乐。

✚ 快问快答

创业过程中踩过的最大的"坑"是什么？

我是个乐观主义者，没踩过太大的"坑"。

一天中如何分配工作与休息时间？

我每天比较规律，早起锻炼，中午到公司和大家一起吃饭，下午开会，晚上机动安排。

你有特别喜欢的书／电影吗？

电影《阿甘正传》和传记《比尔·盖茨传》。

你的人生偶像是谁？

比尔·盖茨。

你认为"数字新浙商"，新在哪里？

对互联网思维的接受度非常高。

"渔博士"沈杰：

打破物联网技术与应用之墙

庆渔堂创始人兼董事长

沈 杰

养鱼就是养水，庆渔堂用物联网穿透水，打破渔业的核心瓶颈。

本科毕业于浙江大学，中国科学院博士、美国加州大学圣地亚哥分校（UCSD）访问学者，是全球首位因物联网标准突出贡献获得国际电工委最高荣誉"IEC 1906 奖"的专家，曾担任国家物联网基础标准工作组总体组组长，领导制定数十项物联网国家标准，并代表中国牵头制定全球首部物联网参考架构国际标准（ISO/IEC），先后荣获上海市科技进步一等奖、中国标准创新贡献奖、全球物联网与智慧服务最佳典范奖、全国农村创业创新项目创意大赛初创组银奖、浙江省乡村振兴共富带头人"金牛奖"等数十项荣誉，入选上海启明星人才计划、浙江省"万人计划"、浙江省"3030"新农人、湖州"南太湖精英计划"等。2016 年，在完成国际标准核心工作后，为推动物联网行业应用落地和渔业发展，沈杰博士辞职并组建跨行业融合团队，回乡创立庆渔堂。

✦

　　湖州市南浔区菱湖镇是全国三大淡水鱼商品生产基地之一，驱车行驶在镇上，沿路可以看到交叉成网的河流，星罗棋布的鱼塘，以及广告牌上"帮天下百姓养好鱼"的口号。最终我们到达了目的地——浙江庆渔堂农业科技有限公司（下称"庆渔堂"），没有寻常数字企业"高大上"的门面，庆渔堂透露出一股朴素的"乡镇企业"气息。

　　进门就是展厅，摆放着庆渔堂"稻渔共生"的沙盘模型，我们正饶有兴趣地观摩物联网设备时，沈杰博士匆匆赶来。初见沈杰是在一次论坛上，他的一句"养鱼就是养水"让人印象深刻。

　　沈杰是土生土长的湖州菱湖人，浙大本科毕业后，在中科院硕博连读，后为加州大学圣地亚哥分校（UCSD）访问学者，此后担任无锡物联网产业研究院副院长、国家物联网基础标准工作组总体组组长、国家传感网工程技术研究中心副主任，并代表中国牵头制定了全球首部物联网架构国际标准，成为物联网领域首位荣获"IEC 1906 奖"的专家。2016 年，沈杰回到家乡创业，一头扎进鱼塘。

　　"技术只有落地才能产生价值，物联网应与垂直产业深度融合。"庆渔堂以水产养殖为切入点，利用物联网和大数据技术，帮助农民养"好"鱼，管"好"水，卖"好"鱼。经过五年摸索，庆渔堂已经建立起物联网运营服务平台,实时服务了12000多个鱼塘。大家都亲切地称呼沈杰为"渔博士"。

"未来5～10年,渔业一定会完成一次进化。"以菱湖为圆心,地图上不断点亮的传感器信号,正串联起智慧渔业的产业新图景。

谈回乡"养鱼" | 物联网技术和应用之间的墙,必须有人去打破

章丰: 作为一个在物联网研究领域成名的专家,回乡创业会不会有"偶像包袱"?

沈杰: 没有偶像包袱,我是个喜欢向难而行的人。作为中国最早一批进入物联网领域的研究人员,我意识到,物联网技术的研究群体和产业群体是脱节的。物联网不是一项单一的技术,而是一个整体的创新模式,必须融入产业,做深做透,产生具体的运营或服务模式。技术和应用之间的这堵墙,必须有人去打破。

章丰: 你是执"锤"(物联网技术)之人,有很多"钉子"(行业)可以选择,为什么选择渔业?

沈杰: 渔业具备万亿级市场规模,养殖前端以散户传统养殖为主。养鱼先养水,水是渔业的共性。其他农产品和工业品都在空气中生产,唯独渔业在水下,看不见、摸不着,只能凭经验。人和鱼之间永远隔了层水,但是物联网可以穿透水,通过把控水的数据,对鱼进行智能化的管理。所以渔业的核心瓶颈,可以通过物联网打破。

因为有做物联网研究的基础，我清楚物联网与行业深度融合，势必触及服务对象的数据隐私问题。而农业恰恰是中国大数据最肥沃的土壤，渔业不涉及敏感数据，高度市场化也决定了其"天花板"会更高，我们可以不断往前走。

章丰： 市场规模大、应用场景典型、数据价值高，还有你对渔业的感情？

沈杰： 我从小在鱼塘边长大，我们镇上世代养鱼，我对养殖户群体的辛苦和所面临的风险深有体会。记得 6 岁时，家里整塘鱼一夜之间缺氧全死了，在我眼前白花花一片，所有大人都在号啕大哭；我舅舅 70 岁时才勉强还清养鱼欠下的债务……所以我一直有个很朴素的想法，要为养殖户群体做点力所能及的事。

章丰： 你回老家"养鱼"这件事，父母亲怎么看？

沈杰： 我母亲非常不理解，她做了一辈子渔民，不希望我再吃这份苦。乡里乡亲也不理解，这也会给她带来困扰。但从回来的那天起，我就很坚定要"十年磨一剑"，因为物联网不是速效药，短期内不会给渔业带来翻天覆地的变化，一旦创业就没有回头路。

谈"养好鱼" ｜解决产业链上下游融合连接，就像架桥渡河，生产端是第一个桥墩

章丰： 庆渔堂改造渔业，选择了从生产环节的数字化服务做起？

沈杰：渔业产业链的问题比其他农产品的更多，因为水的阻隔，在鱼被捕捞上来前，渔民自己都不清楚鱼塘里的情况。所以我们从养鱼环节切入，帮助渔民提升养殖效率及养殖能力，并确保通过技术服务链接生产端小散产能资源，建立匹配供应链的规模化、标准化供应体系。

在庆渔堂服务的每个鱼塘里，都布设了一套物联网传感器设备，可对水体的各项指标进行采集，将数据传送到监控平台，同时传感器终端也连接了鱼塘的增氧泵、投料机等调控设备。

在传感器和控制器共同作用下，溶氧不足时自动开启增氧泵

五年里，我们的物联网一共为养殖户提供了256万次鱼塘自动增氧服务，及时避免了浮头死亡；拨打了153万次各种风险告警电话，让农户睡个安心觉，也能及时处置紧急事故；我们的管家每天都奔波在鱼塘上，累计提供了48.4万人次的运维服务，让我们的物联网能24小时全天候地为养殖户"站好岗"……目前我们应该是国内最好的为养殖户提供溶解氧智

能化闭环管理的第三方服务平台。

章丰：物联网对于养殖户来说是个新鲜事，如何说服他们接受新技术？

沈杰：一开始养殖户根本不愿意相信物联网养鱼，我们通过走村入户、亲自示范、免费试点等各种手段，先给几十户人家免费安装试用。

菱湖镇千丰村村民章敏荣养了 15 年鱼，承包了 40 多亩鱼塘。15 年来，他每天挑着饲料、穿着套鞋往返鱼塘喂食；每天夜里巡塘查看含氧量，如果缺氧就立刻把水泵搬到塘边增氧……他的屋内就放着一个闹钟，夜里每隔 2 个小时起来跑一趟鱼塘。如果是夏天，含氧量更低，可能一晚上都没得睡。

现在通过庆渔堂的系统，他打开手机，可以实时查看水质情况，掌握溶氧浓度、pH 值、温度等关键数据，一旦含氧量过低，增氧机可以立即开启。目前庆渔堂已经服务了超过 15 万亩鱼塘，降低了 80% 的巡塘强度，浮头（缺氧）死亡率由过去的百分之五降到千分之一以下。水质变好后平均亩产增收约 20%，平均每亩鱼塘还可多增收 2000 多元。尝到甜头后，观望的养殖户主动找上门要求安装传感器。

章丰：养殖户可能还要算一笔账，比如设备和维护服务的费用。

沈杰：我们采用设备 + 网格化服务管家的模式，起步期的服务成本会比较高，因低成本维护措施不完善，现在第二代荧光法自清洁溶氧传感器基本解决了这个问题。

打破物联网成本瓶颈的核心，就是延伸数据的价值。用的人越多，用的次数越多，数据就越有价值，边际成本就越低。

章丰：所以你一开始就是从产业链的角度来布局的？

沈杰：对，一开始就从产业链的角度来布局，如何切入却是个挑战。解决产业链上下游融合连接，就像渡河。不能再按老办法坐船或游泳过去，新的方法是架桥。架桥的前提就是先打两个桥墩子，再一个一个延伸，贯通每个桥墩之间的价值链，这是产业互联网必然的形态。

产能端是重要的基石，因为从产业互联网的基本发展趋势来看，越往上游走，对整个产业链改造的能力就会越强。打好生产端的桥墩后，我们要打通下游输送和销售链条，建立标准化的供应链。这两个桥墩是渔业最难的环节，打通了养殖服务与下游商家供应链服务，渔业供应链的稳定性和高品质就有了保证。如果在这两点上判断错误，很容易掉进河里去。

谈"卖好鱼" ｜ 渔民想要更好的销售渠道，下游的需求方希望上游有品控，所以供应链标准化是关键

在实现智慧养鱼后，庆渔堂完善物联网大数据平台，结合盒马鲜生、叮咚买菜、物美超市、巴奴火锅等供应链合作商的采购需求，通过"数字渔仓"对商品鱼进行检测、分拣、暂养优化、初加工，帮助渔民卖好鱼、卖好价。"数字渔仓"目前已在安吉天荒坪镇余村、德清下渚湖街道和睦村投入运营。

湖州市德清县和睦村庆渔堂"数字渔仓"

章丰：作为第二个桥墩，打通供应链一开始就在你的计划中吗？

沈杰：对，一开始就在设想中，但活鲜供应链基础太差，所以做了很多艰难的探索工作，像饭店、家庭这些下游渠道都不太理想。2020年市场因疫情停业期间，庆渔堂为上海、杭州、苏州等地的生鲜电商平台日供量就在3万斤左右，我们因此关注到叮咚、盒马这类新零售平台。平台对于鱼的品质及供应稳定性的要求较高，渔民也想要一个更好的销售渠道，下游的需求方希望上游有品控，所以供应链标准化逐渐清晰。

章丰：在有"数字渔仓"之前，鱼都是在农民的塘里，标准化程度不高。利用"数字渔仓"集中以后，增加了中间收运储存成本，同时能产生更高的溢价。

沈杰："数字渔仓"其实不会增加中间收运储存成本。我们从全供应链的角度进行梳理后发现，通过提高活鲜从非标准化到标准化的转换效率，总体链路成本其实是降低了，包括交易环节和损耗。

"数字渔仓"同时连接上下游，还可以带来很多优化。一是缩短供应链。举个真实的例子。我们湖州饭店里的一条鲈鱼，你知道是怎么来的？从南浔鱼塘卖到杭州勾庄，通过鱼贩从杭州运送到湖州，进入农贸市场，最终卖给餐馆。一条活鱼被这么折腾，还能活蹦乱跳吗？

二是整个品控能力会大大提升。我们把养殖户分散在鱼塘里的鱼统一采购，经过"数字渔仓"进行规格分拣、品质提升、药残检测、初加工等，最终输出标准化的水产品，所以溢价也更高，养殖户售价有 0.2～0.5 元 / 斤的提升。

章丰：供应链的标准化，很大程度上依赖于物联网在生产端打下的基础？

沈杰：物联网作用于养殖环节，可以保证稳定的安全品控和规格标准。通过服务连接了鱼塘，我们比渔民更了解鱼的资源分布，通过物联网连接的效率保证供应的稳定。

把鱼塘和供应链连通之后，下一个环节就是活鱼的低损配送。为什么鱼在运输过程中那么难存活？不是因为水，而是鱼类有应激反应，对温差尤其敏感，温差超过 3℃，鱼就会翻肚子。就像一个士兵没有经过军训，就被扔到战场上，炮火一轰就废了。所以要保持环境的相对平衡，控制好鱼塘、车厢、仓库的温差，有经验的司机在运送途中会及时停车加冰。有了传感器，可以实时监测数据并提醒，保证配送安全。

最后一个是产地溯源。我认为目前的农产品溯源在思路上大多是不对的，普遍都是从消费端想了解这个东西从哪儿来，向生产端追溯。每往上一层，成本会增加，数据的真实性会丢失。我们是从生产端介入，数据本身就会在服务过程中产生，将业务数字化的过程记录下来，进行二次利用。这两种思路，一个是推石头上山，一个是让石头自然滚下来，成本完全不同。

所以我总结了"数字渔仓"的5S水产供应链标准：安全品控，规格标准，供应稳定，低损配送，产地溯源。

谈产业互联网 | 我们得赤裸裸地跳进河里去感受水的温度，跳进产业里去感受难度、寻找方法

章丰："数字渔仓"的投入很大，都是庆渔堂自己做吗？

沈杰：无论是分拣、加工或运送，真正操盘的还是产业主体。我们不是插入产业中原有的环节去替代它，而是去帮助它、提升它。物联网改变的是产业里各种业态之间的连接关系，庆渔堂的定位是产业互联网平台，为整个渔业提供平台化服务，就像电商平台在互联网形态下重组交易，我们将渔业线上线下重组为新的业态。

章丰：回过头看这五年，用物联网赋能渔业，打造产业互联网的过程中，

你觉得最难克服的是什么?

沈杰: 打造产业互联网最困难的是对产业与数字化融合的深度理解。这五年走得很艰难,我要不断迭代和调整思路,伴生的问题还有用户群体、产业链、政策各层面的教育成本。而且农业的创新周期很长,要验证创新的成果,往往以年为迭代周期,这是农产品的天然周期所决定的。

疫情期间工作中的沈杰

沈杰指导养殖户使用庆渔堂系统

没有任何前人的经验，我们的理解只停留在浅层的30%，没有真正深入底下的70%，所以我们得自己先扑进去养鱼、卖鱼，赤裸裸地跳进河里去感受水的温度，跳进产业里去感受难度、寻找方法。

现在和很多朋友聊天，我说我都快忘了物联网是什么，每天都在想业务问题。但是回过头来看，任何一个问题的解决都与物联网紧密相关。

举个例子。庆渔堂的第一代溶氧传感器在测试时表现不错，但是推广后发现，设备扔在池塘里超过一个月就开始长藻，导致数据不准确，农民也不会清理，我们配备了服务管家，定期帮农民清理。后来第二代设备就具备了自清洁功能。

为什么很多物联网技术公司不愿意深入碰触产业场景，只是卖产品，却不愿意真正为用户提供服务？因为物联网触及产业场景时，自带有额外的风险。比如溶氧传感器不准，增氧机没有开，一塘鱼就死了。

物联网连接意味着责任，连得越广，连得越深，承担的责任就越大，所以需要匹配更好的技术保障或业务状态，保障物联网在场景中的可持续运营能力。

谈产业链服务 | 通过数据的共享和串联，以村为基础节点，建立一张真正的数字化协同服务的网络

章丰： 庆渔堂已有生产和供应端两个桥墩，下一个桥墩会选在哪里？鱼苗、农资、金融服务……

沈杰： 近两年我们一直在探索产业需求，遇到的问题是，养殖户的赊账情况十分严重，在饲料和动保方面的赊账率达到了70%～80%。

章丰： 很适合金融服务。

沈杰： 我们的第一反应也是提供金融服务，但是对农户来说，他们更乐意欠着经销商的钱，如果鱼养得不好，可以拖欠甚至是赖账。但是向银行贷款，没有偿还能力，他的家庭和个人就会受到严厉制约，农民天然会去规避这个风险。

章丰： 这是一种弱者心态。

沈杰： 弱者心态最终会导致多输。为了应对风险，经销商会将赊账价格上浮15%～20%，以价格换账期，农民因此付出更多成本。在赊账风气下，

经销商又不得不接受更多赊账来抢夺客户，过多的垫资导致其无法扩大经营，银行也无法提供服务。归根结底，农民缺乏标准的服务体系和规则供给，目前诸如数字化改革的推进可以加快对这种局面的改善。

而在产业服务的链路中，庆渔堂不能扮演经销商，替代原有的角色。我们的作用在于，为价值链的两端提供服务：一方面，为养殖户提供更好的售后服务，降低采购成本；另一方面，为优质渔资店提供引流服务，比如通过线上数据远程问诊。再往上游，我们可以将原厂商的产品与实际使用的数据情况连接起来。当这套系统运转起来，把所有角色的数据导入其中，政府自然而然也就实现了监管。

章丰： 你们还做了"数字渔村"的尝试？

沈杰： 起初为了验证前端的业务场景逻辑，我们直接面向鱼塘单个客户，但是它的组织性太弱。而很多农业数字化示范项目，又难以真正渗透和提供可持续的服务到农户前端。为了更好地向养殖户推广数字化，实现物联网模式下的规模化生产，我们探索了"数字渔村"——以村为单位推广鱼塘数字化改造，全村鱼塘的智能基础设施由村集体出资建设，数字化服务由庆渔堂提供，农户租下鱼塘后"拎包"养殖。

乡村基建数字化升级的主角应该是村，而不是农民。由于鱼塘的地域性和包围性，村是最合理的渔资分布式的服务单元，同时村又是最基层的治理单元。以村集体为单位形成数字化接口，产业数字化就有了基层组织，就能构建起四通八达的网络，真正把数字化融入产业。

章丰： 村相当于农业数字化的神经末梢。

沈杰： 我经常打一个比方，现在建设了这么多"大脑"，但只有大脑，没有神经网络系统的连接，大脑就会空心化、呆滞化。大脑中真正活动的数据来源于生产一线。

目前南浔区规划了 42 个渔村，到 2022 年 4 月就能完成全部实施。各级地方政府、村集体、养殖户、产业链企业、金融机构等，通过数据的共享和串联，以村为基础节点，可建立一张真正的数字化协同服务的网络。

"数字渔村"产生的数据可以更好地指导村庄进行鱼种统一规划及产销匹配，实现增收。以菱湖镇费家埭村为例，打造"数字渔村"后村集体可以增加 10 万元以上收入。我创立庆渔堂的目的就是用数字化的手段为养殖户创造价值，通过物联网技术和数据服务提升产业效率、优化成本，把产业规模做大，帮助农民赚更多钱。

章丰： 你如何看渔业未来的发展趋势？

沈杰： 渔业目前尚未解决的问题是，鱼的排泄物溶解在水中，很难有效提取，会造成富营养化。为什么我们渔仓里的池子都是圆形的？我们试过跑道形的、集装箱式的，发现圆池的效率最高，像抽水马桶一样通过水流的圆周运动把粪便收集到中间的集污口，经过沉淀的污泥可以作为稻田的有机肥，上层的水净化后可循环使用。

基于此，我们提出了"无人渔场＋智能设施化稻渔共生"的解决方案，将鱼塘改造成稻田种植区、养殖区和调节水质区。一个 30 平方米的蜂窝池可以实现近 1 亩鱼塘的产量，减少了污染排放，释放了稻田空间；同时我们引入了光伏发电顶棚，用太阳能解决换水的电力消耗。

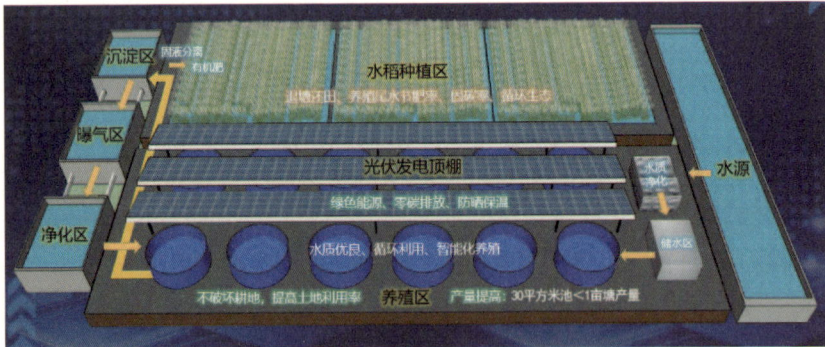

"无人渔场 + 智能设施化稻渔共生"

未来无人渔场不仅可以提高土地利用率近 20 倍，还可以实现零污染排放和低碳养殖，养出来的鱼虾更健康更美味；智能化、标准化的管理模式，也让养鱼更轻松、渔民更容易赚钱。

传统鱼塘依靠人的经验管理，借助物联网设备，投料、换水等操作都可以实现标准化和无人化，渔民只需要扮演投资主体和养殖辅助者的角色。在庆渔堂等平台赋能下，渔业有可能率先实现类似工业 4.0 的业态。

✚ 快问快答

创业过程中踩过的最大的"坑"是什么？

探索智能化的新型养殖模式，确保标准化健康养殖，经历了四年左右的不断失败和改进。

如何分配工作与休息时间？

每天基本工作 16 小时以上，周日陪家人休息。

你有特别喜欢的书 / 电影吗？

黄易的《大唐双龙传》。

你有特别欣赏的人吗？

埃隆·马斯克。他是用自己的灵魂在创业。

你认为"数字新浙商"，新在哪里？

勇于创造新的商业和社会价值。

数澜科技甘云锋：

to B 企业是推动人类社会进程的核心力量

甘云锋（凤剑）

让数据可见、可懂、可用、可运营，才能体现数据价值。

曾担任阿里巴巴集团大数据应用、阿里云数据创新工作室及人工智能业务的主要负责人，负责 DMP（数据管理平台）、TCIF（消费者信息数据系统）、ID-Mapping（用户关联）等重要数据产品。2016 年，甘云锋从阿里离职，创办数澜科技。截至目前，数澜科技已获 IDG、湖畔山南、云锋基金、洪泰基金、天堂硅谷、金蝶等机构总额超 4.5 亿元的投资。2019—2021 年，数澜科技连续三年入选杭州准独角兽企业名单。

✚

近日，数澜科技董事长甘云锋（花名：风剑）、浙江省数字经济学会秘书长章丰受浙江经视《茅莹今日秀》节目组邀请，参与录制特别专题访谈"争当先行者　开创新格局"，展望"十四五"，聚焦数字化改革。

随着浙江数字经济从 1.0 跨越到 2.0 时代，数字化渗透到民生、惠企以及基层治理的方方面面，与此同时，数据的重要性也日渐凸显。如何将庞大、沉积的数据有效利用起来，成为数字经济时代企业、政府机构的新课题。

近年来，随着数据中台应用场景的落地，其价值也得到了进一步验证，市场逐渐跨入成熟、理性的阶段。风剑所在的数澜科技，作为国内领先的数据中台服务独立供应商，在行业探索了 5 年多时间，业务范围从浙江辐射全国，覆盖 25 个行业共 1000 余家企业。

对于风剑的印象，章丰用"坚定"来形容——他坚定地相信自己的业务判断，相信数澜的选择，相信自己的能力。也是这份坚定，让数澜团队在疫情后成功举办了首场数据中台盛会"2020 中国·数栖大会"，出版了《数据中台：让数据用起来》。

进入创业的第 6 年，创业者风剑也正经历着不断的蜕变，同事们对他的评价，在"坚定"之外加上了"包容"两字。这一次，他以数据中台实践者的身份，洞察浙江数字化改革，展望数字新图景；也以一个成熟创业者的姿态，总结创业路上的踩"坑"心得，畅聊中国信息化进程。

为方便阅读，以下将演播室内容与补充采访内容进行整理，以穿插提问的方式呈现。

中台释义 | 如果把数据业务想象成车辆，数据中台就是一个高速公路网络

茅莹： 数澜科技在数据中台行业探索了几年时间，但是"数据中台"这个词对于大多数人来说依然很陌生，两位能否普及一下，什么是数据中台？

甘云锋： 数据中台不是单一的产品或应用，而是一套基于战略、人才、组织的保障，是一种方法论＋工具的结合体，一套可持续"让数据用起来"的机制。它贯穿了规模化使用数据的全过程，能够将企业、政府组织中庞杂的数据资产化，结合实际的业务场景产生价值。

章丰： 数据中台像是一条条高速公路交织而成的路网，是数字经济时代的基础设施。高速路网承载着各种货运业务，能够让各种各样的车辆高速运行。这是个科普版本的解释。

茅莹： 以典型行业或企业为例，数据中台具体如何发挥作用？

甘云锋： 目前数澜服务的客户涵盖 25 个行业，其中，重点深耕政务、

地产、金融、制造等行业，打造标杆案例。以地产为例，现在的地产行业已经不再是简单地从政府批地，再进行工程化盖楼销售的单一模式，而是需要综合考虑旅游、教育、养老、商场等多业态建设，在这种场景下，跨业态数据运营将成为地产公司的重中之重。

过往数据都是单向的，比如住宅地产只能通过住宅地产线上的数据给相关客户提供服务，通过数据中台的搭建，可以打通集团内各个维度的、不同业务形态的数据，反向作用于各业务领域，极大地提升业务端的效率，提高服务的价值。

中台应用｜从企业级服务拓展到城市级服务，是数据中台的新尝试、新突破

茅莹：都说数据是生产力，但是数据只有经过挖掘、分析、输出，才能真正成为生产力，在浙江打造全球数字变革高地的契机下，如何更好地把原始数据转化为生产力？

甘云锋：最重要的是把数据转变成数据资产。如何定义数据资产？首先需要一套方法论作为指引，让不同的行业和领域对数据达成共识，我们称之为数据资产方法论。只有达成共识，并基于方法论，让数据可见、可懂、可用、可运营，数据才能体现价值。这个过程就叫作数据资产化过程，它实现了从原始数据到生产力的转化。对于浙江打造全球数字变革高地而言，

数据资产化有利于形成行业共识，实现数据共享，发掘数据原先被忽视的价值。

茅莹：数据成为新要素，会给我们的生活带来什么改变？

甘云锋：数字化撬动改革，会渗透到方方面面，民生的、惠企的以及基层治理。最典型的案例，就是浙江推行的"最多跑一次"改革。政务侧的普惠意义极大。又比如在贵阳经济技术开发区，通过数据中台的数据，当地建设"三感社区"便有了抓手。以前独居老人两三天不出门，你是不知道的，现在通过智慧门禁，可重点关注小区的独居老人，一旦发现异常，物业或网格员便可及时上门查看。在工业互联网、市政管理、政务服务等方面，数据中台也可以提供解决问题的智慧方案。

章丰：我补充一个问题。城市级数据中台，是企业数据中台在政府端的应用延伸。近期数澜开始发力数字政务，是出于怎样的考量？

甘云锋：2020 年，新冠肺炎疫情加快了城市数字化转型的步伐，新基建的国家战略方向应运而生。我们明显地感受到政务侧的需求激增，所以近期数澜成立了数字政务事业部。

城市在数字化转型过程中，仍面临着数据服务的效率与业务诉求严重不匹配、数据未资产化、缺乏数据标准等诸多痛点，因此城市级数据中台的搭建很有必要。以城市数字基础设施作为底层支撑，未来各个部委办局、各个领域都可以从中获取营养，支撑上层业务。城市数字新基建刚刚起步，对于数澜这样的企业来说是个好机会。城市级数据中台的落地，意味着从企业级服务拓展到城市级服务的一次新尝试、新突破。

数据新要素 | 基于对数据的认知升级和能力升级，数字社会的美好图景正徐徐展开

茅莹：2021 年 3 月 1 日，《浙江省数字经济促进条例》（以下称《条例》）正式施行，这也是我国第一部促进数字经济发展的地方性法规。两位认为《条例》会给行业和企业带来什么影响？

章丰：此前学会也多次会同企业参与《条例》的征询和讨论。数字经济的发展牵涉很多角色，有政府、行业组织，也有企业、老百姓，在全社会构建数字经济社会全景的过程中，《条例》给每个角色提供了非常鲜明的政策导向，有助于达成数字社会的发展共识。

甘云锋：我比较关心《条例》中对数据相关的保障，其中第三章专门提到了"数据资源"，规定"公共数据应当按照规定在公共管理和服务机构之间实现共享或者协同应用""鼓励企业、社会组织等单位和个人通过省、设区的市公共数据平台，对外提供各类数据服务或者数据产品"，为数据的使用、数据的共享等都提供了指引和规范。

政府是推动大数据发展的重要引导者，数字经济时代的高速发展，亟待相应的法律法规对数据资源进行规范。法律法规的支撑将有利于企业发展，为企业投入数字化转型保驾护航。

茅莹：2021 年是"十四五"的开局之年，畅想未来五年，两位最期待的数字社会的图景是什么？

甘云锋：2021 年，无论是政府还是企业，数字化改革都将迈入快车道。在这条道路上，数澜科技有能力也有义务帮助企业和政府机构走得更快、更远。

章丰：我期待未来五年，在区块链、隐私计算等新技术的支撑下，数据能够快捷安全地充分流动。在未来的数字社会图景中，政府、企业、社会组织和个人在合法合规的前提下，能便捷地获取数据资源，就像人们在电气时代便捷地获取电力一样。

茅莹：章老师一直在调研全省各地的数字企业，并出版了第一本成果《解码数字新浙商Ⅰ》。数字新浙商在打造全球数字变革高地以及探索完整的数字社会图景的过程中，将会有怎样的作为？

章丰："数字新浙商"是我们给这些创业者的一个共同称呼。他们与传统意义上的浙商群体相比，最大的变化是数据思维和运用数据的能力，他们正运用这种能力，助力提升整个社会的管理效率和商业效率，创造新的福利。

创业心态丨创业都是踩着"坑"过来的，重要的是快速从"坑"里爬出来

章丰：前两天采访团队做了一轮预采访，同事评价你变得"坚定而包容"。你如何看待个人的变化？

甘云锋：从 2016 年 6 月数澜成立至今，我们不断地试错，在生生死死的轮回当中，不断往前发展。其实创业本身十分艰难，可能早期我们融资比较顺利，会产生一种误解，觉得"创业不过如此"。但当企业发展越来越快、规模越来越大、面临的问题越来越多时，你会发现一切都不像想象中的那么容易。

创业早期，业务不如预期时，我们也难免会暴躁。现在我发现，不管能力多强、团队多厉害，都必须有耐心。耐心对创业者很重要，一是在犯错后能够认知错误、改正错误；二是在恰当的时机到来之前，能让自己有足够的信心走下去。

国际形势不好、资本寒冬、疫情影响，过往所有的节奏都被打乱了，除了要保持对未来足够坚定外，我们要包容自己的错误、团队的错误甚至公司的错误。创业者都是踩着"坑"过来的，很多时候你无法绕开，只能跳进去，快速地爬起来。所以需要包容的心态，让团队快速重振信心，从"坑"里爬出来，继续往前走。

章丰：有没有觉得自己越来越像企业家了？

甘云锋：离企业家还差十万八千里，需要不断学习。无论是面对风口，还是冷板凳，数澜一直在前进，一直在壮大，保持着自己的速度与节奏，朝着目标前进；我们每个人都要跟着公司的成长而成长。

信息化进程 | to B 企业才是推动人类社会进程的核心力量

章丰：上次采访我们聊了中国的信息化进程，最近你有什么新的思考？

甘云锋：纵观中国的信息化进程，从互联网时代到移动支付时代，再到数据时代，过去几十年归根结底就是完成了业务的数据化。没有这个进程，今天谈数字化转型就没有根基。未来30年到50年都将是数据时代，这是历史发展的必然，不会因为我们个人的意志而转移。很多人称之为风口，其实是趋势，无论政府、企业还是个人，只有投身其中，拥抱趋势，才不会被时代淘汰。

我认为to C 的企业丰富了人们的生活，而to B 的企业才是推动整个人类社会进程的核心力量。在数据时代，数澜作为一家to B 的企业，要通过数据中台不断沉淀数据能力，将业务数据化成果利用起来，推动数据业务化，解决未来的场景性问题。

后 记：

数字新文明的霞光

✚

（一）

2020 年 12 月，寒冬挡不住蓬勃的新生力量，社会从疫情的颓势中悄然复苏。我们带着"解码数字新浙商第五季"，又出发了。

彼时，在"预见 2021"跨年演讲中，吴晓波高呼："中国的产业经济正搭上产业智能革命的未来列车，形成工业革命和互联网革命的一次巨大融合，所有产业都在经历这场革命。"

这一年里，我们深度走访了 24 家企业。30 小时访谈，56 万字录音，话题涵盖物联网、数字乡村、数据治理、私域电商、数字员工、产业大脑、工业互联网等领域。一个鲜明的趋势是：这场轰轰烈烈的产业智能革命，正掀动经济社会的方方面面；手中挥动着生产工具的科技企业，正从工具提供者成为能力赋予者。

结束这一年的奔走，当 24 篇文稿结集成书，我们试图回答三道思考题：

数字新浙商们面对的截然不同的问题背后，有哪些共性？对于正在经历数字化转型的企业及其赋能者，是否有一套可供参考的方法论？

循着时代的度量衡，立足浙江的坐标系，以数字新浙商为代表的实践有何特殊意义？浙江的数字化转型，对建设数字中国有哪些示范？

数字新浙商，到底是怎样一群人？对于这样一个科技经济融合的新物种，我们如何为其服务？

（二）

产业智能革命中，数字新浙商手持数字魔杖，正在向深处扎根，将自身的专业认知融入数字化实践。

他们或从产业内部破壳而出，觉醒数字力量。

"浙商二代"吴锦华和王克飞，将父辈的实体制造基因融入数字化能力，提供智能装备和机器人自动化集成，研发全栈式工业 SaaS 产品，用机器人释放流水线工人，用平台数据替代图纸流程单。小麦助教的前身是一家有着 10 年历史的 K12 教育机构，2015 年转型产业服务商；筑龙脱胎于建筑行业集团公司，先后尝试了 20 个项目，打磨出聚焦行业大数据建设的产品和服务。

他们或从产业外部破壁而入，注入新鲜活力。

金宏洲被烦琐的工商登记触动，敲出了中国电子印章的第一段代码，今天电子签章服务广泛落地于商业社会的各个领域。以遥望为代表的 MCN 机构催生了直播电商新业态，婚礼纪为 10 万结婚品牌商家的数字化转型提供"燃料供给"，影刀的 RPA 产品释放了办公室白领各种重复的、非主观决策的劳动……他们共同推动各行各业全面迈入数字化、精细化、智能化时代。

无论面对的场景和需求如何千差万别，他们发出了相似的感慨："产业互联网最难的是对产业与数字化融合的深度理解"，"只有跳进河里感受水温，扎进产业里去感受难度寻找方法"，"软件公司不了解行业，会导致产品和方案实施困难，研发和打磨必须深扎业务环境"……

"水大鱼大"的时代结束了，当数字化的大船驶入产业深水区，科技企业共同面临着第一道礁石：从产业出发，解决实际业务问题。

产品不是简单的代码组合，而是对行业认知的外化。着眼于所在行业的实际业务系统，对症下药、持续深耕，方能打磨出有价值的产品和服务。

（三）

踏入服装行业，方琴意识到数字化转型不能仅仅止步于业务数据信息化，"要重新思考商业模式的数字化、产业链条的数字化"。通过连接消费者和供应链，衣邦人让一块布料到成衣交付，都焕发出数字生机。

"文旅行业的痛点在于，懂IT（信息技术）的人不懂OT（运营技术）；懂OT的人不懂IT和DT（数据技术），三端是完全割裂的。"陈海江看到文旅行业的痛点，找准了力石"3T"融合的竞争力。

"渔博士"沈杰对数字化改造有个形象的比喻："解决产业链上下游融合，就像渡河，不能按老办法坐船或游泳，要架桥。先打两个桥墩子，再一个一个延伸，贯通每个桥墩之间的价值链。"庆渔堂选准了渔业生产端和供应链两个桥墩，"这两点判断错误，会掉进河里去"。

追赶数字化转型步伐的途中，很多企业走过同一条弯路：上一套系统、换一个工具、买一款 SaaS，却只解决了单点的问题，无法实现全链条的提升。

数字化不是点状的、零散的产品和服务组合，需要系统思维、整体规划、长期运营。更为系统化的产品、整体的解决方案和可持续的运营，才能为转型提供硬核驱动。

（四）

"90 后"沈爱翔瞄准了住宿产业互联网，在流量、供应链和人才等方面，为商家提供"连而不锁"的赋能。"产业互联网并非一切亲力亲为，而是开放生态，团结产业链上下游的合作伙伴。"

金礼剑强调："一家企业很难给客户提供全套的解决方案，SaaS 需要协同开放。"影刀与合作伙伴探索数据分析与智能决策、AI 机器人客服等技术融合，更好地为客户提供服务。

无论是宇泛要搭建的全场景智慧城市 AIoT 平台，或是宇链要实现的区块链软硬件一体化产品，还是 e 签宝一贯坚持的"广泛被集成"战略……数字新浙商关注生态合作，携手客户与上下游伙伴，共同描绘未来图景。

在迈向数字中国的征程中，我们很难忽略一个事实：产业不是靠一家企业做起来的，一家家企业形成共同体，才构成数字经济的底盘。

面对复杂的数字化路径，没有一家企业可以单打独斗，必须保持开放合作的精神，生态互通，结盟制胜。

（五）

2021 年年初，数字化改革的大幕在浙江大地拉开；2022 年 7 月 13 日，浙江省召开数字经济高质量发展大会，奋力打造数字经济"一号工程"升级版。"数据价值跃升，探索激活数据要素新制度"被作为工作要求提出。

在采访中，"数据思维""打通数据"被反复提及，如何真正发挥数据的要素价值，不仅仅是数据从业者所关注的问题。

为了一窥数字化改革背后的公共数据治理思路，我们两度登门专访数字浙江公司 CTO 陈鹏宇。"打通公共数据，是数字化改革最大的核心、最大的变化，也是最大的内涵所在。数据通了，业务流程通了，系统通了，老百姓会看到政府逐渐从分散、割裂走向整体、高效，这就是改革。"

张强感慨，医疗领域的数据治理探索，犹如"在水下打桩"，免不了踩坑，但在"健康大脑 + 智慧医疗"建设中，数据共享势在必行。金霞用"吃鸡蛋灌饼，得先养鸡和种麦子"来形容中国数据应用基础的贫瘠。火石从 0 到 1 构建起完善的产业数据供应链体系，她一再强调，"基于数据的产业治理是中国产业发展的未来"。

数据要素越发活跃的同时，安全问题也牵动人心。

《数据安全法》正式施行前，我们采访了柳遵梁。2008 年，数据安全领域鲜有人问津，他已经带领美创团队拓荒敏感数据保护市场。"过去国内数据安全业务主要是合规驱动，没有从意识层面引起对数据安全的重视。未来，数据安全领域应该由业务驱动，企业主动保护自身数据。"

在"统筹发展和安全"的当下，数据作为生产要素，不仅属于企业，更关乎国家安全。数据安全治理，不能靠单一产品，需要一套覆盖数据全部生命周期和使用场景的数据安全体系。

我们期待，在未来的数字社会图景中，政府、企业、社会组织和个人在合法合规的前提下，可以便捷地获取数据资源，就像人们在电气时代获取电力一般。

（六）

沈杰从渔村走出，又带着物联网和大数据技术走回鱼塘，以水产养殖为切入点，帮助农民养"好"鱼，管"好"水，卖"好"鱼。余斌把闻远团队"连根拔起"沉到家乡临安，围绕一颗山核桃打造产业云平台，从种植、加工到流通环节，都有了数据"大脑"的决策支撑。"数字乡村首先要聚焦到产业发展上，坚持基层运营，让更多农民参与进来，才有生命力"。

"私域电商是 30 年一遇的新范式革命"，邬强强把新个体经济称为"灵工"，灵活就业、灵活工作。今天，鲸灵已赋能 300 万数字就业者，"未来三年我们会服务 1000 万个体数字就业"。采访后，我们携手鲸灵，发起了"村团长"项目，让灵活就业的机会深入乡村。

共同富裕，破题思路不只在乡村。做大和分好蛋糕、扩大社会性流动、社会福利全覆盖均等化，实现"普惠共享跃升"，皆是答卷。

新时代的洪流中，每一个产业都有跃迁的潜能，每一个个体都是数据和财富的创造者。一串串代码在广泛连接中跳跃，拓展数字富民惠民新路径。

（七）

穿越时空的经纬，人类走过采猎时代、农耕时代、工业时代和信息时代，来到今天的数智时代。文明的盛衰，总是伴随着认知的冲撞和观念的较量。

e签宝要改变中国三千年的用印习惯，第一道坎是达成内部共识。"今天，云签署是顺理成章的事实，但在2014年，要让大家去相信一件远未发生的事，内部克服了很大阻力。"

"我们在市场上根本找不到现成的复合型人才，只能自己培养。"每周一晚，火石全员雷打不动地互相培训学习，交流数据、人工智能、医药及各领域专业知识，用200多期的坚持打造出一支了解产业大脑的团队。

着力推动汽车行业数字化转型的胡斐相信，"你看到未来是什么样子，就把需要的东西准备好。当时代来临时，你所准备的东西就是未来"。一直在思考数字新文明的姚军红说："文明的观念一定是由一小群人主动推动而改变的，相当一部分人只能被动接受。创业者承担的就是推动者的角色，创造才能引导改变。"

风物长宜放眼量。创造者总把视野放到文明盛衰的尺度，一切质疑、波折和不解，都动摇不了他们的决心。

认知常行常新，文明生生不息。

（八）

我们关心产业的变迁、文明的演进，也关注背后一个群体的奋斗。我们始终带着最初的疑问——数字新浙商，到底是怎样一群人？

姚军红的创业史始于1996年，他是南航第一批计算机专业毕业的学生，投身过机场信息化建设、在卖机票的票务公司干过、和陆正耀一起办过神州租车；罗骁辞去华尔街的工作回国，两度创业成功后，售卖了公司，将区块链作为奋斗方向；在QQ签名中写下"为中国游戏行业工作30年"的陈博，已走过十七载……每一段新文明的开启，都离不开一群人的野心，一群人的瞭望，一群人的思考，一群人的跋涉。

2021年10月24日，"程序员节"当天，首届数字新浙商年度峰会举办，十位"年度新浙商"亮相。这是我们从规划"数字新浙商"项目伊始，就想做的一件事——记录下数字新浙商们的每一次出发、每一次抵达，也记录下他们追梦的姿态、奔跑的汗水。

他们相信，今天的一串串代码，就是新世界的一砖一瓦；今天的一行行指令，就是新时代的一经一纬。

他们相信，技术的未来是光明向善，商业的本质是创造价值，组织的演进是开放协同，精神的成长是薪火相传。

（九）

2019 年 7 月，"解码数字新浙商"栏目第一次对外亮相时，我们喊出了"两年时间采访 100 位数字新浙商"。回头看初心美好，时间骨感。一路走来，一期期采访、整理、撰稿，难度远超预期；但也只有这种结硬寨、打呆仗的方式，让我们真正"入行上道"。

围绕"数字新浙商"，浙江省数字经济学会秉持连接者定位，服务领域不断延伸：高水平研制团标，推进产业创新与标准转化；联手中国银行推出"数创贷"金融服务方案，助力中小企业发展；实施"万名专家帮万企"专项行动，为地方发展数字经济产业赋能；打造高级研修班，为复合型人才的成长服务；举办行业论坛，设置数字经济的公共议程，凝聚行业发展共识……

我们希望通过连接，传递面向数智未来的行业思考和商业探索，带动数字经济水位的上升。

《解码数字新浙商 Ⅲ》的出版，要感谢一直以来默默关注该系列的同仁。

感谢陈浩书记为本书作序，感谢吴晓波、胡宏伟、陈刚、张建锋对本书的支持与推荐。

感谢浙江大学校友总会，浙商研究院执行副院长、浙商博物馆馆长杨轶清，杭州市经信局数字经济处处长黄左彦等的热心推荐。

感谢 24 位创业者及其团队对采访的支持，对每个问题的精彩回答和耐心确认。

感谢 36 氪、浙江在线、网易新闻等媒体的支持，让商业智慧和技术洞见被更多人看到。

感谢浙江大学出版社张一弛编辑及各位审读、校对老师，让这本书最终成形。

感谢曹轶群先生为封面"数字"题字，让传统与科技交相辉映。

特别感谢我们的同事蒋雷婕、程一苇对每一期访谈内容的精心整理，章正君、叶志峰对每一张人物照片的精细处理，分担了大量琐碎而重要的工作。同时感谢学会各位小伙伴杜放、楼晨晓、高熠、单国健、王宏宇、杨之华的默默付出。

谨以本书，致敬时代的追梦人。以数为歌，千军万马的长征，必将迎来数字新文明的霞光。

章丰　王逸嘉

2022 年 8 月于未来科技城

图书在版编目（CIP）数据

解码数字新浙商. III / 章丰，王逸嘉著. — 杭州 ： 浙江大学出版社，2022.9

ISBN 978-7-308-22852-7

Ⅰ．①解… Ⅱ．①章… ②王… Ⅲ．①数字技术－ 应用－商业经营－研究－浙江 Ⅳ．①F727.55-39

中国版本图书馆CIP数据核字（2022）第128690号

解码数字新浙商 III

章 丰 王逸嘉 著

责任编辑	张一弛
责任校对	黄梦瑶
责任印制	范洪法
装帧设计	周 灵
出版发行	浙江大学出版社
	（杭州市天目山路148号 邮政编码 310007）
	（网址：http://www.zjupress.com）
排 版	杭州林智广告有限公司
印 刷	浙江海虹彩色印务有限公司
开 本	710mm×1000mm 1/16
印 张	27
字 数	270千
版 印 次	2022年9月第1版 2022年9月第1次印刷
书 号	ISBN 978-7-308-22852-7
定 价	78.00元
